U0492947

法治的实践逻辑

张 建 著

The Praxis
of Law

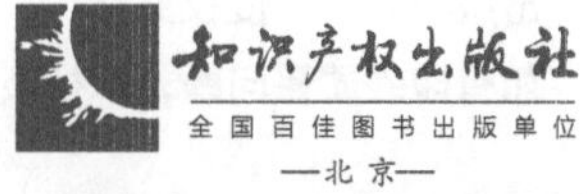

图书在版编目（CIP）数据

法治的实践逻辑/张建著．—北京：知识产权出版社，2024.9.—ISBN 978-7-5130-9406-1

Ⅰ．D920.0

中国国家版本馆 CIP 数据核字第 2024CE7766 号

策划编辑：庞从容　　**责任校对：**王　岩

责任编辑：赵利肖　　**责任印制：**孙婷婷

法治的实践逻辑

张　建　著

出版发行：知识产权出版社有限责任公司　　**网　址：**http://www.ipph.cn

社　址：北京市海淀区气象路 50 号院　　**邮　编：**100081

责编电话：010-82000860 转 8725　　**责编邮箱：**2395134928@163.com

发行电话：010-82000860 转 8101/8102　　**发行传真：**010-82000893/82005070/82000270

印　刷：北京建宏印刷有限公司　　**经　销：**新华书店、各大网上书店及相关专业书店

开　本：710mm×1000mm　1/16　　**印　张：**14.25

版　次：2024 年 9 月第 1 版　　**印　次：**2024 年 9 月第 1 次印刷

字　数：240 千字　　**定　价：**78.00 元

ISBN 978-7-5130-9406-1

本书系江苏省第六期“333 人才”
2022 年培养支持资助项目阶段性成果

序

从主体性中国之思到法治中国的实践逻辑

从主体性中国之思到法治中国的实践逻辑

大约一个月前的一个下午，刚上完课回到办公室，还没来得及坐下，突然接到常州大学史良法学院张建博士打来的电话，电话中张建博士告诉我他即将在知识产权出版社出版一部新著，并希望我能为他的新著写一篇简短的序言。我听了非常高兴，很为张建博士取得新的学术成果而高兴，也很荣幸能在他的新著出版之前加以研读，了解他的思想新进展。很快张建博士就给我传来他的新著《法治的实践逻辑》的电子版。据我所知，这应当是张建博士的第二部专著，此前2018年由中国政法大学出版社出版的《指标最优：法官绩效考评制度运行的实践逻辑研究》应该是他的第一部专著，将两部著作比较起来看，后者是对当代中国一种具体制度即法官绩效考评制度的实践观察，而前者则是对法治中国实践整体性的理论把握，由此可以看出张建博士的思想新境界。

张建博士是我所亲见的近20年来中国法学界迅速成长起来的新锐学者之一，是完全可以寄予厚望的新一代学人。按照我的理解，张建博士应该属于谢志浩先生所描绘的百年中国学术地图中的第七代学人。这一代学人生长在中国改革开放取得重大成果的年代，他们在知识上学养丰厚，在心态上平视世界。我意识到，如果说谢志浩先生所描述的前六代学人深陷在古今中西之争的框架之内，那么第七代法政学人则正面临走出这100多年来对中国学人构成强支配的古今中西之争的框架。事实上，以张建博士为例，第七代法政学人正在昂首走出这一支配性框架，他们所建构的将是一个全新的世界。

转瞬之间，我与张建博士亦师亦友已经20年。这20年里，张建博士给我留下过两次极深的印象，令我终生难忘。第一次，我记得是10多年前的一个岁末，我从南宁回湖北仙桃老家探亲，刚到武汉，突然接到张建博士从江苏打来的电话，那时他还在华东理工大学师从著名法学家李瑜青教授攻读博士学位，他在电话中兴奋地告诉我，他的一万多字的本科毕业论文已经被一家大学学报一字不删地发表出来了，特地告诉我这个好消息。我听了自然很高兴，深感这是他思维劳作的报偿。2006年前后，邓正来教授的大著《中国法学向何处去——建构“中国法律理想图景”时代的论纲》引起学界波澜。那时我正在广西大学法学院工作，因为我介入邓著较深，经常在课堂上与同学们讨论。我记得有一天下午我正好在办公室读书，忽而听见有人敲门，及开门时，进来一位非常平实的年轻人，他手里拿着邓正来教授的《中国法学向何处去——建构“中国法律理想图景”时代的论纲》一书要和我讨论。这个年轻人就是后来的张建博士。在与他的讨论中，我发现他具有十分敏锐的洞察力，这在当今大学生中是极其难得的品质，一般学生往往满足于知识的要点，而张建博士则要追问知识的疑点。现在看起来，当年邓正来教授的《中国法学向何处去——建构“中国法律理想图景”时代的论纲》顺理成章地成了张建博士学术成长的一个起点。邓正来教授提出的“主体性中国问题”极大地刺激了张建博士的求知欲，他后来以法律移植为主题的本科学位论文中就将主体性中国思考贯彻其中，形成了一篇关于法律移植论辩的极有学术价值的论文，可以说为我在大学任教30多年以来所仅见。这应该是那家大学学报慧眼识珠愿意发表一个本科生的学位论文的真实原因吧。后来张建顺利考取了上海大学法学院李瑜青教授的硕士生，后又追随李瑜青教授到华东理工大学法学院读博士研究生。他一直以主体性中国立场关注法治中国的实践进程，直到我看到他的第一部专著《指标最优：法官绩效考评制度运行的实践逻辑研究》出版，我意识到他已经完成了从中国主体性之思向法治中国的实践转折，而其新著《法治的实践逻辑》则可以看作这一转折的进一步自觉化、理论化、系统化。

张建博士给我留下第二次极深的印象发生在大约8年前，那一年我应邀到常州大学史良法学院参加第二届大国法治论坛。前一晚曹义孙教授盛情宴请朋友们，席间张建博士突然非常兴奋地讲到自己的三位老师都是哲学出身，我十分讶异。张建博士首先说到了我，我作为他本科学位论文的指导者，确为哲学出身；接着讲到李瑜青教授，原来李瑜青教授早年也从事哲学研究，甚至翻译过不少的西学著作；最后讲到曹义孙教授，作为中国政法大学法学院教授，当时正兼任常州大学史良法学院院长，是张建博士的博士后合作导师，曹义孙教授早年也是研究哲学的，后来才转到法学领域。当时听了张建博士的一番讲话，我深感其对哲学有一种发自内心的热爱，张建博士虽然不专志于哲学，但必勤读哲学著作，我能感受到他对法学问题的思考总会不自觉地上升到哲学的高度来审视、论辩、表述，我能够从张建博士的文章及讲话中感受到其中流溢着哲学的智慧之光芒。从这个角度看《法治的实践逻辑》一书，就会让人觉得它不是一部一般规范意义上的法学著作，而是一部反思哲学意义的法学著作。

然而十分不幸的是，去年岁末，我在英国伦敦探望女儿期间，李瑜青教授竟英年早逝了。骤闻噩耗，我痛心不已。我本不熟悉李瑜青教授，因谢晖教授而在北京与其相识，复因张建博士而与其成为知己。张建博士在上海追随李瑜青教授研习法律社会学前后达8年，可以想象，张建博士从李瑜青教授处所获最丰，先后获硕士学位、博士学位。据我所知，李瑜青教授也最器重张建博士。我曾希望张建博士留在李瑜青教授身边，如此更有益于学术进步，但终未成功。张建博士后来到了常州大学史良法学院，还曾邀请我过去讲学。我内心多少有些失望，但一想到近世中国以来，常州乃得思想风气之先，有常州学派，曾搅动晚清中国，顿感常州人文渊薮，人杰地灵，岂知有先，焉道无后？所望者在张建博士，他是我所见的年轻学人中极有静气的人，而心有静气正是一个人干大事的必备品质，正当年意气风发的张建博士作为第七代学人的佼佼者不该被我们寄予厚望吗？念及此，想到我所敬重的李瑜青教授泉下有知，也该含笑九泉了吧?!

是为序。

匆草于武汉沙湖之畔

2023年11月25日

目 录

辑一

法学理论研究中的他者

他者的幻相：走出法律东方主义的逻辑陷阱

法律东方主义作为一个议题在当下中国重新获得重视[1]，与两个因素紧密相关：第一个因素是美国埃默里大学络德睦教授的专著《法律东方主义》被翻译成中文，这直接成为此轮法律东方主义被广泛讨论的导火索。当然一个议题能获得重视，不仅与议题本身有关，更是与议题所存在的时空有关，所以第二个因素则与当前中国（包括学术界及实务界在内）所存在的焦虑和疑惑

本文发表于《湖北民族学院学报（哲学社会科学版）》2018 年第 4 期，人大复印报刊资料《法理学、法史学》2019 年第 2 期全文转载，收入本书时有所修改。

〔1〕 近年来以法律东方主义为题涌现了大量的文章，参见张建：《走出法律东方主义的迷思》，载《中国社会科学报》2018 年 1 月 31 日；鲁楠：《功能比较法的误用与东方主义的变异——从络德睦的〈法律东方主义——中国、美国与现代法〉谈起》，载《比较法研究》2017 年第 6 期；程金华：《理性对待中国的无法、有法、反法与超法——“法律东方主义”的启示》，载《交大法学》2017 年第 3 期；马剑银：《“想象”他者与“虚构”自我的学理表达——有关〈法律东方主义〉及其中国反响》，载《交大法学》2017 年第 3 期；鲁楠：《迈向东方法律主义？——评络德睦〈法律东方主义〉》，载《交大法学》2017 年第 3 期；郑戈：《法律帝国主义、法律东方主义与中国的法治道路》，载《交大法学》2017 年第 3 期；蒋海松：《孟德斯鸠中国法律观的洞见与误读——基于法律东方主义的反思》，载《兰州大学学报（社会科学版）》2017 年第 3 期；江照信：《看不见中国：帝国视野与法律东方主义》，载《厦门大学法律评论》2017 年第 1 期；陈玉心、郭宪功、魏磊杰：《论法律与东方主义》，载《厦门大学法律评论》2017 年第 1 期；谢晶：《何须浅碧深红色？——由〈法律东方主义〉展开》，载《厦门大学法律评论》2017 年第 1 期；蒋海松：《法律东方主义的醒与迷——评络德睦新著〈法律东方主义：中国、美国与现代法〉》，载《厦门大学法律评论》2017 年第 1 期；李晟：《超越“西方的东方”——评〈法律东方主义：中国、美国与现代法〉》，载《人大法律评论》2017 年第 1 期；杜金：《飞跃迷雾：东方主义法律话语的反思——络德睦〈法律东方主义：中国、美国与现代法〉读后感》，载《人大法律评论》2017 年第 1 期；殷之光：《作为主体的第三世界：行动中的立法者与现代国际秩序的创造——评络德睦〈法律东方主义：中国、美国与现代法〉》，载《人大法律评论》2017 年第 1 期；章永乐：《从萨义德到中国——〈法律东方主义〉的一种读法》，载《中国法律评论》2016 年第 4 期。

有关，这种焦虑和疑惑来自中国本身的发展及其趋势。

具言之，过去的中国虽对西方发达国家所主导的全球秩序及制度安排有所不满，但无论是主动原因还是被动原因，总体上采取接受的立场和态度。近些年来，随着中国综合实力逐步增强、全球治理参与日渐增多及主体意识日渐形成等变化的出现，如何向其他国家表达和解释中国、如何推进中国对世界秩序想象的点滴实现、如何构建中国在世界结构中的位置，则成为我们不得不面对的问题。从这个角度看，对法律东方主义议题的讨论，表面是在分析中国与西方的关系，实质是在探究如何认识和定义中国的问题。对于这点，我们可从20世纪初期德国所面临的身份认同困境中获得启迪。当时德国学者在对第一次世界大战德国战败的原因予以深究时，康托洛维茨就认为："德国并非败在军事战场，而是败在自家的文化战场——败在德国知识界深受自由主义共和论毒害。"〔1〕也就是说，德国自身文化的丧失使德国不再能称为德国，最终导致德国失败的后果。为此，可以这么说，对作为具体议题的法律东方主义和作为思维逻辑的法律东方主义的分析，能够帮助当下的中国建构起符合自身历史社会逻辑的自我认知和自我定义。

基于此，笔者在对法律东方主义进行勾勒与反思时，认为需要认真加以讨论的问题有五：一是何为法律东方主义，主要交代清楚作为议题和问题的法律东方主义的来龙去脉；二是对法律东方主义两种态度的重述，主要是描述当前国内学术界对法律东方主义的两种认知态度及其可能后果；三是指出法律东方主义的实质要害在于自我东方化，即将中国（我者）和西方（他者）对中国（我者）所建构出来的形象误以为是真实的自我，结果则是不能清晰地把握自身；四是点明法律东方主义实际存在两套逻辑，即具体中国—西方关系语境中的法律东方主义与思维逻辑中我者（中国）-他者（西方）关系语境中的法律东方主义，前者只不过是后者的特殊化、具体化而已；五是提出超越法律东方主义逻辑陷阱的可能方案。

---

〔1〕［德］恩内斯特·康托洛维茨：《国王的两个身体》，徐震宇译，华东师范大学出版社2018年版，前言第2页。

一、作为问题的法律东方主义

法律东方主义作为一个概念被提出，与萨义德的东方学概念有着内在的关联，法律东方主义是将东方学运用至法律领域分析西方—东方法律关系的具体表现。萨义德认为，东方是相对于西方的一个概念，西方学者主要从三种意义上来使用：一是地理意义上的东方，这是西方以自身的空间位置来看待和建构外在于自身的国家、区域而形成的概念。二是历史进化意义上的东方，西方国家在现代启蒙运动中，逐渐形成了线性历史进化观和同质化假设。同质化假设意味着，全球范围内的所有国家都会经历与西方国家相类似的经历；线性历史进化观意味着，人类社会只有一条进化路线。两种逻辑叠加起来的结论就是，西方国家处于历史进化先进的位置，其他区域、国家则处于落后的位置。在这个意义上的东方学，具有了特定的目标指向和价值判断。三是作为学科的东方学，它具有自身特定的假设、路径和研究方法。萨义德所归结出的东方学，不在于强化该门学问，而在于他的切身体会，在于揭示和反对西方视野和学术中的东方假定。萨义德在对命途多舛的巴勒斯坦人身份予以思考时就发现："巴勒斯坦人所扮演的角色由其他阿拉伯人安排。"〔1〕不能自我界定的巴勒斯坦人则不得不面临这样的窘境："要在一个没有余地留给你的系统里寻找一个'官方'的位置，这就意味着要永无止境地解决手中文件所带来的问题，包括寻找失踪的爱人、准备一次旅行或进入一所学校就读。"〔2〕

困扰络德睦的问题是：针对中国法律的欧洲哲学偏见传统是如何演变为一种较为独特并且至今仍然影响美国的观念的？在对公司法、亲属法、国际关系等问题开展研究时，借助于东方学所提供的理念和思路，络德睦发现一系列偏见的背后都隐藏着法律东方主义的身影。如在美国反华移民法中，作为国家的中国和作为个人的中国人之所以被排除，根由就在于美国法视域中的中国及中国法律并不符合国家法主体的要求。套用络德睦的话就是："作为国家法的主体，中国未能满足一个拥有充分主权的民族-国家所具备的规范性理念

〔1〕［美］爱德华·W. 萨义德：《最后的天空之后：巴勒斯坦人的生活》，金玥珏译，中信出版社2015年版，第98页。

〔2〕［美］爱德华·W. 萨义德：《最后的天空之后：巴勒斯坦人的生活》，金玥珏译，中信出版社2015年版，第46页。

(normative ideal)，正如中国民众缺乏支撑个人所应具备的个体主权(sovereign individual)的规范性理念那般。"[1] 李秀清在对美国来华传教士裨治文创办于1832年、终止于1851年的《中国丛报》进行分析时，就发现该报中有关中国法律的报道几乎全都是负面的。如其所言："就我查阅、思考最多的刑法方面来看，可以大致总结出他们陛下的中国刑法的基本特征，那就是定罪量刑不确定，暴力犯罪尤其杀人罪众多，刑罚残酷，斩刑极为常见，还有凌迟、枭首，滥用刑讯拷问，等等。"[2] 而在这之前，西方国家则是对作为东方国家的中国(包括刑法)充满了赞美之词。

法律东方主义如同东方学一样，有着特定的立场、逻辑和目的。其特定的立场在于，以西方(法治)作为中心立场，作为评判一切的标准；特定的逻辑在于，弱化、丑化和矮化包括中国在内的东方诸国家；特定的目的在于，建立政治经济文化霸权。"在法律东方主义的话语中，美国样式的个人乃是历史的普世性主体，而没有差别的中国大众则是其客体——生活在传统的专制之下，等待被解放并被纳入世界政治和经济发展主流之中的无知的追随者。"[3] 同样，李秀清在对郭实腊于1833年创办《东西洋每月统计传》的目的进行考察时也发现，其"主要目的也就是，以此向妄自尊大、视其他民族皆为'蛮夷'的中国人介绍西方国家的强大和成就，并希冀以此扭转中国人对自身文化优越感的错觉"[4]。显然，(法律)东方主义作为一种认识逻辑天生就有着不足，一如阿马蒂亚·森所言："诋毁他人做大的基础，一是对他人予以错误的描述，二是制造这些是这个可鄙弃的人的唯一的身份的幻象。"[5] 导致的结果则是，不能让西方清楚地定位自身，对此柯文、格尔茨(也有译为"吉尔兹")等西方学者曾分别从不同的视角进行了反思。比如，格尔茨通过构造

---

[1] [美]络德睦：《法律东方主义：中国、美国与现代法》，魏磊杰译，中国政法大学出版社2016年版，第113页。

[2] 李秀清：《中法西绎：〈中国丛报〉与十九世纪西方人的中国法律观》，上海三联书店2015年版，第58页。

[3] [美]络德睦：《法律东方主义：中国、美国与现代法》，魏磊杰译，中国政法大学出版社2016年版，第23页。

[4] 李秀清：《中法西绎：〈中国丛报〉与十九世纪西方人的中国法律观》，上海三联书店2015年版，第29—30页。

[5] [印]阿马蒂亚·森：《身份与暴力——命运的幻象》，李风华、陈昌升、袁德良译，中国人民大学出版社2009年版，第7页。

“地方性文化”概念，试图打破和击穿西方线性历史进化观所具有的认识逻辑上的弊端。如其所言：“想要了解他人，就不能尝试将他们的经验安置在我们这种观念的框架中去审视（被过度标榜的‘同理心’着落在实际上，其实通常也不过如此），而必须将我们的观念摆到一边，从他们自己关于‘何谓自我’的观念框架中看待他们的经验。”〔1〕

需要指出的是，来自西方内部的学者对包括东方法学、法律东方主义在内的西方中心主义的反对，并不意味着西方中心主义的烟消云散，这一判断包括两层含义：一是西方中心主义作为一种世界观，以西方为基点本身并没有错，它的目的在于了解他者；地方性知识、在中国发现中国等观念同样也是促进西方更好地了解他者，两者在此方面有异曲同工之妙。二是被反对的仅仅是一种封闭而静止的西方中心观。所以说，要通透地理解和反思法律东方主义，不能仅以西方学者的观点作为依凭，要从作为法律东方主义审视对象的东方（中国）出发〔2〕，去分析和透视法律东方主义。如此，紧接着需要讨论的问题是：中国（中国学者）是如何看待法律东方主义的呢？

二、对待法律东方主义的态度

鸦片战争以来，中国被裹挟进世界结构之中。面对西方对中国所形成的结构性压力，一直以来中国都是在赞同与反对两种态度中摇摆前行。那么，赞同与反对西方两种态度有何表现，两者关系的异同又在何处呢？

在法律东方主义的话语之下，中国成为没有（现代）法律的国度，中国既有的法律成为野蛮、落后及残暴等的象征。上述问题主要受制于两个因素：一是在现实中国的运作中，西方国家在中国不断取得治外法权，中国无法实现

---

〔1〕［美］克利福德·格尔茨：《地方知识》，杨德睿译，商务印书馆 2016 年版，第 96 页。

〔2〕葛兆光在对源起于日本的“亚洲主义”“东洋”等概念进行考察时就曾指出，原因在于“对近现代以来的强盛与进步的自豪、对自身所处的东方传统的依恋感以及地缘上的认同习惯，加上西方国家几百年来对日本的颐指气使，就构成了日本近代相当复杂的心情，脱亚是脱不了，入欧也入不了，于是，一些日本人就开始越来越多地把视线转向了自身所在的同一空间，本来在中国和日本都不曾把它作为近邻的‘亚洲’，却突然成了具有天然亲和感的远亲，仿佛本来它就是和自己一门出身，和‘欧洲’没有血缘的自家人”。之所以用该事例说明，目的在于指出，内在而非外在立场所具有的重要性。探究中国语境中的法律东方主义，一定要以中国为根据，从中国立场来加以分析。葛兆光：《宅兹中国——重建有关“中国”的历史论述》，中华书局 2011 年版，第 176 页。

独立、自强及民主的目标等；二是在观念上，中国也逐渐接受了法律东方主义对自身的设定。从这个角度出发，可以发现：无论是清末沈家本等人主导的法律改革，还是改革开放以来，不断深入推进的法律体系建设中采用的模仿和移植立法，都是这一逻辑的具体体现。在接受法律东方主义的逻辑情况下假定地认为：中国要真正地进入世界结构之中，从世界结构的边缘走向中心，实现民族独立、富强及民主的目标，就需要建立起以西方法治模板为图景的法律制度和法治体系。一如张仁善在评价以沈家本为代表的清末修律群体时所言："他们潜意识里认为，要收回治外法权，只对中律修修补补是不行的，必须彻底改变旧律体系，移植外来法律文化。"〔1〕当下的中国虽然已厕身于21世纪，但接受或隐含地接受法律东方主义的观点仍然存在。如：在讨论司法改革问题时，总是将西方（美国式）的司法独立作为判断的前提和目标；在讨论陪审员制度改革时，总是将随机抽选作为判断该制度优劣的标准，忽略中国的实际情况。对此，邓正来在提出"中国法学向何处去"的问题时，就曾尖锐地指出："中国法学在进行法律知识生产和再生产的过程中基本上忽略对中国现实问题的切实关注和研究，甚至根本就没有意识到中国法学在当下的发展必须以我们对'中国'的定义为基础这个问题。"〔2〕但时值当下依然没有太大的改观。

对于法律东方主义，还存在否定的态度。这种态度否定法律东方主义给中国所设定的诸多形象，假定地认为中国是一种有别于西方的特殊体系。当前，有关中国法治道路特殊论的观点最为典型地反映了这一逻辑。特殊论认为，中国的历史阶段、社会情况及文化观念与西方有着很大甚或是根本性的区别。就历史阶段而言，中国当前还处于发展中国家阶段；就社会情况而言，中国存在极大的复杂性和不平衡，如东中西发展的不平衡、城乡发展的不平衡及复杂的人口问题、民族问题等；就文化观念而言，中国存在追求实质正义的取向。总之，中国是一个独特的发展体系，当前中国的既有模式是一种最适合中国的模式，从而形成了一种反对西方所有观念、体制及制度的态度。对法律东方主义

---

〔1〕张仁善：《礼·法·社会——清代法律转型与社会变迁》（修订版），商务印书馆2013年版，第223页。

〔2〕邓正来：《中国法学向何处去——建构"中国法律理想图景"时代的论纲》，商务印书馆2006年版，第107页。

的反对，乍一看似乎与赞同的观点有着天壤之别，但仔细揣摩则会发现，两者之间的共通之处实际大于分歧。

无论是赞同法律东方主义还是反对法律东方主义，两者最为根本的共性都在于接受了法律东方主义的逻辑，只不过在具体的表现形式上有所差异而已。法律东方主义对东方（中国）所设定的形象，如上文所言，是以西方国家为基准而形成的观念，如果中国接受法律东方主义所设定的关于自身的形象，紧接着而来的则是：不得不接受法律东方主义所设定的解决措施。对于此一逻辑具有的严重后果，1934 年顾颉刚在《禹贡·发刊词》中对当时学界接受日本有关中国研究的理论的现象予以反思时就敏锐地发现："我们的东邻蓄意侵略我们，造了'本部'一词来称呼我们的十八省，暗示我们边陲之地不是原有的，我们这群傻子居然接受了他们的麻醉。"〔1〕如果作为法律东方主义叙述对象的东方（中国），直接反对法律东方主义所设定的形象的话，那就不得不另行创造和表达出自身，以彰显自身与法律东方主义所设形象之间的差别。要是这么做，同样会落入法律东方主义的逻辑陷阱中。法律东方主义所展现出来的东方（中国）恰恰是一个有别于西方的东方（中国），具言之，西方是一个普遍性的西方，东方（中国）是特殊的东方（中国）。当东方（中国）不断地呈现自身的特殊性时，恰好验证了法律东方主义逻辑的正确性。或如马剑银所言："如果仅仅强调中国的独特性和不可替代性，其实依然是一种'东方主义'，因为这种抽象的观念、符号或模型的认知会代替真实的中国认知，而真实恰恰藏在具体的细节之中。"〔2〕对于上述现象及其所隐含的问题，络德睦就非常疑惑并提问道："中国研究为何不能产生一手知识（理论自身），而仅仅只能产生证成或证伪异域成熟理论的二手资料？"〔3〕所以说，只要是直面法律东方主义为东方（中国）所设定的形象，无论采用何种态度，都必然会落入法律东方主义的逻辑陷阱中。

---

〔1〕葛兆光：《宅兹中国——重建有关"中国"的历史论述》，中华书局 2011 年版，第 252—253 页。

〔2〕马剑银：《"想象"他者与"虚构"自我的学理表达——有关〈法律东方主义〉及其中国反响》，载《交大法学》2017 年第 3 期。

〔3〕［美］络德睦：《法律东方主义：中国、美国与现代法》，魏磊杰译，中国政法大学出版社 2016 年版，第 220 页。

法律东方主义逻辑陷阱的存在，并不意味着法律东方主义就无法超越。但在分析如何超越法律东方主义时，有两个问题需要先行加以讨论，即法律东方主义的要害之所在和法律东方主义的真实逻辑。

三、法律东方主义的要害

法律东方主义的要害在于自我东方化。所谓自我东方化就是，接受法律东方主义对自身所设定的形象并将其作为自身行动的前提。为阐述清楚自我东方化所具有的认知危险，有必要从认识与行动、法律东方主义认知下的东方及法律东方主义与东方现实之间勾连起来时所形成的隐蔽的示范性暴力等问题切入。

在对思维与存在之间的关系予以分析时，索罗斯认为："思维与存在之间的关系是反射性的，也就是说，我们的思维会主动地影响到我们的思考对象。"〔1〕解释学也认为，任何认识都是在一定的偏见下开展的，偏见有时是隐蔽性地存在，有时则是显性地存在。对于显性存在的偏见，我们能较为清晰地透视到其不足，而对于隐蔽性的偏见，则需要我们将其开放出来。作为认识前提的偏见对行动具有内在的影响，往往表现为对行动的赞同与反对两种态度。当偏见对行动表现为赞同的态度时，人会积极地投身于行动之中；当偏见对行动表现为反对的态度时，人则会消极地对待行动。对待行动的不同认识态度会产生不同的结果，积极地投身于行动时，则会动用自身全部的力量和周围的要素，行动的结果与行动的预期就可能会不断地接近；对行动持反对态度时，则会消极地对待行动，表现为对行动没有兴趣、不愿意参与等，由于认知主体缺乏足够的参与度，则一定会产生行动主体所预期的结果。〔2〕

法律东方主义的要害就在于自我东方化，而作为法律东方主义对象、他者

---

〔1〕 索罗斯也没有忘记交代反射性理论具有的局限性："反射性理论只能用来解释社会现象的问题。"[美]乔治·索罗斯：《开放社会——改革全球资本主义》(修订版)，王宇译，商务印书馆2011年版，第4页。

〔2〕 法治中国能否建成，与各类主体对法治的信心紧密相关。陈金钊认为："法治的演进是一个漫长的过程，法治观念的转变和法治意识形态的形成也不可能一蹴而就。对待法治如果没有恒心，没有战略定力，就很难完成最终的目标。"陈金钊：《论真诚对待法治——以新中国中国特色社会主义法治的实现为视角》，载《法学杂志》2017年第11期。

的东方（中国）恰恰要自我东方化。[1] 自我东方化的后果则是，自身不能把握自身，不能认清外在于自身的结构的性质及自身在结构之中的位置。[2] 在法律东方主义的话语中，中国在线性历史进化进程中处于落后的位置，中国的法律是落后的、不正义的、不能保护人权的。更紧要的是，"'现代化范式'在依凭中国论者发现西方的知识之建构而得以确立的同时，又致使中国论者在其支配下生产出各种变异的有关中国的现代化知识"[3]。通过将中国视为诊断和医治的对象，进而可以开出种种不切合实际的解决方案。为此，有必要将中国为何要自我东方化的逻辑开放出来。

众所周知，1840 年鸦片战争之后，中国就再也无力抗拒西方所建构的世界图景了。[4] 从历史的角度看，根本原因在于，农业社会所蕴含的力量远远无法与工业社会相比。洋务运动及"师夷长技以制夷""中学为体，西学为用"等口号的提出，抑或戊戌变法、辛亥革命、新文化运动，既是现实的政治、经济和军事因素驱动使然，也是自身有关世界图景的节节败退所致，更是不断接受法律东方主义逻辑的结果。其实更为早期之前，西方就有诸多关于中国的想象。但由于当时的西方尚处于需要变革之际，有关中国的想象全部都是

---

〔1〕 鲁楠对络德睦的自我东方化观点的反驳值得关注，其认为："当作者谈论现代民主和法治之时，似乎认为这种民主法治模式是西方的专利，而中国更应该遵循古训，依从古法，按照传统帝制的法律及其传统进行社会安排，这样才算不自我东方化。而问题的关键在于，既是好的政治法律经验，符合现代社会需要的模式，非西方文明为什么就不应、不能学习、借鉴和吸收？难道非要'祖述尧舜，宪章文武'才算是非法律东方主义？"但是，他似乎忘记了对置果为因与学习借鉴两种逻辑进行区分。鲁楠：《迈向东方法律主义？——评络德睦〈法律东方主义〉》，载《交大法学》2017 年第 3 期。

〔2〕 作为法律东方主义认知主体的我者（西方），不仅为东方（中国）勾勒了一幅落后图景，还阻隔了中国对西方所具有的想象。根由在于，当中国拥有一套关于西方的想象时，西方在定位自身时也会被该种想象所影响。有关"夷"的使用，刘禾谈道："英国在赢得第一次鸦片战争和解除了鸦片贸易禁令后，最先摆在中英谈判桌上的要求之一就是禁止清政府在官方语言中使用'夷'字。这一条在若干年后，当威妥玛担任英国驻华全权公使的汉文正史，并参与中国《天津条约》谈判的时候，被成功写入了条约。"刘禾：《帝国的话语政治：从近代中国冲突看现代世界秩序的形成》，杨立华等译，生活·读书·新知三联书店 2009 年版，第 73 页。

〔3〕 邓正来：《中国法学向何处去——建构"中国法律理想图景"时代的论纲》，商务印书馆 2006 年版，第 107 页。

〔4〕 早在 1793，英国使臣马戛尔尼就曾向乾隆皇帝提出了通商的建议，但被拒绝。拒绝的原因无非有二：从客观力量角度看，当时清朝还有足够的力量抵抗外部的压力，英国则没有足够的力量让清朝束手就擒；从主观建构的角度看，当时清朝还有完整的天下体系的世界认知图式，以文化为判准的华夷标准仍然存在。

以西方自身关于理想国、理想政治体制的设想投射到中国（他者）身上的结果。比如，启蒙运动期间伏尔泰就断言："人类肯定想象不出一个比这个更好的政府：如果说肯定有过一个国家，在那里人们的生命、名誉和财产受到法律保护，那就是中华帝国。"〔1〕当时的中国，则是以天下体系为秩序图景来想象世界的。所以，当时中国有关自身、有关外在于自身的结构的性质的判断并未受到西方关于东方印象的影响。基于此可以作出两个判断：一是有关世界秩序的想象建立在实力基础上，没有实力的想象是虚幻的；二是仅有实力而没有关于世界秩序的想象，则可能会依照其他主体所设定的秩序生存和发展，使自身丧失主体性。

显而易见，清末以来的中国文化自信心在不断地受到侵蚀，在中西交往中文化自信心丧失的后果有二：一是对自身有关世界秩序的想象进行调整；二是以西方关于世界秩序的想象作为自身的判准。显然在一定时间内我们选择了后者。中国文化自信心丧失后，大规模的西方知识引进运动开始了，从某种意义上可以说，这场运动持续至当下，言必称希腊罗马，语必引英美法德，就是最为典型的表现。在此过程中，中国的一切都是需要变革的对象。对此现象，套用郑戈的话就是："孟德斯鸠和黑格尔等人对东方专制主义、对中国人缺乏普世宗教指引因而无法在精神上完成个人主体性建构的描述，如今已经被许多中国人内化为自己对中国传统的理解。"〔2〕以法律东方主义中国的形象作为中国现实，以西方的概念、理论和范式作为认知和实践的标准，导致的结果就是：现实的中国被阉割〔3〕，体制、制度及机制建构与现实社会需求之间形成了新的隔阂。新的隔阂的形成，会迫使中国不断地进行自我东方化，这恰恰是法律东方主义逻辑的厉害之处。故而，认清法律东方主义的真实逻辑就显得格外紧迫。

---

〔1〕［法］伏尔泰：《风俗论》（下），谢戊申等译，商务印书馆1994年版，第460—461页。

〔2〕郑戈：《法律帝国主义、法律东方主义与中国的法治道路》，载《交大法学》2017年第3期。

〔3〕任何主体的身份都是多重而复杂的，阿马蒂亚·森早就指出："单一性幻象依赖于这样的假设，即它不把人视为有许多关系的个体，也不把人看成分别属于许多不同的团体，相反，她仅仅是某一个特殊群体的成员，这个群体给了他或者她唯一重要的身份。"但是，直至当下我们仍然不能多角度、多层面地进行思维和判断。［印］阿马蒂亚·森：《身份与暴力——命运的幻象》，李风华、陈昌升、袁德良译，中国人民大学出版社2009年版，第39页。

四、法律东方主义的逻辑

从本质上来说，法律东方主义是人类认知活动中不可避免的一种现象。为了将法律东方主义的真实逻辑开放出来和阐述清楚，需要从我者-他者及认知中的意识形态等角度加以切入。

我者-他者关系是认知中的基本范畴。自从人类有了自我意识之后，慢慢就形成了他者的意识，认知的主体也是在我者-他者的关系范畴中来定位和认识自身的。只不过在人类社会的不同历史发展阶段，他者有不同的表现形式。孔德认为人类的每一种主要观点都先后经历了三个不同的理论阶段，即神学时代、形而上学时代和实证主义时代，进一步可以说，不同时代人类有关他者的想象都有所区别。在神学时代，人类有关他者的认识是经由自身的想象而建构起来的诸种神话，不同区域、不同民族有关神话的想象虽然在具体内容上有所区别，但结构是一样的。在形而上学时代，人类有关他者的想象则是经由对本质问题的思考而建构起来的，经由对本质、基本元素及概念体系等构想而成为与我者相对的他者。在实证主义时代，尤其是人类学、社会学等学科的发明，有关他者的想象就越来越清晰且具体了。由此看来，无论是具体的个体，还是某个民族，抑或整个人类，同样都逃脱不了他者的设定，换言之，他者是我者进行定位必不可少的参照系。如许倬云所言："无论是作为政治性的共同体，抑或文化性的综合体，'中国'是不断变化的系统，不断发展的秩序。这一个出现于东亚的'中国'，有其自身发展与舒卷的过程，也因此不断有不同的'他者'界定着自身。"〔1〕

我者-他者关系作为人类认知中不可或缺的环节是一种客观的现象，但如何认识和定位他者，却是一个高度主观的问题，恰恰是对他者的定位所具有的主观性，才使得我者-他者的关系具有了极强的可辨性。从我者的角度看，对他者的态度可划分为四种类型：基于客观实际而对他者给予认同；基于客观实际而对他者给予反对；基于主观而对他者给予认同；基于主观而对他者给予反对。在我者-他者关系中，有没有一种观点完全是基于客观的比较、定位呢？

〔1〕 许倬云：《我者与他者：中国历史上的内外分际》，生活·读书·新知三联书店2010年版，第2页。

结论是否定的，因为任何比较都构筑在主体认知的基础上。具言之，比较是主体对客体进行主观建构之后的产物。曼海姆在对人类知识生产逻辑进行研究时，就曾对意识形态和乌托邦进行了重新解释并将其作为解释认知现象的工具。在他看来，所谓意识形态就是“统治集团可以在思维中变得如此强烈地把利益与形势密切联系在一起，以致他们不能再看清某些事实，这些事实可能会削弱他们的支配感”〔1〕。而乌托邦则是“某些受压迫的群体在理智上如此强烈地对摧毁和改变特定的社会条件感兴趣，以至于他们自觉地在局势中仅仅看到那些倾向于否定它的因素”〔2〕。

我者在处理与他者关系时，究竟应采用意识形态还是乌托邦，并非我者单纯意志的结果，而是我者在对自身认知的基础上形成的判断。当我者意识到自身需要变革时，他者就会被理想化、被进行乌托邦式处理；当我者需要凝练自信之际，他者就会被矮化、被意识形态化处理。所以说，我者关于他者所形成并表达出来的认识，并不完全是对他者自身真切的认识。将我者-他者关系原理及我者对他者的认知逻辑投射到西方-东方关系中，则能顺理成章地推出：西方关于中国的认识，无论是美化还是矮化，并不完全是对中国客观的认识与表达，而是西方根据自身所处的历史阶段及变革需要，对东方形象产生的幻相。套用萨义德的话就是：“东方学本身就是——而不只是表达了——现代政治/学术文化一个至关重要的组成部分，因此，与其说它与东方有关，还不如说与‘我们’的世界有关。”〔3〕幻相就是幻相，它是一种不完全切合他者实际的认识。在我者-他者关系中，他者也是另一种我者-他者关系中的我者，此时的我者要是以他者关于他者的幻想作为打量自身的判准，所产生的认识上的问题则一目了然。为此可以认为，法律东方主义仅是我者-他者的一种特殊表达而已，是西方相较于东方而具有优势之后，在判断西方（我者）-东方（他者）关系时、在对他者（东方）进行描述时所产生必然的结果。

〔1〕［德］卡尔·曼海姆：《意识形态与乌托邦》，黎鸣、李书崇译，商务印书馆2002年版，第41页。

〔2〕［德］卡尔·曼海姆：《意识形态与乌托邦》，黎鸣、李书崇译，商务印书馆2002年版，第41页。

〔3〕［美］爱德华·W. 萨义德：《东方学》，王宇根译，生活·读书·新知三联书店2007年版，第16—17页。

在我者-他者关系中，我者关于他者的知识从何处而来？客观实际与主观表达，是我者关于他者认知质料的两种来源，客观实际是我者眼中所把握到的客观实际，主观表达是他者在向我者表述自身时的建构。按照孔德对知识的分类可发现：在实证主义时代之前，人类关于他者的知识都是基于想象或推演而成；实证主义时代之后，我者关于他者知识的来源就发生了变化，尤其是人类学等学科的发明，更使得我者在认识他者时有了强有力的武器。人类学作为一门学科被发明的原初动因就在于，认识和分析原初社会的结构及发展。套用刘顺峰的话就是："随着殖民主义的不断深入，统治者需要国内学者为其殖民合法性建构缜密的理论体系，不仅如此，为了维持统治秩序，还需要学者们帮助其发现殖民地内部存在的社会结构问题。"〔1〕早期的人类学家如马林诺夫斯基、布朗等，在对他者进行研究时都将其视为西方发达社会的初始版本；米德关于萨摩亚人的研究，则将萨摩亚人的成长经验视为可供西方借鉴的经验；斯科特、格尔茨在对爪哇、东南亚等地区秩序生成开展研究时，则对国家主义、建构主义、西方中心主义进行了反思。上述研究的研究对象虽然有所区别，但总体是根据西方发展的需要来建构认识的对象。〔2〕这种关于他者的认识是研究者深入他者之中得出的结论，从某种程度上来说，也是他者乃至整个人类都无法避免的现象。

基于他者自身的表达而形成的我者-他者关系及我者关于他者的认识，则是可建构、可争辩的。我者关于他者的认识并不完全是我者亲身经历后的表述，有时是基于他者自身的表述。在我者-他者关系中，他者的表述有两种：一是将自身表述为特殊主体，二是将自身表述为能为对方所理解的主体。将自身表述为特殊主体会面临两种直接可能：一是被表述对象顶礼膜拜，二是被视为异类。特殊表述对表述主体可能产生的后果还与表述主体的文化自信相关。当表述主体具有充分的文化自信时，无论被表述对象如何看待自身，都不会影

---

〔1〕刘顺峰：《理论、方法和问题意识——法律人类学对中国法学的知识贡献》，载《江苏社会科学》2017年第2期。

〔2〕关于为什么要开展人类学研究，米德解释道："我们希望创设一种符合人性的实验，但是我们不是缺乏创造进行这次实验条件的能力，就是无法在我们的文明找到这些条件的控制取样。如此，唯一可取的方法只有人类学家的方法，即深入和我们的文明迥然相异的另一文明中去，在世界的其他地方对生活于其他文化条件下的人类予以研究。"［美］玛格丽特·米德：《萨摩亚人的成年》，周晓虹、李姚军、刘婧译，商务印书馆2010年版，第30页。

响其对自身的判断；要紧的是，当表述主体自身不够自信而又将自身打扮得特殊时，他者对自身的贬低、数落、不认同等则极有可能会被转化为关于自身的意象，从而会使得表述者陷入文化自信缺乏而导致的特殊化表述与将他者对自身的贬抑自我内化的逻辑旋涡中。〔1〕将自身表述为被表述对象所能接受的话语，可能的原因有二：一是自身与被表述对象分享着同一种话语体系，二是自身迁就被表述对象的结果。之所以需要迁就被表述对象，显然是自身缺乏自信的表现。所以说，自我表述与文化自信在我者-他者关系建构中发挥着极为关键的作用。因此，有必要重视自我的表述。

五、法律东方主义的超越

经由上述可断言，只要存在人类的认知实践，我者-他者作为认识和界定自身的范畴和方法，就不可缺少；只要有我者-他者的关系，就会存在法律东方主义的现象。关键不在于法律东方主义是否存在，而在于当我们作为我者时，如何看待他者作为我者时在我者-他者关系中对他者的表述；在于我们作为我者时，应如何影响他者作为我者时在我者-他者关系中对他者的认识。要超越法律东方主义的逻辑陷阱，作为我者-他者关系中的他者可以从三个层面切入：一是构建立场清晰、体系连贯的自我认知体系；二是使用我者、他者都能够理解和接受的语词和思维；三是将自我认知体系转化为相应的行动。

第一，构建立场清晰、体系连贯的自我认知体系。鸦片战争以来我国的改革和发展就一直处于进退失据的状态，这既有西方等发达国家带来的现实和观念的挑战，也有中国本身发展所带来的问题，如大规模城市化形成的公共空间秩序重构等。对比于当前思想格局现状，形成一套立场清晰、体系连贯的自我认知体系就显得格外紧迫。甘阳认为当前中国可看到三种传统："一个是改革二十五年来形成的传统……这个传统大致是以'市场'为中心延伸出来的，包括很多为我们今天熟悉的概念，例如自由和权利等等"；"另一个传统则是

〔1〕伯林在对18世纪德国思想界之所以陷入浪漫主义思潮的研究中发现了同样的逻辑："德国文化另一方面则沉入人类灵魂深处——其精神恰与经院派南辕北辙。毫无疑问，后一种倾向虽由路德主义引发，但在很大程度上则要归结到当时弥漫全国的自卑屈辱的心理。这种心理产生在于进步的欧洲国家，特别是与法国迎面相撞的时期。"［英］以赛亚·伯林：《浪漫主义的根源》，吕梁等译，译林出版社2008年版，第41页。

共和国开国以来，毛泽东时代所形成的传统，这个传统的主要特点是强调平等，是一个追求平等和正义的传统”；“最后，当然就是中国数千年形成的文明传统，即通常所谓的中国传统文化或儒家文化……简单讲就是注重人情和乡情”。[1] 三种传统各自的侧重点和价值追求都有所区别，使得我们在对现象、问题和图景进行解释、建构时，不能有效地达成共识，时常处于一种诸神之争的状态。而一个大国的崛起，要是没有清晰的立场、体系和价值，肯定无法通透地解释和解决好自身的内部问题，更不用说建构外在于我们自身的世界秩序了。

认知体系的建构不仅仅是一种单纯的价值和立场选择问题，还需要对现实具有解释力和穿透力。市场经济的新传统、集体主义传统和传统文化都是与特定的经济社会结构相勾连的理论和文化体系，而中国的经济社会政治结构恰恰不是某种理论逻辑的单一展开，而是复杂的问题束。比如，中国快速发展的市场经济，从皮相层面看与西方发达国家的市场经济无甚区别，但细细观察则会发现，其中既有国家的影子[2]，又有传统人情的因素[3]，这与西方发达国家中市场与国家两分、市场追求效率最大化的理念无疑是互相背离的。所以说，解释好中国市场经济的性质、模式无疑是一种挑战。总之，对当下中国的发展及价值进行融通性和融贯性解释显得格外紧迫，构建出来的自我认知体系，不仅要能将三种传统的价值追求妥善处理，还要能够解释好自身的发展性质和模式；不仅不能只作特殊性解释，更要注意其所应具有的进行普遍解释的能力。

第二，使用我者、他者都能理解和接受的语词和思维。从鸦片战争到改革开放以来，中国在发展的过程中形成了一系列的经验和做法。政府推动型的发展模式、党的领导和法治与德治的辩证统一等都是其中最具有代表性的经验。首先，政府推动型的发展模式，意味着中国并没有遵循“弱政府、强社会”的发展模式，而是经由国家引导，推动经济社会发展。那么，其与国家专制主

〔1〕 甘阳：《通三统》，生活·读书·新知三联书店2007年版，第3页。

〔2〕 郑永年就曾敏锐地发现：“在应对危机过程中，美国和西方政府只有金融杠杆，而无经济杠杆。但中国政府两者都有，除了金融杠杆之外，中国的经济杠杆可以通过巨大的国有部分得到发挥。”郑永年：《中国模式：经验与困局》，浙江人民出版社2010年版，第99页。

〔3〕 胡必亮在对乡镇企业发展的路径进行研究时就发现：“在乡镇企业发展的早期阶段，农民在组织与利用有限的资源促进乡镇企业发展的过程中，中国传统的关系共同体及其关系规则在其中起到了直接的帮助作用。”胡必亮：《关系共同体》，人民出版社2005年版，第104页。

义之间的差别在何处？为什么要遵循政府推动模式？政府推动模式的利弊在哪儿？其次，在推进法治中国建设过程中，遵循党的领导也是我国的有效经验之一。但如何遵循党的领导、党的领导的功能有哪些、党的领导与法治如何协调、党的领导与人民主权之间的相互关系为何，这些也是需要回答的问题。最后，中国特色社会主义法治还要求法治与德治的辩证统一。在此的法治、德治各自的内涵为何？法治与德治相互关系为何？显然，对于上述经验我们不能仅仅停留在经验层面或开展特殊性论述，而应将其进行理论化处理、普遍化提升。[1]

之所以需要进行理论化处理和普遍化提升，就在于经验、理论都是用于交流、用于帮助他者来理解自我的。在某种程度上甚或可以说，让他者对自我形成较好的判断和印象，还能促进自我的自信和发展。将经验进行理论化处理时，必须采用他者能够理解、接受的语词和思维。但这绝不意味着要用他者的理论和思维来解释自身抑或阉割自身的经验去满足他者的理论和思维，而是要促进理论和思维的互通。比如，坚持党的领导是中国发展的特点之一。亨廷顿在对现代政治秩序进行研究时也曾指出："如果社会和经济变革破坏或摧毁了人们结社的传统基础，获得较高水平的政治发展便依赖于人们形成新的结社的能力……只有那些极富于这种技能的、为数极少的民族，例如日本，方能平稳地过渡到发达经济和现代政体的社会中……共产党人为处于现代化之中的国家所提供的，首先就是这种满足道德要求和创建合法公共秩序的能力。"[2] 很明显，亨廷顿是从组织能力、政治参与和秩序重构的角度出发，来判定共产党为何具有政治合法性的。此时，中国关于党的领导合法性的叙事如何能与他者的叙事互通，就成为紧要的问题了。

第三，将自我认知体系转化为相应的行动。法律东方主义的目的在于让他

---

〔1〕 近代以来的日本、埃及与拉美等国家和地区在这个问题上就处理得比较好，它们能以自身为中心，建构世界秩序的图式。如在对农业问题进行讨论时，阿明就清醒地指出，西方发达国家的模式无法适用于第三世界之中。如其所言："人们在这里忘掉了，19 世纪欧洲的工业和城市需要大量的劳动力，而剩余的劳动力则大规模地移居美洲。当代第三世界没有这种可能性。"［埃及］萨米尔·阿明：《自由主义病毒/欧洲中心论批判》，王麟进、谭荣根、李宝源译，社会科学文献出版社 2007 年版，第 22 页。

〔2〕［美］塞缪尔·P. 亨廷顿：《变化社会中的政治秩序》，王冠华、刘为等译，上海人民出版社 2008 年版，第 24—25 页。

者接受我者的安排，从而形成我者所希冀的世界秩序模式。关键之处在于：一是法律东方主义是用一种强制力来迫使他者接受法律东方主义的安排，这违背了他者的意志；二是法律东方主义背后本质上是以作为我者的西方为中心，是建立在不平等结构中的世界秩序安排模式。而“中国法治秩序的建构，不仅是解决中国自身的特殊问题，同时也意味着为人类面对的一系列共同问题提供‘中国方案’，因而也会对其他民族和文明产生辐射力”〔1〕。所以说，走出法律东方主义的逻辑陷阱，不仅要形成能与之对抗的、基于自我的世界秩序模式，还需要具有将自身关于世界秩序图景的安排转化为相应行动的能力。对此，恰如约瑟夫·奈所言：“在全球信息时代，国家的实力不只依赖于强大的国防，而且还要依靠强有力的分享能力。”〔2〕

六、简单的结语

随着人工智能时代的来临，大数据、区块链等技术被广泛重视和运用，它们必然会对人类的生产和生活造成新的冲击，这点毋庸置疑，但不变是人类对世界图景的想象和安排。可以断言，只要存在国家、民族及不同的历史传统，就必然会有不同的关于世界图景的想象和安排。所以，我们不能假定地认为，未来不同区域、不同国家会完全同质化。同时，随着中国更多地参与全球事务和全球治理，其他国家、区域必然也会产生它们眼中的中国形象。我们应如何处理好东南亚、南美、非洲、中东及印度、日本、韩国等眼中的法律东方主义呢？显然，这是不得不面对的问题。

只有意识到上述两点，才会发现讨论法律东方主义，其实不仅仅是针对和反驳法律东方主义本身，还要超越特殊意义上的法律东方主义，从普遍的角度来理解法律东方主义所具有的价值。

---

〔1〕 章永乐：《从萨义德到中国——〈法律东方主义〉的一种读法》，载《中国法律评论》2016 年第 4 期。

〔2〕［美］约瑟夫·奈：《软实力》，马娟娟译，中信出版社 2013 年版，第 180—181 页。

两种中国观及其对法学研究的启示

一、问题的源起

如果以鸦片战争作为现代中国学科/学术建制的始点，那么中国具有现代意义的社会科学的发展恰好走过了一个半世纪，但时间的跨度并不代表研究的深度。以今日学术眼光看来，百年来一直困扰中国学术界/实务界的问题——何为中国、中国应该如何——显然并没有得到有效解决。若以上述两个问题为导向，对当下的学术研究予以照射，便会发现虽然研究者已建构出各种理论来解释中国、发明了多种方案来解决中国问题，但它们的有效性却是令人生疑的。

是什么原因导致了上述问题的产生和长期存在呢？这主要与每位论者思考问题的方式有关，而作为思想前提的关于中国的预设，恰好又是在自身不思的前设下经由借鉴他人关于中国的看法逐渐定型的。也就是说，论者们并没有一个关于真实中国的体验与思考，故而所开出来的有关中国如何发展的药方往往会失效，也就极容易理解了。

对于社会科学研究来说，研究者具有不同的前见与立场是不可避免之事，产生的问题意识与解释间的互异也是可以理解的。但要是没有对自身思维进行反思性把握的话，则可能会使自身陷入错误立场、主张的泥淖之中。这意味着，有必要对有关中国研究的思维类型加以研究，以此作为我们展开学术讨论

本文发表于《山东警察学院学报》2015 年第 2 期，收入本书时有所修改。

时必要的工具。为此，笔者将相关的思维方式化约为“关于中国”和“根据中国”两种理想类型。需要说明的是，“关于中国”与“根据中国”仅仅是一种理想的构造，并不意味着它们一定会与现实发生一一对应的关系。在笔者看来，“关于中国”是一种在某种未经反思的理论基础上，认为中国应该如何的思考方式；“根据中国”的思维方式表现为，不停地穿梭于理论与历史国情之间，在此基础上形成关于中国应该如何的思考。法学作为社会科学中最重要、最具有历史深度的学科，其所具有的意义自不待言，尤其是对当下正跨入法治时代的中国来说[1]，但其思考方式同样受到支配社会科学思维方式的影响。

仅有上述从皮相层面对“关于中国”与“根据中国”的思维类型的解释是不够的，有必要深入地对其加以分析与研究。立基于此，本部分主要讨论的问题有：第一，对“关于中国”的形成逻辑与表现加以分析；第二，初步地构造“根据中国”的思维类型；第三，分析上述两种思维方式对法学研究的启发。

二、“关于中国”观的生成

“关于中国”的思维方式在历史与当下中国的学术研究中具有很大的市场。从思维方式发生学角度看，可将其分为两个基本类别：一是国外学者在对中国问题进行研究过程中形成的“关于中国”观，这一思维方式以这些学者所处的时空背景与国别作为出发点；二是中国学者在对中国问题进行研究过程中形成的“关于中国”观。同时，依据论者们有没有意识到自身思维的特点，又可以将其分为有意识地形成与无意识地形成两种类型。

西方国家在发展的过程中，尤其重视将自身所处的时空、政治、经济等与中国进行比较，其中最为典型的则是西方学者在对“他者”予以研究时为中国所构建起来的种种面相以及提出的诸多对策和建议。如在西方启蒙运动时期，思想家沃尔夫、伏尔泰、狄德罗等人认为，中国的政体是这个星球上最为完美的。伏尔泰甚至断言：“人类肯定想象不出一个比这个更好的政府：如果

---

〔1〕 相关文章参见魏敦友：《法治、法学与中国的现代性秩序建构》，载《甘肃理论学刊》2014 年第 6 期；张建：《从理学到法学的现代历程——就新道统法哲学中“再变为法”的判断求教于魏敦友教授》，载《广西大学学报（哲学社会科学版）》2012 年第 5 期。

说肯定有过一个国家，在那里人们的生命、名誉和财产受到法律保护，那就是中华帝国。"[1] 遗憾的是，西方思想家对中国这个他者所持有的印象并没有一以贯之，19 世纪晚期至 20 世纪早期，有关中国形象的描述与勾勒就发生了巨大甚或是根本性的变化。一如周宁在对西方眼中的中国形象的谱系予以研究时的发现："18 世纪中叶，中国形象从东方专制主义话语之外进入东方专制主义话语之内；19 世纪中叶，中国形象又从东方专制主义话语的边缘进入东方专制主义话语的核心。"[2] 中国在西方眼中的形象为何会发生如此大的翻转，如果拘泥于具体的形象之构造，肯定无法发现内在的奥秘，只有将问题嵌至历史与理论发展的脉络中，答案才能够逐渐地凸显。出现这一现象的原因就在于，中国一直是以他者的身份出现在西方的视野之中。当西方国家社会发展处于停滞状态，需要发展、变革甚至是革命之时，其就会对包括中国在内的诸他者给予高度评价，并以此意识或理论上的乌托邦来激励、引导自身的发展与变革；而当自身处于上升的历史时刻，或世界结构的中心位置之时，其就会采用一种贬低他者的形成的做法。对于这种做法，森评价道："诋毁他人做法的基础，一是对他人予以错误的描述，二是制造这些是这个可鄙弃的人的唯一身份的幻想。"[3] 无疑，森的有关他者形象和身份的理论对我们的进一步研究具有很强的启发意义。

西方论者采用的这种抬高或贬低他者形象的做法，其内在的理论逻辑是什么，又产生了什么后果呢？对此，笔者认为这与他们在进行学术研究时所预设的价值判断、立场是内在关联着的。恰如我们所知，现代意义上的学术理论都秉持着西方中心主义和历史进化的思想。在西方中心主义思想逻辑下，除西方之外，其他都是他者；在历史进化理论逻辑下，除了西方是现代的，其他都是传统的。历史的发展有时恰好又是诸多的机缘巧合（也具有必然性），当西方在进行学科与理论创新之时，它们恰好又在经济、军事上拔得头筹，这不断地促使这样一种逻辑的生成，即"西方 = 现代 = 先进""非西方 = 传统 = 落后"，

[1] [法] 伏尔泰：《风俗论》（下），谢戊申等译，商务印书馆 1994 年版，第 460—461 页。

[2] 周宁：《天朝遥远——西方的中国形象研究》（下），北京大学出版社 2006 年版，第 612 页。

[3] [印] 阿马蒂亚·森：《身份与暴力——命运的幻想》，李风华、陈昌升、袁德良译，中国人民大学出版社 2009 年版，第 7 页。

最为关键的是传统需要向现代过渡、落后需要向先进学习。[1] 在这些诸因素的支配下，一种“关于中国”的观念也就逐渐形成与定格了，即中国是传统的、落后的，进而必须/应该向西方学习，学习西方的军事、经济、政治、思想文化等。显然，以今天我们的眼光来看，这种逻辑推断是存在很大问题的，但历史总是在特定时空展开的。

第二种“关于中国”观的形成与第一种观念之间有着强烈的内在关联。一如上述，西方学者在对中国加以研究之时，在曼海姆所谓的“意识形态”与“乌托邦”两种思想工具及自身利益的支配下，形成了一种独特的“中国观”。需要指出的是，在19世纪两次鸦片战争之后，军事、政治、经济等诸多现实原因的交织，使得当时的中国学人在不知不觉、无意识的状况下就接受了西方学者眼中所谓的“中国”“中国问题”等。当时，学人对西方知识顶礼膜拜的高潮应始于1919年的“新文化运动”。在此运动中，如陈独秀在其创办的《新青年》上就曾撰文指出，儒教与现代生活绝不相容，中西文化的差异是“奴隶”与“自主”、“保守”与“进步”、“隐退”与“进取”的差异，因此要把儒教彻底打掉。更有激进者如钱玄同则认为，要取消中国的汉字，原因在于汉字是象形文字，不便识写，字义也模糊不清，无法表达现代的新事理。再如主张“全盘西化”的胡适的看法则是，中国人是又愚又懒的民族，是一个一分像人九分像鬼的民族。所以胡适告诫青年，中国要想实现民族复兴，唯一的出路就在于自己认错并全心全意地向西方学习。

上述意见在今天看来无疑是十分激进的，甚至不乏荒唐，其实当时也不乏有真正慧见之人，如梁启超。梁先生在一战后经游欧洲之后，对欧洲的文明进行了反思，其在《欧游心影录》一书中认为，欧洲所谓的现代文明由于建立在竞争的基础之上，所以极易发生争执并产生战争，为此在学习和引进西方的文明之时应该持有一种谨慎的态度。但陈独秀、钱玄同及胡适等人的看法毕竟

---

〔1〕 从西方现代学科中人类学、社会学学科的产生及其研究对象区分上就可以发现“价值歧视”的端倪了。当然，也并非所有西方学人都持有西方中心观和历史进化观，如米德、格尔茨等。[美] 伊曼纽尔·沃勒斯坦：《否思社会科学——19世纪范式的局限》，刘琦岩、叶萌芽译，生活·读书·新知三联书店2008年版；[美] 玛格丽特·米德：《萨摩亚人的成年》，周晓虹、李姚军、刘婧译，商务印书馆2010年版；[美] 吉尔兹：《地方性知识——事实与法律的比较透视》，载邓正来译编：《西方法律哲学文选》(下)，法律出版社2008年版。

是他们所处时代的主流意见，即认为中国的落后与无能是与中国的文化因果关联着的。有必要加以辨明的是，他们的看法在某种程度上都预设着一个前见：中国是落后的、无能的，西方是先进的、全能的。当然，这也与他们对自己所处时代的诸问题的观察有关吧！但要紧之处则在于，这种关于中国形象的分析、关于传统文化与落后中国之间未经检验的因果关系的假设，偷偷地溜进了我们的学术/理论再生产中，并牢牢地成为学术/理论再生产的前提与预设。当然，我们今天对历史上的人/观点的评析，目的并非想否定他们对西学引进所作出的卓越贡献，而是在于通过研究历史上的得失来不断地提醒我们，对西方理论为中国所预设的问题意识和分析框架需保持必要的警惕。

就当下中国社会科学知识的再生产来说，由于学科分野与理论预设所限，学人在对中国进行研究之时并未能清楚地意识到他所看到的中国可能并不是真实的中国，而是西方理论幻影下的中国。对此，森曾经反思道："当我们对文化的模糊认识与文化宿命论交织起来时，其结果就是，我们成为想象中的奴隶，被一种虚幻的力量所束缚。"〔1〕虚幻的力量使得我们容易忽略应将"城乡二元结构""东西发展不平衡""行业差距""阶层/制度特权与固化"等作为讨论问题前提的要素，而有意/无意地对中国进行整体的、同质性的处理。据此会发现，秦晖、金雁在对传统社会利弊研究时的洞见是有启示意义的，一如他们所言："问题的关键在于我们如何把握中国传统社会的基本特征和基本规则，如果说它有弊端的话这些弊端出在哪，为了改变它又该如何做。"〔2〕

令人扼腕叹息的是，学人们不仅没有注意到森、秦晖等人的告诫，反而过于匆忙地接受了一个同质性中国的预设，并急忙为所谓的中国问题开出了诸多药方，提出了诸多见解。以当下法学界所开展的民间法研究来说，毋庸置疑的是，民间法问题的提出与当代中国国家法实施过程中碰到的"秋菊式困境"紧密关联，但学人们没有发现的是，这一问题实际是两个不同问题相互缠绕、互相交叉而导致的：一是法律本身普适性的规范要求与特定时空中案件的特殊性要求之间的矛盾；二是以移植、复制西方法律而构造出来的法律体系与中国

---

〔1〕［印］阿马蒂亚·森：《身份与暴力——命运的幻想》，李风华、陈昌升、袁德良译，中国人民大学出版社2009年版，第89—90页。

〔2〕秦晖、金雁：《田园诗与狂想曲：关中模式与前近代社会的再认识》，语文出版社2010年版，第11页。

社会文化特殊性之间的矛盾。如果能够梳理清楚这两个问题，则会发现：第一个矛盾是一个普遍性的矛盾，而第二个矛盾具有相对的特殊性；第一个矛盾是法律实施中的问题，而第二个矛盾是法律制定中的问题。显然，上述两个矛盾存在质的区别，进而化解的方式也应该迥然不同。将中国视为中西关系中的一个同质体，导致第一个矛盾被遮蔽起来，使得第二个矛盾就格外突出，进而才会导致一种非此即彼的价值选择与判断不断生成。〔1〕

当然，将西方为中国建构的中国观作为思考前提，对中国进行同质化处理的策略，并非仅仅限于法学学科，其同样弥漫于其他学科之中。以在当下中国极为热门的农村土地性质及其未来安排的讨论来说，一些学者在自由市场经济思想、产权理论的指导下认为，中国农村的土地应该进行彻底的私有化，这样才能最大限度地激活农村土地利用的效率，更为有效地保护农民的权益。〔2〕殊不知，中国农村土地在不同区域发挥的作用是不尽相同的。在东部地区，尤其是长三角、珠三角地区，由于市场经济发展得比较充分，这些区域的城市化率较高、农民收入来源多样化，进而土地对农民来说更多的是经济效益。〔3〕对广大中西部地区来说，农民主要以土地收入为主、外出打工为补充，但由于外出打工这一补充收入方式具有极大的不稳定性，所以土地发挥着保障、稳定和兜底作用。〔4〕如果将土地私有化方式推行至全国，导致的结果可能是：东部地区市场经济的活跃，能使农民获得相对较高的经济收益，而在西部地区则可能使农民既无法获得经济收益，又会失去作为保障的土地。

毫无疑问，经由对民间法研究与农村土地性质讨论的分析会发现，当下开展学术活动时，以“关于中国”观作为支配我们进行研究的思维方式，会得出不符合中国实际甚或是荒唐的结论。这实际上是在提醒我们：对这种思维方式予以批判的时候到了。对此，恰如甘阳所言：“全球文化生产体系下恰恰有

〔1〕从某种程度上来说，西方的法治-法制早已成为当代中国法治建设的一部分，法律实施中碰到的矛盾同样是一个普遍性问题。将中国予以同质化、特殊化处理的策略显然不符合中国法治建设实际，也是不利于学术的深入讨论的。

〔2〕范奉群：《中国农村土地产权改革的可行路径探析——有限制的土地私有化和集体所有制下的土地扩权》，载《农村经济与科技》2013年第4期。

〔3〕马流辉：《农地福利化：实践机制、后果呈现及其优化路径——以沪郊埭村为个案的初步分析》，载《南京农业大学学报（社会科学版）》2013年第6期。

〔4〕温铁军：《为何我国不能实行农村土地私有化》，载《甘肃农业》2013年第3期。

一个陷阱，就是你们中国人就分工研究中国，实际很可能是按照西方的分工指令在研究中国，不要以为我们只研究中国，就摆脱了全球文化生产体系，这绝对是假象。"〔1〕

三、"根据中国"观的创建

"根据中国"观既是我们学术研究过程中应秉持的基本态度与立场，也是一种对现实中国和真实中国开展研究的路径，更是一种思维的方式。基于这一内在规范性要求，"根据中国"观的创建实际就要求我们在多重思路之中展开。由于笔者侧重于对思维框架和学术立场的讨论，同时又由于把握现实中国和真实中国所具有的复杂性，所以在这里主要讨论作为一种学术态度、学术立场的"根据中国"观。

对于作为一种学术态度和学术立场的"根据中国"观，最为重要的是，我们在面对不同的思想理论、学术框架进行选择时，必须进行邓正来所提倡的那种前反思思考。一如其所言："当下制度安排或社会秩序——无论是国内的还是国际的——都不是人类的终极性制度安排或社会秩序，因此任何阻碍或反对制度创新的主张或视角都应受到反思或质疑；与此同时，任何支持或捍卫制度创新的或秩序重构的主张或视角也同样是一个必须接受审查或反思的开放性问题。"〔2〕沿着邓正来所提倡的思路，会发现这其实就是要求对作为我们论述前提的思想脉络、学术框架加以反思和批判，发现理论本身所具有的限度。就当代中国的学术研究来说，最为紧要的则是对"中西关系"和"古今关系"加以细致的辨析。

"中西关系"是鸦片战争之后逐渐型构起来的，当时中国极不情愿地从自己所搭建起来的朝贡体系及天下观中走出来，并踉跄地进入西方国家所构建起来的以民族主权国家为主体、以实力为基础的"中心-边缘"式的世界结构之

〔1〕 甘阳：《古今中西之争》，生活·读书·新知三联书店2006年版，第20—21页。

〔2〕 邓正来：《谁之全球化？何种法哲学？——开放性全球化观与中国法律哲学建构论纲》，商务印书馆2009年版，第43页。

中，再加之西方政治家、学者对中国构建秩序的想象力的限制甚至摧毁[1]，这些都导致进行中国研究的论者们在不知不觉中陷入“社会达尔文主义”“线性历史进化观”“市民社会”“国家-社会”等理论框架，它们不断地支配着中国学者的想象力、所见、所思。坦率地说，在当下中国开展学术研究离不开西方所提供的概念、框架等，一如曹锦清所言：“中国正面临着这样一个不借助西方语词便无法表达，但借助西方语词又不能准确表达的困境，这可以说是我们当前的最根本的困境。”[2] 这意味着，今天我们再也不能单纯地、无理由地依靠西方语词了，我们需要申明自己的态度，它们只不过是我们重新认识中国和建构秩序、意义的工具而已，我们更需要构造自己的语词。

“古今关系”是“根据中国”观必须面对的另一紧要问题。上述对民间法研究进行的分析与反思使我们能够观察到，当下中国问题的形成并非某一单一性因素所致，毋宁说是多重因素经由繁复的交叉重叠所致，若不能对影响因素予以剥茧抽丝式地分析而匆忙地加以定义，则会导致严重的误解。由于我们慌张地将国家法实施中的困境、民间法的正当性等问题置于“中西问题”的框架中，我们无法洞见历史进程中的各种必然性，更不可能对中国秩序的形成原理加以讨论。蒋庆在分析文化时曾指出：“任何文化，均有其整体根本精神价值的一面，也有众多具体组成部分的一面。”[3] 这对当下学术研究带来的触动则是，需要对传统和正在形成的传统等因素加以重视和辨析。

基于上述对“中西关系”和“古今关系”的理解，同时结合笔者自己有限的阅读，粗线条地看来，在当代的智识之中至少可以梳理出三条需要加以关

〔1〕 关于西方国家是如何剥夺中国对世界秩序进行想象的权利和能力的问题，在笔者的阅读范围之内，笔者认为论述得最为出色的应是刘禾所进行的相关研究。刘禾：《帝国的话语政治：从近代中西冲突看现代世界秩序的形成》，杨立华等译，生活·读书·新知三联书店2009年版。

〔2〕 曹锦清：《再造“语词”》，载《文化纵横》2012年第2期。

〔3〕 范瑞平主编：《儒家社会与道统复兴——与蒋庆对话》，华东师范大学出版社2008年版，第40页。

注和认真对待的思想脉络[1]：

第一，传统中国留给我们的学术和思想遗产。毋庸置疑，传统中国的学术思想虽然在知识形态上有所变化，如子学传统、经学传统及理学传统[2]，但都是以“道”作为知识形态的核心和中轴。冯友兰曾讲道：“某种社会制度是可变底，而基本道德则是不可变底。”[3] 这使得传统中国的学术思想在解释以往所型构起来的秩序时具有很强的解释力和辩护力。今天，如果我们不是抱着遗老遗少的态度而是以学术态度对传统中国思想文化的遗产进行再研究会发现，不同的论者所提出来的主张和表现出来的态度是极不一样的。极端保守主义者如蒋庆提出了全面复兴儒学传统并将其制度化的主张，以西方理论为标准如邓晓芒则提出了放弃的主张，但主张哪种观点或许并不是最重要的，根本在于背后的思维方式。实际上，并没有一个实体、物化的传统放在那里供我们把玩，“传统是流于过去、现在、未来这整个时间性中的一种过程，而不是在过去就已经凝结成型的一种实体，因此，传统的真正落脚点恰恰是在未来而不是在过去”[4]。对此，笔者认为：一方面，不仅要重视器物、文字等载体上所体现出来的传统，更需要重视以精神、习惯等方式表现出来的传统。“传统文化衰微并不是说它在今天就不起作用了。恰好相反，传统文化在今天的作用还大得很，就是在我们社会生活的每一个环节都可以看到传统文化的作用。”[5] 另一方面，传统思想文化也并非能够绝对、毫无条件地对当下中国具有解释力。在这一点上，邓晓芒所言是富有洞见的：“不可否认，儒家道德有它的价值，但是目前儒家道德不能成为解决中国道德困境的药方，更不用说唯一手

[1] 这部分的研究得益于对甘阳《通三统》一书的学习，但与其区别在于：甘阳主要是从文化的角度出发的，而在此笔者则主要是从秩序生成的角度进行分析的。当然，其他学者对当下思潮有着自己的理解和认识，如李瑜青认为中国传统中的三条线为封建社会所形成的传统、民主革命时代或后来的新民主主义革命所形成的传统、社会主义计划经济时代所形成的传统。甘阳：《通三统》，生活·读书·新知三联书店 2007 年版；李瑜青主编：《转型中国法律社会学研究》，华东理工大学出版社 2010 年版，序言。

[2] 魏敦友：《当代中国法哲学的使命——魏敦友教授法哲学讲演录》，法律出版社 2010 年版，第 201—205 页。

[3] 冯友兰：《新事论——中国到自由之路》，生活·读书·新知三联书店 2007 年版，第 172 页。

[4] 甘阳：《古今中西之争》，生活·读书·新知三联书店 2006 年版，第 53 页。

[5] 邓晓芒：《在张力中思索》，福建教育出版社 2009 年版，第 60 页。

段。"[1] 为此，需要我们结合时代精神对传统加以创造性的转化与发扬。

第二，新中国前30年（1949—1978）所形成的集体主义传统。受意识形态、政治立场等因素的影响，当下中国学人在对何为中国、中国应该为何等诸问题进行研究时并没有充分地意识到集体主义传统对当下思维方式、行为及制度生成所具有的重要意义和支配性影响。张佩国在对乡村财产关系及其观念进行分析时发现："在公社制度和村队场景中，农民（社员群众）的公、私观念又以一种新的形式参与了传统的发明。"[2] 所以，现在要是我们去乡村开展田野作业，仍然能发现乡民会以"我是某生产队""我是某大队"的方式来进行自我认同，也会以"某某是某生产队""某某是某大队"的方式来对群己边界加以区分。不仅在乡村观念之中仍存留着集体主义的身影，在我们的司法实践之中同样如此。新中国成立初期，为了满足土地改革需要普遍建立了人民法庭，公开审判和让群众参与审判是人民法庭运行的特征之一。公开审判"不但直接挖掉了旧法制在农村的根基，而且同时建立起新的社会秩序"[3]。当下，我们要是亲临基层法治实践一线会发现，无论是正式制度安排还是社会认同，村委会、居委会及乡镇干部在农村的纠纷解决、矛盾化解过程中仍具有紧要的作用。上述的描述旨在说明，当下的学术研究，尤其是关于真实中国、中国问题的研究，不能无意识或假装看不见集体主义传统，更不能将集体主义传统从制度安排、社会实践、行为意识中予以抹除。董磊明在《宋村的调解：巨变时代的权威与秩序》[4] 一书中曾指出，忽略集体主义传统会导致严重的后果。如其所看到的那样，当市场经济观念对集体观念加以猛烈撞击，而国家行政权力又极为不恰当地从基层抽身之后，形成的后果则是农村普遍的失序与溃败。

第三，改革开放后市场经济条件下形成的新传统。新传统实际上是由诸多复杂元素构成的，如：经济上主张的市场经济，有些论者甚至在一定程度上持有一种激进的彻底私有化观念；文化上的多元文化观；法治建设上的权利本位理论；等等。新传统对当代中国秩序的型构具有很强的影响力，从某种意义上

[1] 邓晓芒：《在张力中思索》，福建教育出版社2009年版，第27页。

[2] 张佩国：《财产关系与乡村法秩序》，学林出版社2007年版，第145页。

[3] 孟庆友：《人民法庭对绅权的转化和替代》，载苏力主编：《法律和社会科学》（第8卷），法律出版社2011年版，第73页。

[4] 董磊明：《宋村的调解：巨变时代的权威与秩序》，法律出版社2008年版。

来说，是最为强势的思想力量。恰如阎云翔进行人类学研究所发现的那样，随着市场经济在中国的兴起，农村秩序及农民的生活方式、生存意义开始不断地翻转，像夫妻关系中妻子地位的提升、代际关系中年轻人地位的提升、房屋空间布局中年轻人开始占据优势位置等，都是具体的表现。当然，阎云翔的研究并非仅在于描述现象，更为紧要的是探究现象背后精神力量、价值观念的变化。一如其所言："个人的独立自主性日益增加、个人欲望与夫妻间的亲密关系所占据的地位日益重要、个人欲望日益强烈。年轻人比他们的父辈们更富于个人精神。"[1] 同样，在法治实践中这种个人主义精神也得到了强烈的彰显，如更多的人愿意为了维护自己的权利而进行诉讼、年轻人更愿意为了自己理想的生活而诉讼离婚等。

经由上文的论述，对"根据中国"观的初步搭建工作也基本完成了。"根据中国"观并不是简单地依据某个具体的国情，当然具体的国情也是关键的，但不应该拘泥于具体，重要的是在开展学术工作之前，有必要对自身的观察视角及理论依据加以反思，而"中西关系"与"古今关系"则是思维的两个基本向度，三个思想传统则是思维赖以为凭的知识支撑。

四、批判的法学观与理解的法学观

恰如我们所知，法学作为社会科学学科的重要组成部分，其本身也深深地嵌入社科的思维方式之中，两种中国观同样对法学研究方式的形成产生了深刻影响。在笔者看来，批判的法学观与理解的法学观就是两种中国观在法学领域的表现，批判的法学观对应着"关于中国"观，理解的法学观对应着"根据中国"观。

批判的法学观思维既是一种思维方式，也是一种学术套路，在法学学术研究展开的不同历史阶段有着不同的表现。在早期的研究中，其是通过三段论式的研究进路来加以体现的，即提出问题（发现不足）—国外经验—结论，这种进路将诸多内外要素都化约成简单的规则，并且暗含规则的实施无须考虑实施环境的认识；另外一种，以当下较为流行的对民间法的讨论为例，在批判的

---

〔1〕 阎云翔：《私人生活的变革：一个中国村庄里的爱情、家庭和亲密关系：1949～1999》，龚小夏译，上海书店出版社2006年版，第243页。

法学观的支配下，可以通过学术立场、预设理论的调整而得出诸多不同结论的研究进路，基于司法独立和形式司法要求则会认为要禁止/限制民间规则对正式纠纷解决的影响，基于法律多元理论则会认为有必要重视民间规则的作用。基于此，可以发现批判的法学观思维所具有的特征：一是对某一事物进行整体性的分析或将研究对象视为整体性的，如中国、司法、民意等；二是在某种理论的支配下，通过演绎的逻辑来推进研究，如权利本位理论、法制现代化理论等；三是研究的目的不在于分析和理解研究的对象，而是批判研究的对象和凸显自己所持理论的正当性及所欲实现的目标，如主张法院调解之时，则可对程序、形式法治的弊端加以放大和大肆鞭挞等。

批判的法学观思维可能会对法学研究和法治实践产生一些意外后果：一是，批判的法学观是在整体的和某种理论/进路的支配下进行的，是通过在“赞同、反对及折中”的框架下调整立场来实现自己的主张的，因此会导致学术争论变成立场之争，甚至会演变为主体人格之争。实际上，这些后果都已在当下的研究中表现得淋漓尽致。二是，批判的法学观虽是在某种理论下展开的，但并不是在理论的脉络之中进行的。具言之，理论仅仅是某些研究者进行研究的工具，随时都可以被抛弃和重新选择，研究本身并不在于推进理论的发展。由此产生的直接后果就是，学术、观点之争变成理论之争，研究者自身异化为理论的消费者，也使得研究变成没有知识增量的活动。三是，虽然在批判的法学观下开展研究的目的在于改变现实，但是由于选择路径及研究技术的问题，提出的方案要么大而无当，如司法与政治分开、司法独立的结论/建议，要么不能充分而有效地回应社会关切、满足现实需要。

这样说，并不意味着我们需要彻底地告别批判的法学观思维，研究和分析这一学术“套路”存在的问题，在于使我们自己能够得以反思，也在于指出：一是，不同的法学思维观是与整个时代的法治任务紧密联系在一起的。比如，西方法学理论/方法从自然法学到实证法学再到法律社会学的演化过程，并不是某一学派/方法在某个阶段一枝独秀，而是不同方法此消彼长的过程，但变化和演进的依据则在于时代的要求或根本任务的变化。所以，在今天的法学研究中，重视哪种法学思维观也应该是相时而动的。二是，批判的法学观思维作为一种反思性的思维观，也不应以一种随心所欲指点江山的样态表现出来，而是应该在问题意识支配下、在理论脉络之中推进反思性活动，这样才有助于具体问题的解决和知识的累积、发展。三是，在中国法学所处的历史格局、时代情境都已发生变化的今天，法学思维观也需要作出相应的调整和变化。如果说党和国家的法治观已逐渐从革命的法治观过渡到治国方略的法治观[1]，那么学术思维观则需要从批判的法学观思维过渡到理解的法学观思维。

由此可发现，以外在视角、整体思维为支撑的批判的法学观思维看到的尽是表达与实践的背离、问题中国、问题司法等[2]，理解的法学观思维则要求我们基于事物本身出发，分析研究对象的内在机理、运行逻辑以及秩序形成模式等。关于两种不同思维观的差异，塔洛克给予了精到的解释：自己选择的做法与外人认为合理的做法之间的差距，很可能不是由行为人一方的非理性引起的，而是由行为人的根本目标与外部观察者的根本目标之间的简单错位或是差异引起的。其又讲到，在工程中并不能因为钢材在可拉长的限度内不可能拉长五倍，就说钢材是不可靠的。理解的法学观思维也需要在一些具体的路径上展开：一是，具体而微观地分析研究的对象，“麻雀虽小，五脏俱全”，但整体而笼统的分析进路是以忽略研究对象的内部差异为代价的，这种同质化的化约处理模式所发现的结果也是不符合现实的，如我们喜欢讲的中国存在城乡差异、东西差异等。二是，具体而微观的研究并不是一味地求小，而是以此为基础发展为类型的比较分析，以避免盲人摸象带来的认识后果。三是，理解的法学观也应该在抽离特定的要素的基础之上展开，而不应是进行简单的描述性研究。

五、简单的结语

很多历史学家在对中西现代化进程比较分析后认为，中国需要 200 年时间才能完成社会转型的使命，而转型的时间起点则是鸦片战争。如此说来，今天的中国似乎已可以隐约地看到转型后的辉煌，从而真正地蹚过一转而百转的历史三峡。遗憾的是，直到今天，我们似乎都没有构造出一种解释中国为何得以可能的理论，更遑论构造出一种能够引领中国走向的理论。今天的学人之所以

---

〔1〕 李瑜青、冯梦成：《从革命法制观到治国方略法治观——中国共产党 90 年法治思想发展的探索》，载《学术研究》2011 年第 9 期。

〔2〕 张建：《表达背离实践?》，载《二十一世纪》（香港）2012 年第 6 期。

还没有完成应该完成的学术任务，除当下我们所处的时空恰好是所欲解释的对象，这使得学人无法远距离、客观地观察与反思之外，与思维方式肯定也存在莫大的关系吧！今天有必要对“关于中国”观、批判的法学观加以反思，有必要提倡以“根据中国”观、理解的法学观来观察、分析、解释当下中国的诸多（法治）实践！

面向法治实践的西方法律思想史研究

——主要围绕《西方法治思想精义》的学术贡献展开

对于西方、西方法律思想，相信法学界每一位学人应该都有自己的理解和感受，这提醒我们，无论是西方还是西方法律思想都已是中国法学、法治建设中无法回避的内容，关键在于我们对待西方法律思想的立场、认识和态度。2019 年，史彤彪教授出版了 60 万字的《西方法治思想精义》，该书主要对西方法律思想中的法治正当性、法治目标、立法及守法的经典论述进行了深入的探究性分析，用心之甚，如其所言："本书是我从事西方法律思想史教学 30 年的心血之作。"〔1〕 认真读完之后，则有了久违的表达冲动，这种表达冲动主要内含三个想法：一是想将阅读中发现的深刻见解呈现出来；二是想将自己对该书的理解表达出来；三是想将书中体现的思想、思路和写作技艺开放出来。在原初构思时，本想从思想性、学术性和传播性的角度加以表达，但反复运思之后，则产生了放弃上述思路的想法，原因在于笔者认为上述思路不能将《西方法治思想精义》之于当下我国法治秩序和法治理论所具有的贡献完整地开放出来。

当思绪陷入茫然时，恰好笔者完成了对沃格林《秩序与历史》、《政治观念史稿》及相关研究的阅读，突然有了一种豁然开朗、恍然大悟的感觉。如沃格林所言："人的生存是对实在的参与。它迫使人们不仅有责任从理智上探

本文发表于《西安建筑科技大学学报（社会科学版）》2020 年第 2 期，收入本书时有所修改。

〔1〕 史彤彪：《西方法治思想精义》，黑龙江教育出版社 2019 年版，前言第 1 页。

索实在之结构，而且要在灵性精神上直面有关其运动的洞见。"[1] 任何严肃而真诚的理论应该都是作者对秩序进行思考的产物，因为"历史不是一条由人们及其在实践中的活动而构成的溪流，而是人参与一条以终末为方向的身形显现之流的过程"[2]。沃格林的洞见使笔者意识到，《西方法治思想精义》应该也是作者基于自身参与法治秩序实在的经验予以符号化的结果，因为"如同在自然界中一样，秩序在人类生活中也起着极为重要的作用"[3]。所以，对该书的理解就不能简单地局限于作品本身所呈现的内在结构和具体内容，而应将该书置于中国法治秩序建构的整体性背景中。

为了将上述发现叙述清楚，需要对以下具体问题予以细致的分析：一是如何认识被结构到我国法治建设、法学学术中的西方法律思想；二是如何理解从法律思想研究向法治思想研究的过渡；三是如何理解该书主要是对西方的法治思想研究；四是对该书"思想、制度和实践"三位一体的写作进路，从方法论的角度看能获得何种启发。

一、被结构的西方法律思想

西方法律思想作为经验存在被结构到我国法治建设中，已成为不可否认的事实。对西方国家给予认真的对待是鸦片战争之后才发生的事情。1793 年极具历史意义的马戛尔尼来华交流中出现的"礼仪之争"，反映了当时两种世界秩序观之间的冲撞。不同世界秩序观之间的冲撞既是问题又不是问题。当世界秩序观与特定的政治经济体结构在一起，并且该政治经济体又具有极强的欲望和行动能力时，不同世界秩序观之间的冲撞就会转化为实力较量的问题。要是在真理性背景下就何种世界秩序观品质更具有正当性、更可欲的问题展开理性论辩的话，不同世界秩序观之间的冲突至少不会转化为行动中的问题，它更是一种真理性探寻。由于西方较早地进入现代性或是沃格林所讲的新纪元之中，人的生存则成为最为核心的问题意识。原本认知者与结构之间存在的张力逐渐

---

〔1〕［美］埃里克·沃格林：《天下时代——秩序与历史》（第 4 卷），叶颖译，译林出版社 2018 年版，第 53 页。

〔2〕［美］埃里克·沃格林：《天下时代——秩序与历史》（第 4 卷），叶颖译，译林出版社 2018 年版，第 79 页。

〔3〕史彤彪：《西方法治思想精义》，黑龙江教育出版社 2019 年版，第 6 页。

促使人们发现，“它* 在‘发现该结构’这一事件之前和之后均生存着”，此时人们便有了“以超越它的结构为目标……对过往与将来的展望”〔1〕。沃格林将此时刻称为“新纪元”，并继续指出：“根据这一发现，早先对在实在中被体验到的秩序进行的各种符号化……都将在同一个变形过程的各阶段上各就各位，该过程如今被符号化为一个在人的意义上普遍的过程，并且对该过程的过去和将来开放。”〔2〕简言之，人不再在结构下模仿结构生存，人认为自己具有了构造和超越结构的能力，这使得西方充满了极强的征服欲和实现欲。就近现代以来中国与世界尤其是中西关系来说，不同世界秩序观之间的冲撞更多的是在“作为问题的世界秩序观”层面展开的。

鸦片战争之后中国逐渐走上了向西方学习的道路，从某种程度上可以说，当前仍然还在这一历史延长线上。此中呈现出来的问题已有诸多的研究，如法律的过度移植导致国家法在基层无法充分实现，农村、边疆等运行着另外一套规则体系、实践着另一种逻辑，这使得生活在两种规则之下的主体产生了内在张力，不能生活在稳定的秩序之中。一如苏力在分析秋菊打官司一案时所言：“至少在这个‘案件’中，正式法律制度的干预破坏了这种社会关系和这个社区中人们之间的默契和预期……这种正式的法律干预使秋菊一家处于一种极尴尬的地位，使秋菊在其家庭中处于一种极其尴尬的地位。”〔3〕邓正来也发现中国法制现代化对西方的移植和模仿是因果倒置的，是“把西方论者迈进现代社会以后所抽象出来的种种现代性因素倒果为因地视为中国推进和实现现代化的前提”〔4〕，包括一些具体的改革，如法官员额制改革〔5〕等亦是如此。对于

* “它”指沃格林所讲的实在结构。——笔者注

〔1〕［美］埃里克·沃格林：《天下时代——秩序与历史》（第4卷），叶颖译，译林出版社2018年版，第422页。

〔2〕［美］埃里克·沃格林：《天下时代——秩序与历史》（第4卷），叶颖译，译林出版社2018年版，第422页。

〔3〕苏力：《法治及其本土资源》（修订版），中国政法大学出版社2004年版，第31页。

〔4〕邓正来：《中国法学向何处去——建构“中国法律理想图景”时代的论纲》，商务印书馆2006年版，第87—88页。

〔5〕在法官员额制改革中简单地以“精英化、专业化、职业化”为改革目标，忽略法院间层级、区域面临的问题束有区别及配套措施跟不上等要素，采用“一刀切”的剧烈改革方式，最终导致法官审案压力剧增、法官助理职业定位迷惑、人员流失等问题。张建、姜金良：《同质与建构：作为反思法官员额制的切入点——基于J市基层人民法院案件结构与法官工作量的实证研究》，载《山东社会科学》2016年第8期。

此类现象，如金耀基所言："我们所追求的是中国的现代化，而不是中国的西化。这种自'西化'转化为'现代化'运动绝不是字面的玩弄，而是具有严肃的实质意义的。"[1] 上述研究都旨在说明中西交往中主体意识丧失带来的后果，为此有必要对西方法律思想、制度等发生异化、产生矛盾的理论逻辑予以分析。

对西方法律思想之于中国所具有的价值判断，根本还在于如何认识、理解被结构进中国经验结构中的西方法律思想。对于西方法律思想的认识主要有三种方式：一是将西方法律思想作为一种实在的知识现象，引进、传播等都在于将这种现象呈现出来。如在对西方法律思想进行介绍时，要么按照年代和人物进行，如古希腊柏拉图、亚里士多德，中世纪奥古斯丁、阿奎那，启蒙运动时期霍布斯、洛克、卢梭，以及现代社会中哈特、德沃金等；要么按照特定的议题展开，如自然法学、分析实证法学、法律社会学等。不可否认，对西方法律思想进行推介时会存在或深或浅的区分，但上述两种知识推介方式的本质是一致的，即仅将西方法律思想作为一种具体的知识结构到中国的法律理论结构中来。二是将西方法律思想中所呈现的某些判断作为构造中国法治秩序正当性的理论基础或者否定某种观点的依据。如：在对启蒙时期思想家进行研究时，会不自觉地将自然权利、自然法等作为讨论我国法治的当然性前提；在对埃利希等进行研究时，不知不觉就会将社会规则、商业习惯等假定为具有正当性的存在；在对格尔茨"地方性知识"、萨维尼"民族精神"的研究中，则会将它们作为否定法治具有普遍性的根由。三是从思想、学术所内含的普遍性真理角度对西方法治/法律思想展开研究。在对西方关于法律起源观点予以梳理时，《西方法治思想精义》就将其分为两种典型，即"社会契约论：国家和法律能使人们过上好日子"和"社会连带关系说：通过法律满足人们共同生活的需要"。[2] 这一路径则是让思想、学术研究回归到自身本应的维度之中。

上述前两种研究进路对丰富和拓展中国法治理论来说具有相当的重要性，能够让我们较为清晰地洞悉西方法律思想的状态及结构，但思想的演化逻辑、

---

〔1〕 金耀基：《中国文明的现代转型》，广东人民出版社 2016 年版，第 47 页。

〔2〕 史彤彪：《西方法治思想精义》，黑龙江教育出版社 2019 年版，第 11—24 页。

思想的想象及其背后的结构性原因等[1]则被遮蔽起来，更为紧要的是，其将本应作为问题的中国语境的正当性忽略了，更是将思想和学术讨论中本应有的真善美的面向掩盖了。进言之，上述前两种研究进路如果放到印度、巴西等国家语境中同样可以成立，这意味着它们未能体现出研究本应该具有的根本问题意识。其中的原因可能有二：一是未能从我国法治秩序构造及法治建设经验的层面来把握它们。多年前强世功在对中国法理学知识生产逻辑进行分析时就曾指出："无论是从内部对教条化的马克思主义法理学加以革新，还是从外部另起炉灶从而遗忘马克思主义法理学，当代法理学成功地建构了一个全新的法律观，即倡导一种没有国家的法律观。"[2]"没有国家的法律观既然不考虑'国家'，当然也就不需要认真对待'国情'。"[3]二是未能从思想之为思想的内在规定性出发来思考它们。对西方法律思想的接纳不是基于它们对真理的揭示来保证自身的正当性，而是由于经济的、政治的因素或者仅仅因为它们是西方的思想，忽略了西方法律思想本身也不是完全同质和铁板一块的事实。如在对伏尔泰和卢梭的平等观进行分析时，史彤彪教授就指出："需要强调的是，伏尔泰的平等观与卢梭相比，具有实质性的差别，明显具有狭隘的一面。"[4]所以，不能简单地将某种思想不加反思地作为判断的前提，因为"比欺骗更有害的是盲从。盲从的人，自己只是一具躯壳，当他们以别人为方向一拥而上时，结果往往步入盲从的泥潭，走进人生的死胡同"[5]。由此可知，我们既要对上述前两种研究思路予以理解，更有必要转向《西方法治思想精义》所采用的第三种研究路径来对待西方法律思想，即从将西方法律思想作为理论知

[1] 陈波在对被列入影响中国当前国家建构的一百个问题的"中国本土"概念进行梳理时就指出："在欧洲学术史上，与'中国本土'相对的概念是'中华帝国'：前者从一开始就被想象为纯粹的族性地域，是族性地理学的呈现；后者一开始就被想象为庞大芜杂而包罗万象的。"欧洲学界构造的这一概念，本意在于对清朝进行欧洲式裂解，向中国展示权力。由于不清楚该概念背后的想象，19世纪末期至1930年这一概念被当时的学者广泛使用，直到1939年顾颉刚发现该概念可能造成国家分裂的危险时，学界才恍然大悟。由此说明对概念、理论背后的想象进行洞悉的重要性。陈波：《"中国本部"概念的起源与建构——1550年代至1975年》，载《学术月刊》2017年第4期。

[2] 强世功：《立法者的法理学》，生活·读书·新知三联书店2007年版，第9页。

[3] 强世功：《立法者的法理学》，生活·读书·新知三联书店2007年版，第11页。

[4] 史彤彪：《西方法治思想精义》，黑龙江教育出版社2019年版，第321页。

[5] 史彤彪：《西方法治思想精义》，黑龙江教育出版社2019年版，第42页。

识、观点支撑的研究维度转向我国法治秩序生成研究视域中的西方法律思想、转向语境中思想正当性[1]讨论中的西方法律思想。

二、《西方法治思想精义》中的法治秩序

为了能够将法治秩序问题较为清楚地加以铺陈，《西方法治思想精义》设计了“法治的选择、自由、平等、立法、守法”五个专题。之所以如此安排，作者交代道：“从逻辑关系看，它们相互之间有紧密的联系，表现为：（1）西方人为什么非要选择法治？因为人治可遇不可求，相比之下，法治可期并且为此付出的代价较小。（2）法治的目标是什么？那就是自由与平等，平等以自由为前提，自由应先于平等而实现，甚至可以认为，自由是实质内容，平等是表现形式。（3）为了实现自由和平等，应该如何确定权利和义务？这就涉及资源分配，也就是立法问题。（4）有了立法，还需要人们能按照规矩去做事，即以法律为准绳，这属于守法问题。”[2]当然，也可以对该五部分的结构作另一种解释，即第一部分是关于法治正当性的论证，第二、第三部分是关于法治目标的研究，第四、第五部分是关于法治如何实现的问题。需要追问的是，作者为何要如此安排呢？这就涉及两个需要讨论的问题：一是有关西方法律思想的研究，为何由从观念到观念的研究转化为从观念到秩序的研究？其中的逻辑为何？二是对西方法治思想的探究，是否体现了作者自身的经验？如果体现了，又是何种经验？

作为西方最具有原创性的现代政治哲学家之一，沃格林原本的主要工作也是对西方政治观念史进行清理，但在完成《政治观念史稿》之后，他发现仅有观念史的研究是不够的，因为“观念史这个概念乃是对实在的一种意识形态扭曲……并没有什么观念，唯有表达直接经验的符号”[3]。观念实际是秩序

---

〔1〕 对思想自身正当性的理解有两种思路：一种是对思想本身开展论辩式研究；一种是将思想作为求索秩序的产物。笔者是从第二种思路来理解思想自身的正当性问题的。格罗斯菲尔德在对逻辑与经验的关系进行分析时也曾指出：“在我看来，甚至逻辑和经验也并不如霍姆斯所认为的那样形成尖锐的对立。霍姆斯说过：‘法律的生命不在逻辑而在经验。’这句格言具有强烈的震撼力，但只有考虑到在美国对实用主义的特殊需求，才能加以理解；假如我们把这句格言与其地源分割开来，那我们就会从中读出很多其实它原本没有的含义。”［德］伯恩哈德·格罗斯菲尔德：《比较法的力量与弱点》，孙世彦、姚建宗译，清华大学出版社2002年版，第20页。

〔2〕 史彤彪：《西方法治思想精义》，黑龙江教育出版社2019年版，前言第1页。

〔3〕［美］沃格林口述：《自传体反思录》，桑多兹整理，段宝良译，华夏出版社2018年版，第83页。

探寻的结构化、符号化体现，用沃格林的话讲就是："每个社会都承载着在自身具体境况下创建某种秩序的责任，基于神的或人的目的，将赋予该社会生存（existence）的事实以某种意义。寻找可以恰当表达这种意义的符号形成（symbolic forms）的努力，尽管并不完美，却也不是一系列毫无意义的失败。"[1] 每个社会都需要建立秩序，而后每个人在这种秩序中获得生存的意义，每个人也都是特定秩序的参与者，"'秩序'既意味着人所经验到的实在的结构，又指人与该结构保持着协调关系之时的那种状态"[2]。但是，秩序的性质及其表现方式在不同的时代、不同的地域有所差异，体现出来的是每个秩序探寻者对其所参与的经验的把握及符号化能力的区别，以及不同秩序参与者与经验实在的关系。秩序所具有的重要性，一如《西方法治思想精义》所言："如同在自然界一样，秩序在人类生活中也起着极为重要的作用。"[3] "与自然界所谓的'适者生存'相比，人类社会的秩序应该具有文明人道性，那就是通过法律使不适者也能生存。"[4] 对西方法律思想、制度、经验不加反思地予以引进、转化的运动，本质上也是探寻法治秩序的一个环节。只不过那个阶段的秩序探寻者对我国需要何种法治秩序、对我国法制实践经验的把握、对中国与外在的法制经验关系等问题的理解未能真正地深入核心，即未能洞见何为中国自身所欲的法治秩序。其实，费孝通早就指出："很清楚，中国的社会变化过程不应仅是对西方文化的移植，而应当是重组社会结构，使之与传承的和谐与统一的精神相一致。"[5] 近些年来，无论是对基层法治、民间法、人民调解、乡贤及枫桥经验等法治实践问题的研究，还是对中国法学向何处去、法治的中国创造等理论问题的思考，抑或人类命运共同体等全球秩序的主张等，都才是中国人真正地结合自身经验对所欲的法治秩序的符号化表达。党的十八届四中全会提出："全面推进依法治国，总目标是建设中国特色社会主义法治体系，建设社会主义法治国家。"总目标转变的依据就在于，"过去的三十年间，

---

〔1〕［美］埃里克·沃格林：《以色列与启示——秩序与历史》（第1卷），霍伟岸、叶颖译，译林出版社2010年版，第19页。

〔2〕叶颖：《论埃里克·沃格林"新政治科学"的逻辑起点》，载《北京师范大学学报（社会科学版）》2018年第6期。

〔3〕史彤彪：《西方法治思想精义》，黑龙江教育出版社2019年版，第6页。

〔4〕史彤彪：《西方法治思想精义》，黑龙江教育出版社2019年版，第10页。

〔5〕费孝通：《中国绅士》，中国社会科学出版社2006年版，第100页。

法治建设的主要矛盾是解决无法可依的问题，重心是建设中国特色社会主义法律体系。在法律体系形成之后，法治建设的中心必然转向提高法律体系的质量，转向法律的实施"[1]。从西方法律思想的研究过渡到西方法治思想的研究[2]，应该是中国学者对我国当下法治经验把握及我国应该生存在何种性质的法治秩序中的思考逻辑演化的体现。

不仅要看到从法律思想向法治思想转变的经验及理论根据，还要对支配理论知识生产的实践逻辑予以分析。因此，需要对《西方法治思想精义》的结构安排作进一步的追问：除作者所陈述的理论、逻辑上的自洽理由之外，还有没有更为根本性的理由呢？

在对秩序的理论问题进行梳理时，沃格林发现了"居间"这一来自希腊伦理哲人的概念，"居间"即是"人置身于此世与超世之间，人既渴望出离又深深爱恋着这个'之间'（In-Between）"[3]。"居间"是哲人探求秩序时的一种状态，是探求者基于自身经验和对实在结构的经验把握，在经验与超越之间来回穿梭的过程，是一种哲理性的探究过程。从这个角度来说，《西方法治思想精义》应该也是作者长期以来基于自身的理论思考、经验把握而形成的实践感[4]的总体反映。通过"居间""实践感"两个概念来分析《西方法治思想精义》的结构安排时，笔者意识到作者之所以对三大部分、五个问题展开探讨，是因为"我们距离法治国家的理想还很遥远，官员违法、公民不守法的现象时有发生，对法律的遵守和尊重还未成为国人的生活方式"[5]。故而，这种结构安排也可以视为作者对当下我国法治的期待。如此可以推导发现，任

---

〔1〕 张文显：《建设中国特色社会主义法治体系》，载《法学研究》2014 年第 6 期。

〔2〕 史彤彪教授早期的作品体现的就是从观念到观念的法律思想研究进路，如在对西方自然法思想进行研究时，就研究方法来说他提出："在展开研究的过程中，为了增强权威性和说服力，最大限度地以西方人的认识和结论作为论据。"史彤彪：《自然法思想对西方法律文明的影响》，中国人民大学出版社 2011 年版，引言第 4 页。

〔3〕 刘小枫：《从"轴心时代"到"天下时代"——论沃格林〈天下时代〉中的核心问题》，载《深圳大学学报（人文社会科学版）》2019 年第 5 期。

〔4〕 布迪厄认为，实践感就是"世界的准身体意图，但它绝不意味着身体和世界的表象，更不是身体和世界的关系；它是世界的内在性，世界将由此出发，将其紧迫性强加于我们，它是对行为或语言进行控制的要做或者要说的事物，故对那些虽非有意却依然是系统的、虽非按目的来安排和组织却依然带有回顾性、合目的性的'选择'具有导向作用"。［法］皮埃尔·布迪厄：《实践感》，蒋梓骅译，译林出版社 2012 年版，第 93 页。

〔5〕 史彤彪：《官员守法的西方思想源流考》，载《学术界》2018 年第 5 期。

何一部作品问题意识的产生一定是时代所赋予的，但将作品内容予以呈现出来的结构方式则是个体的、独特的。这样看，《西方法治思想精义》的结构安排就非常值得玩味了。作者认为法治之所以具有正当性，是因为人治（哲学王的治理）可遇不可求，法治是可期、代价较小的付出。当法治的正当性问题被抛出之后，背后呈现出的经验结构则是，在当前我国法治建设过程中，法治所具有的正当性还未能从观念、制度及实践中获得普遍的承认。作者还指出，法律起源有社会契约论和社会连带关系说两种典型说法，社会契约论的核心要义在于“国家和法律能够使人们过上好日子”，社会连带关系说的核心要义在于“通过法律满足人们共同生活的需要”。这背后的经验结构开放出来即是，当前我国制定法律的目的究竟是满足人们共同生活的需要还是其他呢？比照管控型立法、部门本位立法在当下法治实践中仍然普遍存在的现象，就印证了作者设置该议题的苦心孤诣。在对守法问题进行讨论时，作者认为政府及其官员应当模范守法，应该注重对公民法感情的培育，应该在儿童心中播下守法的种子。背后流动着的同样是作者对当前法治实践的经验把握，如政府的法律遵守依然是机会主义，政府官员依然没有现代法治意识，日常生活中“中国式过马路”现象依然严重。据此，作者才提出：“对法律，只有内心的认真与尊重，才能转化为外在的自觉与敬畏。在这里，‘刻板’‘僵化教条’和‘死心眼儿’应该视为一种美德和感情，而所谓的‘灵活’和‘实用’也就成了轻慢和亵渎。”[1]

经由上述，可以发现对任何一部作品的解读，都不应该将其与特定的时空结构及经验要素割裂开来，否则作品可能就成为脱时空、脱语境的纯粹文字陈述，它所具有的根本问题意识就可能被忽略甚至被遗忘。对《西方法治思想精义》的解读同样如此，看不到文字背后的时代巨变、看不到作者在内容结构上用心良苦的安排，一定也不能触摸到当前我们所处的这个时代中最核心、最紧迫的问题。

三、《西方法治思想精义》中的中西关系

任何秩序都是在特定的时空和理念之下展开的，它有着时间的、空间的和

〔1〕 史彤彪：《西方法治思想精义》，黑龙江教育出版社 2019 年版，第 607 页。

理念的规定性。时间的问题表现为传统与现代关系问题，空间的问题则表现为中国与世界关系问题，只不过由于近现代以来西方国家在世界结构中表现出强劲势头，从而将中国与世界关系问题缩窄为中西问题。无疑，在我国法治秩序构造中是无法回避中西关系的，关键在于如何看待中西关系，这其中存在特殊性视角与普遍性视角之分。

特殊性视角中的中西关系有两种基本表现形式：一种是将中国视为特殊的而西方是普遍的。鸦片战争以来，政治、经济、军事等现实层面的失利，使得中国普遍丧失了自信，向西方及日本学习成为一种潮流。加之西方国家在对中国的研究中，隐含着将中国现实层面的落后转化为全面落后的假定，并且时人还将这种假定予以内化，从而形成了百年来浩浩荡荡的西方知识引进运动。学习西方及西方法律思想本身并不可怕，可怕的是自我东方化，即“接受法律东方主义对自身所设定的形象并将其作为自身行动的前提”〔1〕。在此过程中，中国是特殊的、西方是普遍的，从特殊走向普遍、学习西方的特定经验和制度成为必然的逻辑。森曾指出：“当我们对文化的模糊认识与文化宿命交织起来时，其结果就是，我们成为想象中的奴隶。”〔2〕“文化宿命论的幻觉，不仅具有误导性，而且还会严重消磨人们的斗志。这是因为，它会使那些处于不利地位的人产生一种宿命和听天由命的思想。”〔3〕另一种则是将中西都视为特殊的。20世纪尤其是20世纪中叶以来，西方出现了一股对现代化范式、“西方中心主义”等理论进行反思的思潮，无论是米德对萨摩亚人〔4〕的生活进行的观察，

---

〔1〕 张建：《他者的幻相：走出法律东方主义的逻辑陷阱》，载《湖北民族学院学报（哲学社会科学版）》2018年第4期。

〔2〕［印］阿马蒂亚·森：《身份与暴力——命运的幻象》，李风华、陈昌升、袁德良译，中国人民大学出版2009年版，第89页。

〔3〕［印］阿马蒂亚·森：《身份与暴力——命运的幻象》，李风华、陈昌升、袁德良译，中国人民大学出版2009年版，第96页。

〔4〕 米德在对萨摩亚小孩儿成长的调查中发现：“萨摩亚的文化背景之所以能够使成长发育成为十分容易、十分简单的事情，究其原委，主要归结于整个萨摩亚社会所充溢着的那种普遍的随和性。”但米德并没有因此就觉得必须吸纳萨摩亚的经验，因为其是带着疑惑开展调查的：“在不同的条件下，青春期的到来是否会呈现出完全不同的景象?”换言之，根本还在于西方自身，其对萨摩亚人的研究仅仅是为了自身更好地自观和调整。［美］玛格丽特·米德：《萨摩亚人的成年》，周晓虹、李姚军、刘婧译，商务印书馆2010年版，第33、第182—183页。

还是格尔茨提出的“地方性知识”[1]，抑或斯科特发现的“厚深的与薄浅的城市”[2]，甚或沃格林对秩序问题的分析及对灵知主义的反思，从表面上看虽提出了多元的、特殊的观点，但本质上都是在自身的问题域中——过度国家中心主义等——对西方思想进行的新的调试。套用周洁对沃格林“居间”的评价就是：“沃格林重新发展柏拉图的‘居间’理论，在理论上斩断了包括西方在内的政治力量试图垄断真理窃取霸权的企图，使得各种文明开始拥有平等对话的可能性。但这也只是一种文明‘止损’，目的是避免西方文明完全衰落。”[3] 遗憾的是，不知不觉中我们就广泛接受并深深陷入多元、特殊的观念之中，形成了将自身经验、理论无限放大的幻觉，拒斥西方及西方法律思想。某种程度上，第二种看法可视为对第一种看法的反对，但本质上它们是一致的，都将中国视为独特体，故而也都存在问题。第一种看法的问题显而易见，也获得了较多的关注，即不仅存在倒果为因的逻辑问题，还存在忽略中西在时间、空间等方面的差异问题，如渠敬东所言：“任何一个问题，都不能借用已经全面结构化的西方社会所形成的学科体系来处理，在他们那里也许是个局部问题，到我们这里就要复杂得多。”[4] 第二种看法存在的问题相对隐秘，西方自我反思而形成的有关特殊性的观点一度被误以为是普遍性的，如在对现代社会民间规则为何具有正当性的证明中，“地方性知识”就成为主要依据，但将中西各国都视为特殊体的理论处理方法，则会导致自我的孤立和封闭，也定然不符合法治秩序的内在价值诉求。

---

〔1〕 格尔茨曾提出：“我一直在陈述法律其实并不是以柏台大人的辞藻来刻录的那种矫揉造作的东西，它其实是地方知识；它的地方性不仅在于空间、时间、阶级及其他许多方面，更在于它的腔调。”很多时候我们仅仅注意到该观点，而忽略了格尔茨还提过具有方法论意义的观点，即“‘法律’都是对真实加以想象的独特方式之一部分”，更忽略了其更具有立场性的观点，即“比较法学的两种主要研究路径：一种是以对比一个规范结构为职志，另一种是以对比不同社会中的不同争议处理程序为职志。在我看来都错失了要点：前者失之于一种过度自主性（over autonomous）的观点，将法律看作是一种隔绝而自足的‘法律体系’，尽管面临着日常生活在概念上与道德上的散漫，仍竭力保持自身在分析上的整合；后者失之于一种过度政治性（over political）的观点，将法律视为不可划分出来单独看待的东西”。［美］克利福德·格尔茨：《地方知识》，杨德睿译，商务印书馆 2016 年版，第 339、第 288、第 337 页。

〔2〕［美］詹姆斯·C. 斯科特：《国家的视角：那些试图改善人类状况的项目是如何失败的》，王晓毅译，社会科学文献出版社 2004 年版，第 342—356 页。

〔3〕 周洁：《沃格林的三个战场》，载《海南大学学报（人文社会科学版）》2019 年第 3 期。

〔4〕 刘小枫、苏国勋等：《中国学术的文化自主性》，载《开放时代》2006 年第 1 期。

从特殊性的思维状态中走出来，建构基于中国法治秩序诉求的普遍性思维，内在的前提是要基于中国法治秩序本身而向外求索理论，它也包含了两种基本类型：一是将中国法治秩序的建构视为普遍秩序的一个环节；二是将西方法律思想视为人类求索秩序过程中的符号化，是普遍性现象。

如前文所述，鸦片战争以来，在处理中国与世界关系时，我们习惯性地将中国视为特殊体，要么相对于西方的普遍性来说是特殊体，要么与西方一起各为特殊体，导致中国丧失了经由普遍想象而构造真正法治秩序的能力。《西方法治思想精义》中谈到朱元璋答谢“杯茶之情”的故事——朱元璋有一次外出微服私访，由于天气炎热而又渴又累，一农夫端出茶来给他们一行解渴，并向其讲解民俗风情、为官作风等，为表谢意，朱元璋降旨让农夫当了这个县的县令。在对该故事进行解读时，作者指出：“皇帝有情不假，但肯定不是按照法律规定（县令的选拔标准和相关程序）来做的，而是全凭自己的心情和喜好。”〔1〕“人是高级动物，但同时又是有丰富感情的动物”〔2〕，“法治，很大程度上就是为了防止人们感情泛滥而存在的”〔3〕。从作者对朱元璋答谢故事的解读可以引申出两个洞见：一是我们应该意识到，我国关于法治秩序的思考并不仅仅是中国或中国人的法治秩序，人性是普遍共通的，我国的法治秩序应该也是普遍法治秩序，只不过是在当下这一特定时空中展开而已。在对汉语法学的期许中，许章润提出：“汉语法学之区别于英语法学、德语法学、法语法学和西/葡语法学，不仅在于表意系统之为汉语或者中文，而且，更在于秉持普世价值的同时内蕴着丰富的中国文明传承，并以中国文明表述和落实普世意义。”“瞻望未来，汉语法学的义理规模、学思深度和知识形态能够进展至何种地步，一个重要条件，就看对于诸子法意的创造性阐释究达何种深度和规模，至臻怎样的知识成果，从而展现出何种普世性法理智慧形态。”〔4〕二是思考法治秩序时，还应该形成具有接纳普遍性法理的气魄和能力。虽然世界其他国家对法治的思考存在或多或少、或深或浅之分，但在此过程中形成的关于法治的普遍的、公认的法理，我们在对法治秩序加以思考时有必要将它们融贯进

〔1〕史彤彪：《西方法治思想精义》，黑龙江教育出版社2019年版，第33页。
〔2〕史彤彪：《西方法治思想精义》，黑龙江教育出版社2019年版，第33页。
〔3〕史彤彪：《西方法治思想精义》，黑龙江教育出版社2019年版，第33页。
〔4〕许章润：《汉语法学论纲》，广西师范大学出版社2014年版，第8、第24页。

来。西方法律思想是西方人在求索法治秩序过程中的符号化，它既是特殊的，也是普遍的。西方法律思想之所以是特殊的，是因为它是基于西方特定历史阶段经验而形成的关于法治秩序的符号，这种经验以启蒙运动、地理大发现、资本主义商品经济的全球化、现代民族国家构建等为时代背景。比如，《西方法治思想精义》中作者就发现，世界范围内不同国家基于不同原因而对女性着装有着不同的规定。如：2013 年 3 月 22 日，韩国修订的“过度曝光法令”正式生效，规定女性不得穿着过于短小的迷你裙，一旦被认定在公共场合“过度曝光”，就将被处以罚款。2013 年，乌干达也通过了“取缔迷你裙”法案。差不多同时，法国则废止了旧法律——“不允许巴黎女性穿裤子”——巴黎女性终于可以合法穿裤子。[1] 在思考当下我国法治秩序时，显然就不能以上述经验为基础，而要以我国自身的实际情况——城乡发展不平衡、东西南北发展不平衡、政治经济社会发展不平衡等——作为求索法治秩序的经验基础。从这个角度看，西方法律思想是特殊的，因为它的经验基础是特殊的，不能将西方法律思想中的经验基础予以抽离而作简单的理解和吸纳。同时，西方法律思想又是普遍的，因为其也是在失序焦虑下对真理显现问题进行哲理探寻中形成的，对失序的焦虑、对真理显现的追求是普遍的。一如作者在对政治目的予以分析时所言：“政治的目的绝不是把人从有理性的动物变成牲畜或傀儡，而是使人有保障地发展他们的心身，没有拘束地运用他们的理智。”[2] 在这里对失去自由带来的焦虑以及对政治目的的探寻，两者古今中外都是相通的。在一定程度上，这又使得不同阶段的西方法律思想具有了普遍性，故而值得我们认真对待。

如何对待西方法律思想，实际是如何处理中国与世界关系的一个缩影。中国作为世界结构的一部分，定然无法挣脱其与其他国家结构化存在的事实状态，必须与其他国家交往。只有具备普遍性的法理基础，交往才有可能。中国作为世界文明的一部分，也有责任为世界文明的持续进步贡献自身关于普遍性法理的思考。所以，中国既无法也无正当理由拒绝关于普遍性法理的思考，这当然包括西方及西方法律思想。

---

〔1〕 史彤彪:《西方法治思想精义》，黑龙江教育出版社 2019 年版，第 118—120 页。

〔2〕 史彤彪:《西方法治思想精义》，黑龙江教育出版社 2019 年版，第 127 页。

四、《西方法治思想精义》的写作进路

法治体系不仅要强调科学立法、严格执法、公正司法、全民守法，还要强调法律实施的保障监督。对法治秩序的思考，就是要建构一种关于法治体系建设的应然状态的图景，还要将其融入法律制度及社会实践。

针对该任务，《西方法治思想精义》采用了“思想、制度、实践”三位一体的写作进路，旨在通过对事例和案例的解读来阐释法律思想、验证法律制度。之所以这样安排，作者解释到：就思想家的观点研究来说，“在表述方式上，对这些思想家的相关看法按专题分别展开，这样做虽然显得有些琐碎，但好处也很明显，就是能体现每个思想家的鲜明观点和独特魅力”。就所列制度方式来说，“目的在于让读者明白，西方思想家的先进理念已经被制度化和法律化，一定程度上能够体现思想家的价值与影响”。就事例的运用来说，“追求用感动过自己的故事和判例予以佐证……营造外围气氛来加强读者的在场感……从蕴含的事例中品味思想话语的力量”。〔1〕三位一体的写作进路表面上像是将思想、制度及事例进行杂糅，其实不然，原因在于《西方法治思想精义》是基于我国法治秩序探究而展开的，这无疑会带来工作的难度和压力，如作者所言：“除了查漏补缺、订正不妥之处之外，更要考虑到思想逻辑上的周延性、事例上的妥帖、制度上的配套。”〔2〕所以，“直觉一直在告诉我，这次的写作过程虽然愉悦但不轻松”〔3〕。恰恰是作者表述得灵活多样、清晰明了，才使得笔者在阅读的过程中，获得一种久违的畅快感和获得感，或如格罗斯菲尔德所言：“我们从日常生活的经验中知道，我们的语意越清晰，我们的思维就越明白。”〔4〕类似的体验还是在阅读《法律之门》时获得的。据译者所言，自1973年《法律之门》出版以来，这部著作在美国平均两年更新一版，并且每次的更新率都在三分之一左右。《法律之门》之所以能够在世界范围内畅销并获得普遍的关注，是因为“在《法律之门》诞生前，几乎所有与法律

---

〔1〕 史彤彪：《西方法治思想精义》，黑龙江教育出版社2019年版，前言第2页。

〔2〕 史彤彪：《西方法治思想精义》，黑龙江教育出版社2019年版，第724页。

〔3〕 史彤彪：《西方法治思想精义》，黑龙江教育出版社2019年版，前言第2页。

〔4〕 ［德］伯恩哈德·格罗斯菲尔德：《比较法的力量与弱点》，孙世彦、姚建宗译，清华大学出版社2002年版，第152页。

有关的教学资料都是为律师的职业训导而设计的……导致的结果，只能是法律观点的狭陋。法律教育的狭隘对于法律和社会都是有害的"[1]。谈《西方法治思想精义》的体例安排和写作方式，并非仅为了夸赞作者的高超写作技艺，更为重要的是在经由对作者写作进路的分析中洞见到两个问题，即在关于法治秩序的探寻中，如何才能做好思想研究的“下行”与“上行”工作？

法治思想研究中的“下行”指的是，如何才能有效地将法治思想传递到制度安排、社会生活等环节。思想与制度、社会之间有隔阂，已成为当前我国法治秩序构造中的普遍现象。就思想与制度之间的隔阂而言，既有思想本身的原因，也有体制机制的原因。当前及以往一段时期的法治思想，要么以西方的思想或制度作为蓝本，导致思想在转化为制度过程中出现水土不服等问题；要么以中国为独特体而思考，导致思想由于普遍性的丧失而失去吸引力；要么陈义甚高，导致制度无法将思想要求转化为相应的条款安排并予以具体落实。如作者所言：“人类的法律史证明，有些立法者把喜爱至善境遇的人们作为一种‘劝说’来实现的东西，竟当作一种‘戒律’来执行，为了使人们遵守法律，以致每天都需要制定新的法律。这样，既使自己疲劳，又困乏了社会。”[2] 体制机制也是阻隔法治思想进入制度安排、社会生活的重要原因，立法过程中不能将开放性、透明性很好地融贯进来，而是更多地坚持国家治理本位、部门利益本位等，加之立法者的素质难以真正达到应然要求等因素的存在，最终导致法治思想与制度安排越来越远，真正的法治不能实行。作者通过两个事例说明了法治思想与立法结合的重要性：一是德国《基本法》第7条第6款规定，禁止设立先修学校，原因在于德国的教育专家认为：“孩子在小学前的‘唯一任务’就是快乐成长。因为孩子的天性是玩耍，所以要做符合孩子天性的事情，而不应该违背孩子的成长规律。”二是丹麦的立法者为了解决肥胖问题减少政府因肥胖承担的相关医疗费，不顾种种反对于2011年10月推出脂肪税，结果不仅没有解决问题，还导致食品价格上升、境外购买等后果，因此不得不于2012年11月10日宣布取消脂肪税。类似的例子还有美国历史上的禁酒令

〔1〕［美］博西格诺等：《法律之门》（第8版），邓子滨译，华夏出版社2017年版，序第1页。

〔2〕史彤彪：《西方法治思想精义》，黑龙江教育出版社2019年版，第493页。

等。〔1〕法治思想要想“下行”至立法之中，作者认为不仅要重视立法者的素质，还应该重视立法精神、立法原则和立法技术。“立法者的职责不是去创造法律，而是为了揭示法的理念，进行教育人的工作。真正的立法家所注意的重点，应该是培育公民的法律精神并为教育立法。”〔2〕这句基于对柏拉图思想研究而形成的判断，不仅对立法者来说极为重要，对法治秩序的思考者来说同样紧要。同时，法治思想如何“下行”至社会之中，成为民众行动的普遍依据，也是当前我国法治秩序建构中碰到的关键问题。如孟德斯鸠所言：“人民一旦用了良好的准则，就会比那些所谓的正人君子更长久地坚持遵行。”〔3〕思想与社会之间之所以有隔阂，除思想本身的抽象繁复以及当前我国法治思想研究不能将社会民众真正的内在精神及诉求予以抽象再表达之外，最为关键的可能就是法治思想本身的语言表达形式和内容了。〔4〕也正是在这个意义上，笔者觉得《西方法治思想精义》之所以比一般的思想学术作品有着更为重要的贡献，是因为它将思想性与可读性真正地融贯起来，能够有力地促进法治思想的社会传播。

法治思想研究中的“上行”指的是，如何才能从法律制度及日常生活事例中发现法治秩序的真谛并将其进行理论化处理。包括西方法律思想在内的域外研究，在我国法治秩序构造中有时之所以不受欢迎、不接地气，就在于我们将相应的知识进行了脱问题域、脱语境化处理。西方及西方法律思想是我国法治秩序不可或缺的参照系，对其研究本身是没有问题的，关键在于研究背后的问题意识和时空感。“法律来源于生活。以法律为研究对象的法学，不能被打扮成远离常人的阳春白雪。”〔5〕法律制度也是行动者在特定环境中开展立法的产物，其必然交织着成功的经验和失败的教训，它也是特定理念、问题和时空背景相互交应的产物，研究的任务就是要将相互交应的逻辑抽象出来。《西方

〔1〕史彤彪：《西方法治思想精义》，黑龙江教育出版社2019年版，第473—476页。

〔2〕史彤彪：《西方法治思想精义》，黑龙江教育出版社2019年版，第476页。

〔3〕［法］孟德斯鸠：《论法的精神》（上卷），许明龙译，商务印书馆2012年版，第55页。

〔4〕2009年，在贵州凯里召开的第五届民间法·民族习惯法学术研讨会的大会总结环节，陈金钊教授发问并感叹道（大意）：“我们法学研究何时能像文学作品一样朗朗上口、受到普遍欢迎，法治应该就能建成了。”因为是人生第一次正式参与学术会议发言，故而记忆犹新，可以将该问题归结为“陈金钊之问”，它对中国法学研究来说既是反思也是期待。

〔5〕史彤彪：《孟德斯鸠错了?》（修订本），清华大学出版社2017年版，前言第1页。

法治思想精义》中，作者在对卢梭的立法思想展开研究时就指出："立法时，明智的创制者也并不从制定良好的法律本身着手，而是事先要考察一下，他要为之立法的人民是否适宜接受那些法律。"[1] 社会事例是社会大众在某种特定理念和结构下展开行动的产物，包含着具体的理念及行动逻辑，仅简单地对事例或行为进行评价，很可能会丧失洞见真正法治秩序的机会。社会事例是社会中流动着的思潮和诉求的具象化，研究者需要将其背后真正的价值诉求及行为逻辑加以抽象和理论化表述，不能强行让社会实践依照思想的理论要求予以展开。一如布迪厄所言："理论谬误在于把对实践的理论看法当作与实践的实践关系，更确切地说，是把人们为解释实践而建构的模型当作实践的根由。"[2]《西方法治思想精义》中，在对政府及官员为何应当模范守法问题展开讨论前，作者就通过德国总理施罗德的汽车、瑞典议员艾格西的车窗及交通补贴、奥巴马宣誓就职时的口误事件及韩国前总统卢武铉的户籍问题四个事例，既摆明了国外官员守法的状况和制度执行的实际，也点出了官员守法问题的重要性，这种经由对事例的讨论而将具体问题及问题意识予以明晰和敞开的路径值得认真吸纳。[3]

在有关法治秩序的思考中，应该将思想的"下行"与"上行"两种思路紧密地结合起来，这样才有可能构造出符合时代秩序需要的思想理论体系。否则，会导致思考的符号化结果与实际的法治秩序之间无任何联系，而仅仅是作为一种符号孤立地存在。

五、结　语

上文主要从法治秩序、中西问题及写作进路三个角度出发，对笔者阅读《西方法治思想精义》的心得体会进行了阐述。结合阅读过程及本部分的写作，有三个启发在此过程中也逐渐明朗起来：

一是作为研究者的我们，应该如何把握我们与作为研究对象的作品之间的关系呢？经由思考发现，研究中之所以追新现象层出不穷，原因在于作为研究

[1] 史彤彪：《西方法治思想精义》，黑龙江教育出版社 2019 年版，第 511 页。
[2] [法] 皮埃尔·布迪厄：《实践感》，蒋梓骅译，译林出版社 2012 年版，第 115 页。
[3] 史彤彪：《西方法治思想精义》，黑龙江教育出版社 2019 年版，第 580—585 页。

者的我们被研究对象限定了，是研究对象在命令、规训着我们的思维。有必要从这种倒置的关系中走出来，真正建构自身的问题意识，如此便能发现，无论是最新的大数据、人工智能研究，还是经典的法律思想及人物研究，其实都可以出现在我们的研究视域之中。《西方法治思想精义》之所以开卷有益，就在于其背后隐含着的中国法治秩序这一根本问题意识。

二是作为阅读者的我们，应该如何把握我们与作为阅读对象的作品之间的关系呢？很多时候，阅读对许多人来说之所以成为枯燥无味的文字游戏，就在于其将作品与作者割裂开来了，将作品视为脱语境、超时空的知识呈现，忽略了作者思想中凝聚着的经验，这使得知识所具有的灵动性被遮蔽起来。恰如作者在《西方法治思想精义》后记中所言："如今，看看书架上那一套背封是绿色的'汉译学术名著'（政治法律类），心中自然洋溢着畅快感！天天能与大咖们说说话，揣摩揣摩他们的心境，可谓乐事一桩！"〔1〕所以，只有将作品创造者的经验向作品敞开时，才能体会作品的意蕴和所指。

三是作为评价者的我们，应该如何处理我们与作为评价对象的作品之间的关系呢？一种是预设立场对作品予以评判，另一种则是深陷作品的结构或内容之中。这两种方式都不得要领。第一种方式可能会将作品中的真知灼见遮蔽住，第二种方式则会陷入作品本身而无法洞见作品真正的优劣所在。在对作品的评价中，也应该坚持评价的"下行"与"上行"。既要基于一以贯之的问题意识来理解作品、含化作品，也要从作品的思想、结构与内容出发来验证、反思作为评价前提的问题意识。

总之，在新时代应该继续基于我国法治秩序建构本身的内在要求和根本问题意识，面向中西、古今、传统与前沿等各类思想、制度及实践，经由反思性分析与研究后，将它们不断结构到我们的思想体系之中，真正促进法治秩序的生成。

---

〔1〕史彤彪：《西方法治思想精义》，黑龙江教育出版社2019年版，第725页。

走向方法自觉的习惯法研究

——兼评《习惯法：理论与方法论》的学术贡献

在全面推进依法治国的时代背景下，虽然已有学者对法学研究法理的缺位表示关注[1]，但这依然不能撼动以国家、制定法、各类法治改革等议题为中心的研究格局，并且所谓的主流学术有时还会对有关民间法、习惯法的研究表现出一种不屑的态度。殊不知，这种观点实际是对何为秩序、何为法治、何为中国法治等命题误读而导致的后果，亦即将秩序生成、法治、法治中国与国家、制定法等进行了简单的、单向度的联系。其实，从不同层面、不同维度切入开展法学研究并不意味着其相互间就不能获得共识。比如，部门法的讨论最终都应回归至法的原理、法的价值，那么在法理层面部门法之间就实现了殊途同归的目的。再比如，不同学科对法律问题和法律现象的分析也好、讨论也罢，总要借助于一定的方法论加以实现，所以此时不同研究在方法论层面就会形成交叉。胡玉鸿认为："毋庸讳言的是，在一个不讲究方法论、不注重方法的拣择与提炼的学科研究中，研究活动本身的科学性就令人怀疑。"[2]舒国滢也认为："对于建立法治国家而言，重要的不是提出制度的框架和方案，而是

本文发表于《民间法》2018 年第 2 期，收入本书时有所修改。

〔1〕 张文显指出："当下，在中国法学界，共识性'法理'概念尚未凝练出来，把'法理'作为法理学研究对象和中心主题尚未成为理论自觉，致使'法理'在应为'法理之学'的法理学知识体系、理论体系、话语体系中处于缺席或半缺席状态，在部门法学研究中也没有引起足够的关注和倾力。"张文显：《法理：法理学的中心主题和法学的共同关注》，载《清华法学》2017 年第 4 期。

〔2〕 胡玉鸿：《法学方法论导论》，山东人民出版社 2002 年版，第 104 页。

制度设计的方法论根据。”[1] 为此，从法理与方法论的角度看，无论从哪个层面、哪个维度切入开展研究其实都不存在边缘与中心之分，关键在于能否将有关法律、法治的法理及法学研究的方法论开放出来并勾勒清楚，显然，有关民间法、习惯法的研究也不例外。

基于上述，我们可以自信地认为，有关民间法、习惯法的研究同样能够对当下中国法治建构、法学研究作出特定的贡献。[2] 也正是在该逻辑中，能越发地感知和发现《习惯法：理论与方法论》（以下简称《习惯法》）一书可能的学术价值及贡献。为了最大限度地将笔者在阅读《习惯法》一书后所感知到的其贡献与不足阐述清楚，笔者设定了三个议题来加以论述：一是对习惯法研究在当下兴起的逻辑进行交代；二是对当前民间习惯法的研究进路与《习惯法》一书的格局进行比较分析；三是分别从本体论、功能论及方法论的角度来重构、分析及评判《习惯法》一书的具体贡献与不足。

一、习惯法研究的兴起逻辑

当代中国习惯法研究的兴起与法制现代化运动在中国的展开有着内在的紧密关联。在对近现代中国进行理解时，三个一百年的线索值得我们认真对待，即1911年至2010年、1921年至2020年、1949年新中国成立至21世纪中叶。三个一百年分别诉诸三个不同的问题：用何种方式来领导中国走向独立、富强及民主，谁来领导中国革命与发展以及如何在一国之内分配各种资源。由于研究本身的限制，在此我们先不论后两个一百年，主要讨论第一个一百年。从严格意义上来说，还可以将第一个一百年的历史眼光拉至1840年的鸦片战争，如此就能更清晰地展现其中的逻辑了。其实，无论是清朝晚期的洋务运动、戊戌变法，还是辛亥革命、新文化运动，实际上都是近现代中国实现某个特定目的的手段，在寻找手段、方式、方法的过程中逐渐聚焦至法制现代化，同时，

---

〔1〕 舒国滢：《法哲学：立场与方法》，北京大学出版社2010年版，第63页。

〔2〕 谢晖曾指出：“民间法研究作为法学研究的一个重要论题……但它至今在我国主流法学体系中的地位和作用却相当有限，林林总总、汗牛充栋的法学教材几乎不给其任何地位。”其实，这可能与“民间法研究的整体格局与理论层次不足”有关。谢晖：《民间法、民族习惯法》，载《甘肃政法学院学报》2014年第2期；张建：《民间法研究的理论反思——从公共性重构过程中民间法可能贡献切入》，载《甘肃政法学院学报》2015年第1期。

潜在的认识又将法制现代化等同于立法。所以，2011 年时任全国人民代表大会常务委员会委员长吴邦国的宣布——“中国特色社会主义法律体系的形成，总体上解决了有法可依的问题，在这种情况下，有法必依、执法必严、违法必究的问题就显得更为突出、更加紧迫”〔1〕——才意味着我们基本告别以立法为中心的时代并走向全面依法治国。〔2〕

在以立法为中心的时代，重要的是解决法律有没有的问题，所以法律被大量制定出来就成为一种必然，其中有些法律甚或是超越时代经济社会发展的需要，如在计划经济与市场经济并存、市场主体还未发展成熟的时候，我国就于 1986 年制定了《企业破产法（试行)》，最后的结果套用陈夏红的话就是：“虽然充满改革开放过程中的时代气息，同时也昭示出破产法的不堪重负。”〔3〕上述现象的存在反映了一个重要问题，即法律运作与社会需求相互间如何才能实现耦合。通过对《秋菊打官司》电影中秋菊所碰到的困惑进行分析，苏力敏锐地发现并提出该问题：“至少在这个‘案件’中，正式法律制度的干预破坏了这种社会关系和这个社会中人们之间的默契和预期。”“而且即使从公民‘权利’保护来看，正式法律的运作效果也未必好。”〔4〕所以，“在中国的法治追求中，也许最重要的并不是复制西方法律制度，而是重视中国社会中那些起作用的、也许并不起眼的习惯、惯例，注重经过人们反复博弈而证明有效有用的法律制度”〔5〕。此一问题，从制定法的角度看就表现为法律运作、法律实效等，从社会的视角看则是何种规则更为有效，在此过程中，习惯法作为一种能有效化解矛盾、解决纠纷及生成秩序的规则重新获得了重视。比如，梁治平在对中国古代法的实际运作效果进行考察时也曾发现并指出：“在中国古代社会，国家法不但不是全部社会秩序的基础，甚至也不包括当时和后来其他一些社会的法律中最重要的部分。当然这并不意味着某种‘秩序真空’

〔1〕 吴邦国：《形成中国特色社会主义法律体系的重大意义和基本经验》，载《求是》2011 年第 3 期。

〔2〕 党的十八届四中全会报告对全面推进依法治国的重要性进行了充分而清晰的阐述：“依法治国，是坚持和发展中国特色社会主义的本质要求和重要保障，是实现国家治理体系和治理能力现代化的必然要求，事关我们党执政兴国，事关人民幸福安康，事关党和国家长治久安。”

〔3〕 陈夏红：《破产法十年话“初心”》，载《法制日报》2017 年 5 月 31 日，第 5 版。

〔4〕 苏力：《法治及其本土资源》（修订版），中国政法大学出版社 2004 年版，第 31 页。

〔5〕 苏力：《法治及其本土资源》（修订版），中国政法大学出版社 2004 年版，第 37—38 页。

的存在。社会不能够容忍无序或至少不能容忍长期的无序，结果是，在国家法所不及和不足的地方，生长出另一种秩序，另一种法律，这里可以先概括地称之为‘民间法’。”〔1〕

众所周知，由于我国法治建设是在“时空挤压”的环境中不断拓展和发展的，要共时地完成历时性的任务，因此有关习惯法的研究同样不可避免地受制于“时空挤压”的外在结构。当前，我国习惯法的研究实际是在共时性与历时性两种不同逻辑中展开的。就共识性的逻辑来说，习惯法的研究是在规则与规则效果的命题中展开的，是一种对制定法中心主义加以反对的立场；就历时性的逻辑来说，习惯法的研究是在中西之争中展开的，在进化主义和西方中心主义的话语中，传统中国包括制定法、习惯法在内的规则都成为与世界结构中的中国制定法相对称的习惯法，但以西方发达国家为模板和蓝图所制定的法律体系，在实施的过程中，却产生了诸多制度意图之外的后果，所以此种意义上的习惯法研究实际是一种言明自身主体性的研究。〔2〕意识到习惯法研究所包含的两种不同逻辑，这为对有关习惯法研究进行分析、评价提供了基本的参照系，即不同的逻辑对习惯法研究提出了不同的学术要求。在第一种逻辑中开展的习惯法研究，既需对国家制定法中心主义予以反思，也需对多元规则在法治秩序生成中各自的功能及方法等予以研究；在第二种逻辑中进行的习惯法研究，既需对西方中心主义的法治秩序观给予反思，也需对习惯法所具有的正当性加以分析。在此，进一步开放出来的问题还有——《习惯法》研究是否遵循了学术的、方法的逻辑。

二、《习惯法》研究进路重述

当前，对习惯法的研究主要在三个不同视域/方法中展开：一是法理学视域中的习惯法研究，呈现出来的研究议题包括但不限于借助于地方性知识、法

〔1〕梁治平：《清代习惯法：社会与国家》，中国政法大学出版社1996年版，第31—32页。

〔2〕如厉尽国所言：“民间法论者认为，国家法论者从普适性知识出发，把西方的法律概念、理论当作放之四海而皆准的真理，把西方的法律规则或制度视为世界普遍适用的通则。这实际上是在试图把中国的历史和现实变成某一种或某几种西方理论的注脚，后者试图把中国社会推上西方法制这张‘普罗克拉斯提斯之床’。”厉尽国：《法学研究中的民间法范式》，载《民间法》（第4卷），山东人民出版社2005年版，第168页。

律多元理论、共治理论等对习惯法的正当性加以分析[1]，在国家法-习惯法二元关系及规则-背景二元关系[2]等分析框架中对习惯法进行取舍研究，从价值角度对习惯法研究之于法治秩序建构所具有的价值给予剖析，等等。二是法律社会学、法律人类学视域中的习惯法研究，主要是对习惯法存在的形态进行历史性或现实性勾勒与分析[3]，对习惯法在纠纷解决中所发挥的作用加以评析，对习惯法的历史演化及社会缩影予以总体分析，以及对域外的习惯法存在的形态或表现加以译介[4]，等等。三是规范法学视域中的习惯法研究，更多的是对习惯法如何融入立法或司法裁判开展技术性研究，如习惯法的识别机制、运用机制等[5]，以及从部门法出发对某一领域的习惯法加以系统性总结，等等。毫无疑问，上述研究对习惯法研究及法治秩序生成都作出了各自的贡献，遗憾的是，既有的习惯法研究往往缺乏系统性、整全式的视野，也缺乏理论与方法上的主动、自觉，由此更加凸显了《习惯法》一书之于当前习惯法研究所作

〔1〕张镭在对当代习惯法的正当性予以证成时指出："在生产方式不能很快统一的情况下，法律与规则的冲突就是一个必然存在的现实问题。解决这个问题，我认为仅仅用普及法律的方法去强行推行法律意识，挤压习惯的效力范围是简单粗暴的做法，并不能真正化解两种规则体系之间的矛盾；应当运用公治的理路使得不同的规则系统发挥其效用，达到不同规则共同致力于社会秩序的治理过程和目的，最终实现社会秩序治理的理想化。"张镭：《论习惯与法律——两种规则体系及其关系研究》，南京师范大学出版社 2008 年版，第 167 页。

〔2〕萨其荣桂在对"民间规则"作为分析概念和研究进路予以反思时发现，民间规则概念相对狭窄，无法涵盖所有内容，加之民间法研究中地方性与普适性的悖论引发的矛盾，"背景性知识"可作为辅助性的分析概念，"民间规则-背景性知识"二元分析模型是解决民间法研究中这一矛盾的一次尝试 。萨其荣桂：《民间规则与背景性知识——关于民间法研究中的一种分析模型思考》，载《西南民族大学学报（人文社科版）》2007 年第 6 期。

〔3〕如淡乐蓉对藏族"赔命价"习惯的研究、张渝对清代中期重庆商界中存在的习惯规则进行的研究。淡乐蓉：《藏族"赔命价"习惯法研究》，中国政法大学出版社 2014 年版；张渝：《清代中期重庆的商业规则与秩序——以巴县档案为中心的研究》，中国政法大学出版社 2010 年版。

〔4〕如朱淑丽借助于对西方国家荣誉决斗的研究而开放出的法律与民间规范的问题，高仰光对日耳曼习惯法汇编《萨克森明镜》进行的细致的分析与介绍，梁津明等对中世纪后期英国习惯法演化为普通法逻辑的研究，金玄武等对韩国习惯法的介绍，等等。朱淑丽：《法律与民间规范——以荣誉决斗为视角》，上海人民出版社 2009 年版；高仰光：《〈萨克森明镜〉研究》，北京大学出版社 2008 年版；梁津明、张馨艳：《习惯法到普通法：中世纪后期英国法律制度的演化路径》，载《民间法》2016 年第 2 期；金玄武、武庆阳：《韩国习惯法初探》，载《民间法》2014 年第 1 期。

〔5〕代表的著述可参见王林敏：《民间习惯的司法识别》，中国政法大学出版社 2011 年版；贾焕银：《民间规范的司法运用——基于漏洞补充与民间规范关联性的分析》，中国政法大学出版社 2010 年版。

出的可能贡献。

《习惯法》一书共五章，分别是：第一章“从习惯法到习惯法”，第二章“习惯法与纠纷解决”，第三章“习惯法与国家法”，第四章“习惯法与哈耶克”，第五章“习惯法研究方法论”。[1]《习惯法》一书虽然由诸多不同时候的论文汇编而成，但不知著者在排布章节时是否意识到排列的内在逻辑问题，因为至少在笔者看来，这种章节安排方式体现出学术研究中所应恪守的逻辑，即由概念而起经由具体化操作再到予以反思的思维顺序。具言之，可将《习惯法》一书分成三编：第一编为习惯法的本体论，第二编为习惯法的功能辨析，第三编则是习惯法的方法反思。三编分别回答了学术研究中三个比较基础而紧要的问题：一是研究中的概念界定，包括但不限于习惯法研究在内的法学（社会科学）研究的首要前提应在于概念的清晰定位，否则极容易出现“关公战秦琼”的笑话，这点在当前的习惯法研究中有着非常明显的表现，导致的结果则是研究、对话及交锋不能持续深入地加以推进。二是习惯法作为一种规则，必须发挥相应的作用，《习惯法》一书分别从社会与国家两个视角对习惯法作为规则的问题进行了敞开式讨论。三是任何一种研究都应是在一定的方法论下展开的，习惯法研究也不例外，《习惯法》一书认为从方法论角度看，习惯法的研究应讨论方法论的构成要素及层次等。

通过将现有的习惯法研究与《习惯法》一书相比较，笔者发现《习惯法》一书至少作出了两个重要的学术贡献：一是经由与张洪涛的对话，通过厘清行动的习惯与规则的习惯，廓清了习惯法的内涵，这能够为日后的习惯法研究提供坚实的基础。二是从方法论视角出发，通过对方法论的构造、层次及转向等问题的回答，能够为习惯法研究提供方法论根据，打破了随波逐流、随心所欲的思维格局。当然，仅有上述对既有的习惯法研究及《习惯法》一书的编排

---

〔1〕《习惯法：理论与方法论》一书五章所讨论的议题分别为：第一章包括对作为规则之习惯的本体论追问、对作为规则之习惯的精神求索、习惯如何成为习惯法及其方法论意蕴三个问题；第二章包括习俗的解纷智慧、宗教力量在应对唐宋民间纠纷中的作用、民间纠纷解决机制与和谐社会建构、民间纠纷解决机制的政治含量四个问题；第三章包括习惯法与国家法的关系、习惯法进入国家法的本体障碍、习惯法进入国家法的制度障碍、习惯法进入国家法的方式四个问题；第四章包括哈耶克规则进化命题中的几对矛盾、“哈耶克的困惑”及其当代启示、从封闭小社会走向开放大社会三个问题；第五章包括习惯法研究方法论之构造、习惯法研究方法论之层次、习惯法研究方法论之转向三个问题。

格局进行浮光掠影的介绍，以及对《习惯法》一书贡献的简要评述，显然是不够充分，也是不够细致的，有必要继续深入地加以分析与评判。

三、走向自觉的（习惯）法学研究

学术研究作为一种知识生产活动，是主体在特定的思想、理论和方法支配下开展的认知活动。从研究自觉的角度看，知识生产活动可分为自觉性研究与下意识性研究。所谓自觉性研究，是指研究者意识到自身是在某种思想、理论或方法支配下开展研究的；所谓下意识性研究，指的是知识生产活动仅是研究者感性活动的结果。自觉性研究与下意识性研究最为根本的区别在于，能否对学术研究产生持续性的知识增量。自觉性研究也可分为三类：第一类是在思想意识层面的研究自觉，第二类是在理论脉络层面的研究自觉，第三类是在方法路径层面的研究自觉。

自觉性的学术研究是主体性的外在表现，所谓主体性就是，“个体自由和自主性的普遍发达，导致人的自我意识的生成或走向自觉，是现代性的本质规定之一，是全部现代文化精神的基础和载体”[1]。实际上，任何一种能够思考的主体自有生命之后都会形成一种自我意识，关键在于能否用一种较为清晰的方式将这种自我意识表达和呈现出来，这是人类与其他动物的根本区别。当然，人类的这种自我呈现意识也是逐步发展来的。在原始社会，受制于认识能力及表达能力，人类往往会用图画、象形文字将自我意识表达出来；随着人类认知系统的逐渐发达，语言、文字等成为人类表达意识的主要手段；再随着人类认知系统的成熟和概念化思维能力的提升，作为人类自我意识呈现的外在手段则慢慢地具有了一定的独立性，思想、理论及方法论则是这个阶段的产物。在人类认知能力和实践能力发展成熟过程中，受自然环境、经验、习俗、惯例及宗教等因素的影响，人类往往会被外在的结构所结构化而忽略自身真正的主体性。从这个角度看，西方启蒙运动作为将人从宗教、日常经验及习俗惯例中解放出来的运动，有着非常重要的意义，一如梁漱溟所言：“这种倾向我们叫他：‘人的个性伸展。’因为以前的人通没有‘自己’，不成‘个’，现在的人

---

〔1〕 衣俊卿：《现代性的维度》，黑龙江大学出版社、中央编译出版社 2011 年版，第 110—111 页。

方觉知有自己，渐成一个个的起来。然则两方所以一则如此一则如彼的，其根本是在人的个性伸展没伸展。”[1]

如上所述，人类的自我意识及自我意识表达系统逐渐成熟后，形成了一套外在于人类简单生存的概念系统、想象系统和意义系统，这套系统的普遍存在使得不同区域、不同民族产生了一些区别。对于想象系统、意义系统所具有的价值，兰德斯曾指出：“马克斯·韦伯的看法是对的：如果说我们能从经济发展史学到什么，那就是文化使局面几乎完全不一样，文化具有的内在价值观能引导民众。”[2] 随着资本主义及市场经济在世界范围内的蔓延，人类在经济、社会等领域出现了相互融合的趋势，但是在意识形态、文化观念等领域依然存在对峙的现象。但这并不是物质对意识具有的功能失灵了，而是因为意识形态、文化观念有时往往是一个国家、民族得以自我想象的根据，不会轻易变化。意识形态、文化观念的对峙，并不意味着不同的观念相互间一定会形成平等对话的状态，而是出现了强势文化与弱势文化的区别。就作为个体的中国来说，由于受到西方发达资本主义国家文化观念的影响，我国文化观念领域一度成为他者观念的跑马场。西方有关中国落后、愚昧等观念全部被中国内化，基于西方视角而审视中国后开出的诸诊治手段被中国全部接纳。将西方关于中国形象的判断不经反思地完全自我内化会带来严重后果，“以法律东方主义中中国的形象作为中国现实，以西方的概念、理论和范式作为认知和实践的标准，导致的结果就是：现实的中国被阉割，体制、制度及机制建构与现实社会需求之间形成了新的隔阂。新的隔阂的形成，会迫使中国不断地进行自我东方化，这恰恰是法律东方主义逻辑的厉害之处”[3]。再加之中国人长期没有自我意识而形成的思维习惯，“中国人不当他是一个立身天地的人，他当他是皇帝的臣民。他自己一身尚非己有，哪里还有什么自由可说呢？皇帝有生杀予夺之权，要他死他不敢不死……他们本不是一个‘人’，原是皇帝所有的东西，他们是

---

〔1〕 梁漱溟：《东西文化及其哲学》，上海人民出版社 2015 年版，第 46 页。

〔2〕［美］戴维·兰德斯：《文化使局面几乎完全不一样》，载［美］塞缪尔·亨廷顿、劳伦斯·哈里森主编：《文化的重要作用——价值观如何影响人类进步》，新华出版社 2010 年版，第 39 页。

〔3〕 张建：《他者的幻相：走出法律东方主义的逻辑陷阱》，载《湖北民族学院学报（哲学社会科学版）》2018 年第 4 期。

没有‘自己’的”[1]。这些原因叠加使得我们敞开地接受了西方基于自身而形成的诸文化观念体系。

敞开地接受西方发达国家形成的诸文化观念，本身没有问题，关键在于“要引进西方化到中国来，不能单搬运、摹取他的面目，必须根本从他的路向、态度入手”[2]。我们往往忽略后者，而将表面的体制、制度、机制及理论、观念、视角等作为根本，因而造成了许多不良后果，上文所讲的以现代化、城市化、工业化和市场化为模拟场景，经由移植、模仿而构造的法律制度无法有效适应和满足我国真实的法律需求就是其中的表现之一。所以，必须构造符合中国实际、能够解释中国、解决中国问题的法律制度、法律之理。如邓正来所言：“把‘理想图景’引入对中国法学的反思和前瞻，意味着我试图在中国法学的领域中，甚或是中国社会科学的领域中，把那个被遮蔽的、被无视的、被忽略的关于中国人究竟应当生活在何种性质的社会秩序之中这个重大问题开放出来，使它彻底地展现在中国人面前，并且‘命令’我们必须对它进行思考和发言，而决不能沦为只信奉‘西方法律理想图景’之权威的‘不思’的一大堆。”[3] 张文显也曾指出：“面对世界范围内各种法学思想文化交融交锋的新局面，必须加快建设中国特色的法学体系，构建能够解决中国问题乃至世界性问题、具有国际竞争力的法学学科体系、学术体系、话语体系和人才体系。”[4] 这意味着，中国已意识到并开始走出在法学研究中受制于西方的思维陷阱，意识到建构符合中国实际的法学体系所具有的理论价值、时代价值和现实价值。

有关习惯法、民间法及民族法等民族性、国别性较强的研究，都是中国特色法学体系学术运用的重要构成，对此一如《习惯法》的作者所言：“如果我们敞开胸襟毫无鉴别地吸收来自西方有关习惯法的理论学术，那么我们除了让自己的大脑成为别人思想的跑马场之外，可能也无法构造出一个什么像样的理

---

〔1〕 梁漱溟：《东西文化及其哲学》，上海人民出版社2015年版，第46页。

〔2〕 梁漱溟：《东西文化及其哲学》，上海人民出版社2015年版，第65页。

〔3〕 邓正来：《中国法学向何处去：建构“中国法律理想图景”时代的论纲》（第2版），商务印书馆2021年版，第238页。

〔4〕 张文显：《关于构建中国特色法学体系的几个问题》，载《中国大学教学》2017年第5期。

论体系，更遑论为中国法学做出什么独特的理论贡献了。”[1] 从这个角度看，《习惯法》一书至少在作者本人看来是具有强烈的中国立场、学术自觉的，在上述意识的支配下，此书至少在习惯法的本体论、功能论和方法论三个维度上作出了有见地的思考和可能的学术贡献。

四、习惯法的本体研究及其贡献

何为习惯法？习惯法是发现的还是发明的？这两个问题应是习惯法研究中最基础也是最不能绕开的问题，是习惯法研究的本体问题。遗憾的是，学术界一直以来对何为习惯法的研究很多都停留在描述层面而未能在本体意义上予以讨论。比如，魏敦友教授在对当代民间法/习惯法的话语逻辑进行分析时，就曾对苏力、梁治平及谢晖等人有关民间法/习惯法的界定进行梳理，并认为苏力是从民间法与国家法互动的角度切入、梁治平是从大小传统的角度介入、谢晖则是从纠纷与善治角度出发，但其又认为上述三位学者研究的缺陷在于：“民间法研究无法超越国家与社会之二分的观点，民间法研究者试图超越国家主义的法学观，但总体来看，民间法研究者们在研究方法上还依然处于国家主义的束缚之中。”[2] 其实，习惯法/民间法的研究者们之所以无法超越国家与社会二分的观点，就在于他们并非从习惯法本质的角度来思考习惯法，是因为他们必须借助于国家法才能思考习惯法。从这个角度来看，《习惯法》一书有关习惯法的思考虽然是在与张洪涛教授的商榷中得以生成，但亦不失为一种学术研究之道。

依照《习惯法》一书所言，张洪涛试图从内部视角对习惯进行普遍理论意义上、本体论上的研究，并且张洪涛的研究宣称有这样三个发现：一是社会习惯源自个体习惯；二是个体习惯源自人之本能和人之情感；三是社会习惯可称为规则的习惯，个体的习惯可称为行为的习惯。在对张洪涛的发现进行评判时，《习惯法》一书主要是借助于三个论据来进行的：一是，《习惯法》一书认为：“在法学界，人们则清醒地认识到：一个习惯的内容如果不具有社会性

---

〔1〕 李可：《习惯法：理论与方法论》，法律出版社2017年版，第28—29页。

〔2〕 魏敦友：《当代中国法哲学的使命》，法律出版社2010年版，第142页。

并为人们广泛接受，就不能成为作为规则之习惯。”[1] 二是，借助于对西方具有代表性的思想家哈耶克、梅因及福山等人观点的梳理来完成自我的论证，如在对梅因的观点进行总结时，《习惯法》一书中就讲道：“可见，在梅因的叙述中，如果说在部落习惯中，作为规则之习惯是受制于迷信、本能、想象的话，那么到了商业习惯中，本能则被作为规则之习惯关进了笼子中。”[2] 三是，《习惯法》一书认为：“作为规则之习惯首先必须是社会性的，其次作为规则之习惯往往又可以成为习惯法，最后社会习惯而非个体习惯是习惯法的本体。”[3] “作为规则之习惯不仅仅是一种一般化的标准行为，而且也是对生活中的实际行为的调节或评价，因而本能和情感在它这里就成为其规制的对象，而非其自身的本质性组成部分……由此可见，作为规则之习惯与人之本能和情感有联系，但这种联系不是本质性的，而是体与用的关系，即后者被前者当作充分实现自身目的的工具。”[4] 套用《习惯法》一书中的疑问：“人们到哪里去寻找作为规则之习惯的社会性呢?”其继续回答道：“根据上述物质决定精神的基本原理，我们可以到决定作为规则之习惯的精神的物质性因素中去寻找……总之，抽象地谈论法或作为规则之习惯的精神，而不给它添加一定的时空条件和意义的边界，从方法论上看是失之严谨的。同时，抽象地谈论法或作为规则之习惯的精神，也只能止于社会性论断。”[5] 至此，作者认为《习惯法》一书完成了对张洪涛有关习惯法界定的反思，并主要形成了两个观点：一是，人之本能及人之情感只能构成行为之习惯的基础；二是，规则之习惯的基础在于社会性、物质性。[6]

经由上述对习惯法本质的分析，《习惯法》一书继续在本体意义上进行了相关的学术探究。比如，对习惯法进行类型学分析，认为“以是否包含一种评价性的行为模式为标准，我们从类型上可以将习惯分为作为行为之习惯与作

〔1〕 李可：《习惯法：理论与方法论》，法律出版社2017年版，第6页。

〔2〕 李可：《习惯法：理论与方法论》，法律出版社2017年版，第12页。

〔3〕 李可：《习惯法：理论与方法论》，法律出版社2017年版，第18页。

〔4〕 李可：《习惯法：理论与方法论》，法律出版社2017年版，第8页。

〔5〕 李可：《习惯法：理论与方法论》，法律出版社2017年版，第23—24页。

〔6〕 对于这点，余地也表示认可，如其所言，人际交往的实践准则指向精神“互养”，“而‘互养’准则源自人性本身，这就在制度层面可以被视为一种民间规范。这种民间规范又有其区别于其他自发性规则的一面”。余地：《论耻感文化与民间规范》，载《东方法学》2018年第2期。

为规则之习惯"[1]，"以生成的场域为标准，我们可将习惯法分为民间习惯法与官方习惯法"[2]。在对习惯如何才能转化为习惯法的问题进行思考时，《习惯法》一书认为能够得到受制于习惯的社会的认可是一种途径，而国家认可和赋权是另一种途径，前者可称为"习惯法的内在效力说"或"习惯法的社会认可说"，后一种称为"习惯法的外在效力说"或"习惯法的国家认可说"。在途径二分的基础上，《习惯法》一书又发现两者背后的不同图景："社会认可说背后所潜伏的是一幅社会基本上可自我治理，而国家只是对社会无法或不愿治理，或治理起来成本太高的事物加以管制的理想图景。"[3] 经由对国家认可说支持下的"大传统"模式、"现代化范式"及其危害进行批判后，《习惯法》一书认为："习惯法更可能促进一种自发秩序、个体自由和社会正义之生成，而成为法只是为这些价值之生成提供一个外部性的制度框架而已。"[4]

在对习惯法之本质及其价值进行思考时，借助于对张洪涛观点的批判，《习惯法》一书完成了有关习惯法本体论的构造。更重要的是，在对张洪涛为什么会出现失误进行总结时，《习惯法》一书还从方法论角度入手予以了反思，认为"主要在于其方法论上出现了若干失误，首先张文的写作手法是观念先行的，且缺乏对此种先行之观念的事实性证成或证伪"[5]。这一认识显然是极富有洞见的，因为在开展包括法学在内的社会科学研究时，不对作为我们分析问题的前提进行批判性反思可能会造成谬误种种，尤其是将思考的结果假定为思考前提时，更会导致循环论证。但是，《习惯法》一书在对作为规则的习惯与作为行为的习惯进行区分时，以哈耶克、梅因及福山、孟德斯鸠等思想家的相关论断作为知识支撑的理据何在呢？为什么不是边沁、奥斯丁、凯尔森或哈特呢？同时，在对习惯法及其背后的理想图景之于国家法及其背后的理想图景所具有的优势进行比较时，《习惯法》一书也没有坚持从作为习惯法之本

---

〔1〕 李可：《习惯法：理论与方法论》，法律出版社 2017 年版，第 30 页。
〔2〕 李可：《习惯法：理论与方法论》，法律出版社 2017 年版，第 34 页。
〔3〕 李可：《习惯法：理论与方法论》，法律出版社 2017 年版，第 43 页。
〔4〕 李可：《习惯法：理论与方法论》，法律出版社 2017 年版，第 43 页。
〔5〕 李可：《习惯法：理论与方法论》，法律出版社 2017 年版，第 24 页。

质的社会性出发论证两者价值上的高低，同样有着非常严重的价值先行的倾向。[1] 当然，指出上述两处方法上不能一以贯之的坚持，并不意味着否定《习惯法》一书在本体论方面进行思考所形成的学术贡献。

五、习惯法的功能研究及其贡献

习惯法不仅是一个学术命题，还是当下中国法治建设中鲜活存在的事实。习惯法与纠纷解决、习惯法与制定法之间关系如何，这是《习惯法》一书在第二章、第三章着重解决的问题，笔者将这两部分称为在功能维度上展开的研究。

在处理习惯法与纠纷解决的问题时，《习惯法》一书主要从现实、历史与政治的视角来搭建相关的研究内容。通过对该书成书时近两年的三个较为典型的婚姻诈骗案的来龙去脉及其后果进行叙述后，《习惯法》一书对现代法律在保护当事人合法权益时的可能作用产生了三个疑惑：一是形式性的法律要求与情感型的婚姻之间的矛盾，二是个人性的法律与团体型的家庭之间的矛盾；三是法律中的要求与现实的直觉之间的矛盾。[2] 比如，就第一困惑，《习惯法》一书具言道："上述三桩案件中的受害人或其家庭都是苦于没有法律所要求的形式性证据，而无法将诈骗犯绳之以法。"[3] 通过对传统社会中结婚时财物往来习俗、离婚时财产处置习俗及丧偶时财产处置习俗的勾勒，《习惯法》一书认为，如果现代法律能够吸收传统习俗的智慧之处，它或许就能走出前述形式性和个人性困境，从而得以新的面目示人。[4] 《习惯法》一书还认为唐宋民间宗教力量在纠纷解决中有着非常重要的价值，如宗教具有很强的纠纷预防作用并形成了特定的机制："第一，通过乡里和家族权威带有宗教色彩的日常

---

〔1〕 价值立场先行与价值判断是两个问题，人文社会科学研究中要警惕价值立场先行现象，承认价值判断的意义。一如施特劳斯所言："不做价值判断就不可能研究一切重要的社会现象。禁止价值判断从政治科学、社会学或经济学的前门进入，它就通过后门进入这些学科。"胡玉鸿也认为："在法学研究中适用价值判断，不仅是人文科学的通例使然，同时也是法学的特质所在。"[美] 施特劳斯：《什么是政治哲学》，李世祥等译，华夏出版社 2014 年版，第 12 页；胡玉鸿：《法学方法论导论》，山东人民出版社 2002 年版，第 71 页。

〔2〕 李可：《习惯法：理论与方法论》，法律出版社 2017 年版，第 74—79 页。

〔3〕 李可：《习惯法：理论与方法论》，法律出版社 2017 年版，第 74—75 页。

〔4〕 李可：《习惯法：理论与方法论》，法律出版社 2017 年版，第 74—75 页。

训诫；第二，本地英雄被尊奉为神祇这一神化机制在树立一种舍己为公的楷模的同时，也为人们树立了一种忧患意识和平等意识；第三，对英雄和神祇的共同尊奉为人们在遇到纠纷时实现相互沟通和作出相互让步提供了一个坚实的台阶；第四，借助宗教教义、宗教气氛和公众的宗教参与热情，固化本地、本族成员在利益分配上的既有机制，从而预防和减少纠纷的发生。"〔1〕民间社会的纠纷自我消纳、解决机制，有着自身特定的立场、逻辑、机制和功能，但随着现代民族国家的建立，民间社会被涵摄进国家结构之中，民间社会的运作逻辑也被消解。〔2〕好在随着改革开放及经济社会发展，民间社会的自我修复开始运作并有了复兴的迹象，对此《习惯法》一书也发现并认为："值得庆幸的是，主流意识形态逐渐认识到，官方对民间纠纷之解决介入过深过频……不仅费力不讨好，而且还大大压抑了民间纠纷的自我消化机制的形成。"〔3〕

《习惯法》一书认为："法治之法并不一定要是国家制定法，国家认可的民间法和国家不认可的民间法也能构成法治之法。"〔4〕从价值论和法治之原理的角度看，这一判断没有任何问题，但是，这一论断也仅在价值领域才能为真。从描述性视角看，现代社会中民族国家、国家政治已成为不可避免的客观事实，亦即现代国家、制定法也成为民间社会、习惯法不可忽视的客观存在。故而，国家法、制定法与民间法、习惯法之间的关系也成为有关民间法、习惯法研究绕不开的议题。《习惯法》一书认为，有关两者的关系研究可分为历史、现实与理想三种类型。历史地看，"在近现代的维度上，政治国家自以实力膨胀，往往倾向于忽视、轻视和鄙视习惯法在整合社会秩序中的功能和作用……"〔5〕两者理想的类型关系"应当是互动的、融合的，或至少是相安无

〔1〕李可：《习惯法：理论与方法论》，法律出版社2017年版，第89—90页。

〔2〕通过对1949年新中国成立后对基层社会改造过程的人类学分析，庄孔韶发现："在政权更迭过程中，共产党人大刀阔斧改造基层农村社会的目标是以新确立的阶级结构代替传统乡村宗族结构……一场革命以后，黄村内外都恢复了平静，但生活的格局已完全不同往日。"庄孔韶：《银翅：中国的地方社会与文化变迁（1920—1990）》（增订本），生活·读书·新知三联书店2016年版，第81—85页。

〔3〕李可：《习惯法：理论与方法论》，法律出版社2017年版，第100页。

〔4〕李可：《习惯法：理论与方法论》，法律出版社2017年版，第128页。

〔5〕李可：《习惯法：理论与方法论》，法律出版社2017年版，第128页。

事的，现实中他们之间的断裂、不和谐冲突是不正常甚或是病态的”[1]。遗憾的是，由于本体障碍和制度障碍的存在，习惯法进入国家法存在很多难题。比如：由于“消解命题”的存在，出现了国家权力万能论；由于“模糊命题”的存在，出现了国家规则万能论；由于“原子命题”的存在，出现了体系万能论。为此，“政治国家必须克制其权力冲动、立法冲动、司法冲动，自觉地为个体和公众营造一个自主选择、平等对话的平台，自觉拓展个体和公众之间有效自治的制度空间”[2]。同时，《习惯法》一书还认为习惯法进入国家法可分两个层次：一是总体而言，“民间习惯对国家法的价值进入、文化进入实质是一种整体进入，而非部分进入”[3]。二是就具体路径而言，既可以是民间法权威的“以知参法”[4]，也可以是立法机关、检察院及法院等官方权威的“援习入法”，还可以是民间与官方的“共谋变法”，等等。

毋庸置疑，《习惯法》一书有关（当下）习惯法的功能及其与国家法之间关系的探究，既符合当前法治建设的需要，也有较强的学术贡献。无论是其提出的消解命题与权力万能论、模糊命题与规则万能论及原子命题与体系万能论，还是进化命题与工具论处置、分离命题与二元化规制及指向命题与差序化调适等，都具有很强的概括性和解释力。但是，《习惯法》一书中夹杂的噪声也不容忽视。比如，书中认为：“民间习惯只有带着其自身的规则、价值和文化一起进入国家法，才能既不失其尊严也不失其效力，既不损其实质也不损其实效，既能实现规则认同又不至于导致个性混同。”[5] 但该书又从知识结构、进入技术、获取手段和导致结果四个方面分析后认为：“近代以来民间习惯进入国家法问题上试探性的零星模式占据主导地位。”[6] 显然，这两

〔1〕 李可：《习惯法：理论与方法论》，法律出版社2017年版，第119页。

〔2〕 李可：《习惯法：理论与方法论》，法律出版社2017年版，第130页。

〔3〕 李可：《习惯法：理论与方法论》，法律出版社2017年版，第130页。

〔4〕 民间法权威的“以知参法”，“是指享有习俗性权威的各类民间精英以其习惯、习俗乃至文化、宗教方面的知识、经验主动参与国家法之创新和运行等官方活动，并将有关民间习惯方面的规则输送到国家法之体系当中”。李可：《习惯法：理论与方法论》，法律出版社2017年版，第160页。

〔5〕 李可：《习惯法：理论与方法论》，法律出版社2017年版，第130页。

〔6〕 李可：《习惯法：理论与方法论》，法律出版社2017年版，第178页。

种观点之间存在一定的抵牾而作者对此并无意识。[1] 再如，在对唐宋宗教之于纠纷所具有的功能进行解读时也存在笼统概括、大而无当的问题，这与《习惯法》一书所主张的提出假设、根据事实进行证明或证伪的研究进路[2]有所区别。

六、习惯法的方法论研究及其贡献

研究自觉就是立场、思想、理论和方法上的自觉，没有清晰的立场研究就无法判断，没有一定的思想研究就无所适从，没有特定的理论研究就走向空泛，没有方法的指导研究就会参差不齐。为了推动研究自觉性的生成，《习惯法》一书在第五章专门对习惯法研究方法进行了综合论述和总体构造。

《习惯法》一书认为民间习惯法的研究方法应该包含九个基本要素：一是理论立场，又称为“研究立场”，“其为民间习惯法研究提供哲学和价值上的依据，在宏观上指导和规定民间习惯法研究的发展方向”[3]。如就习惯法研究而言，有法律一元论和法律多元论、国家本位观与社会本位观等。二是理论假设，又称为“前提预设”，“它是从经验中生长出来的并可以用来证明推出它们的原因，是一些不证自明的公理或由公理推出的定理”[4]。三是逻辑起点，就是“研究的出发点”，“是人们开始理论研究的最初立足点”[5]。该书主张“以民间习惯法概念作为民间习惯法研究的逻辑出发点，一方面可以为民间习惯法研究准备一个逻辑起点，另一方面又可以为民间习惯法的研究奠定一个大致的框架。”[6] 四是研究路径，“是研究者在基本世界观和价值观的指引下，为达到研究目的而采用的步骤、程序、行动模式等”[7]。该书主张“在民间习惯法研究的抽象路径上，应当以经验主义为基础，以规范主义路径为导向，

---

〔1〕《习惯法：理论与方法论》一书也曾交代道：“无论是在传统文化还是在法律、法理和实践上，民间习惯以完结性的整体模式进入国家法均无实质性障碍。”对于这种抵牾，可解释成理想与现实的差距，但这同样说明，整体模式进入的命题至少对现代来说不具有较强的解释力，无疑会削弱命题的生命力。

〔2〕 李可：《习惯法：理论与方法论》，法律出版社 2017 年版，第 28—29 页。

〔3〕 李可：《习惯法：理论与方法论》，法律出版社 2017 年版，第 289 页。

〔4〕 李可：《习惯法：理论与方法论》，法律出版社 2017 年版，第 293 页。

〔5〕 李可：《习惯法：理论与方法论》，法律出版社 2017 年版，第 295 页。

〔6〕 李可：《习惯法：理论与方法论》，法律出版社 2017 年版，第 296—297 页。

〔7〕 李可：《习惯法：理论与方法论》，法律出版社 2017 年版，第 298 页。

而以逻辑主义路径为辅助，这样才能对民间习惯法的事实维度、价值维度和逻辑维度作出全方位的关照”。五是理论参照系，该书主张“以社会作为民间习惯法研究的参照系，将民间习惯法看作现代社会法治资源的一个有机组成部分，看作是一种自生自发的秩序因素”〔1〕。六是分析框架，该书认为当前习惯用的分析框架有“官方法—非官方法—法律原理”、“民间法—国家法关系”及“民间习惯法—国家制定法关系”等。七是研究对象，该书认为“在民间习惯法的研究中，研究对象的概念构成研究主体开展研究的逻辑起点”〔2〕。八是研究主体，该书认为“总的说来，在民间习惯法（及法学）研究中，研究主体应当尽可能地采取客观中立的姿态和立场来审视民间习惯法，应当在如实描述民间习惯法的基础上，对其本质、特征和结构等本体论方面作出分析和判断”〔3〕。九是学科定位，该书认为“很显然，民间习惯法研究在总体上属于人文学科，应当用人文科学的方法和认知模式来解释民间习惯法现象，探寻民间习惯法背后所存在的意义、价值和精神”〔4〕。

对民间习惯法研究方法之要素构造完成后，《习惯法》一书还对研究方法的层次和转向进行了思考，认为研究方法的层次涉及四个范畴：一是模式，“从狭义上讲，模式含于理论范式之中，它是人们进行理论建构的一整套原则、原理、概念和方法。从广义上讲，模式与范式基本相当”〔5〕。就民间习惯法的研究模式而言，存在法律多元模式（法律二元下的分离模式、冲突模式、互动模式，法律二元分立的三元结构模式，第三领域模式）、法律文化类型模式（法律文化互动模式、法律文化冲突模式、法律文化冲突-互动模式）、法律传统模式（法律大传统模式、法律文化法制现代化模式、法律小传统模式）等。二是理论，“理论就是人们在解决实际问题的过程中所形成的方法及其经验结果”〔6〕。比如，地方性知识理论、文化平等论、自发秩序理论、社会交往行动理论等。三是视角，“研究视角是由历史和个人的成长经历等因素所给定

〔1〕 李可：《习惯法：理论与方法论》，法律出版社 2017 年版，第 298 页。
〔2〕 李可：《习惯法：理论与方法论》，法律出版社 2017 年版，第 307 页。
〔3〕 李可：《习惯法：理论与方法论》，法律出版社 2017 年版，第 310 页。
〔4〕 李可：《习惯法：理论与方法论》，法律出版社 2017 年版，第 311 页。
〔5〕 李可、罗洪洋：《法学方法论》，贵州人民出版社 2003 年版，第 180—181 页。
〔6〕 李可：《习惯法：理论与方法论》，法律出版社 2017 年版，第 336 页。

的，这些因素无时无刻不在影响研究者对于客观事实的整理、分析和评价”[1]。比如，法律多元主义视角、主体间视角、个人主义方法论视角及内部视角等。四是方法，所谓方法就是实现一定目的的手段，如人文科学方法、自然科学方法等。基于当前习惯法研究中表现出的方法论的不尽如人意之处，《习惯法》一书提出：“在民间习惯法研究中，我们要借助法学以外的其他学科的知识体系，在实现法学与其他学科之间的科际整合的基础上，在研究立场、研究模式、研究视角及研究范围上进行转向。”[2] 如在具体方法上，就可以借助于历史学方法、社会学方法及人类学方法等开展有关习惯法的研究。

《习惯法》一书对民间习惯法研究方法要素及层次等问题的思考，至少在笔者看来应是较为系统、前卫的，但同样问题也颇多。显而易见的是，每位学者在对特定理论进行要素构造时，都会基于不同的理由并形成不同的思考，比如刑法构成要件中“四要件说”与“三层次说”之间的争议就非常具有代表性，不同学术主张本身并没有高下之分，关键在于能否形成一套逻辑严密、具有解释力的体系，能否与学术中通说、基本的概念相吻合，亦即前文所阐述的，能够回归至法理及方法论层面展开讨论。比如，《习惯法》一书在对研究主体内涵进行构造时，一方面认为“应当尽可能地采取客观中立的姿态和立场来审视民间习惯法”，另一方面又认为“研究视角是由历史和个人的成长经历等因素所给定的，这些因素无时无刻不在影响研究者对于客观事实的整理、分析和评价”。对于上述两者发生的抵牾，当然可以理解为是有关研究主体的规范性分析与客观性描述之间的冲突所致，但包括民间习惯法研究在内的社会科学研究不可避免地要提出规范性要求，因此此类问题是否有意义[3]，同样值得认真对待。

---

〔1〕 李可：《习惯法：理论与方法论》，法律出版社 2017 年版，第 340—341 页。

〔2〕 李可：《习惯法：理论与方法论》，法律出版社 2017 年版，第 354 页。

〔3〕 对于两者的张力，胡玉鸿提出一种解决思路：“在每一种特定的方法论中，都必然融合着研究者本人的思想意识与价值立场，他正是根据这样一种先在的理论预设而走进研究的场合，并以此建构相关的法学理论，批评现行的法律制度的。从这个意义上说，交代自己的立场界定、前提预设，就成为研究者建构自己的方法论时所首先必须予以做到的。”胡玉鸿：《法学方法论导论》，山东人民出版社 2002 年版，第 109 页。

七、走向更加自觉的（习惯）法学研究

经由对习惯法研究兴起的逻辑及《习惯法》一书在本体论、功能论及方法论等方面思考的重述，我们感受到了该书对习惯法研究所具有的学术贡献，但在对该书的观点与逻辑进行重构的过程中，也发现了诸多不足。被罗列和呈现的不足可能既与笔者自身的主观判断有关，也与《习惯法》一书的体例有关，还与（习惯法）研究的繁复性有关，更与这个时代人文社会科学研究的外在遭遇有关。

在对任何研究对象进行研究时都会夹带自身的主观性，这已成为客观事实，为避免主观性带来的理解谬误，一方面可以将自身的前设开放、呈现出来，另一方面也可以将研究对象的内在逻辑呈现出来，本研究更多地遵循了后一种思路。又由于任何研究对象及对研究对象的理解都是多层、多维和多重的，因此从哪个角度理解都可能言之有理，但又仅是一家之言，习惯法的研究同样如此。一如文章开篇所言，虽然理解是多层面、多维度的，但我们可以在法理和方法论层面进行总体评判，笔者对《习惯法》一书的分析始终遵循这一预设。同时，更由于我们所处的时代所形成的（包括学术 GDP[1]在内）评价数量化的嗜好，研究越来越呈现形式化、越来越追求数字化，这也使得蕴含在人文社会科学研究中的价值追求和价值判断被淡化，人文社会科学研究所需的闲暇最终被打破和消解。

上述理由似乎又不能成为我们生产不出思想、理论及学术精品的根本理由，最为根本的或许在于我们对自身所处时代发生的巨变把握得不够，还在于我们用学术来表达、呈现时代巨变逻辑的能力不够，所以，这是一个需要思想理论巨人，也是能产生思想理论巨人的时代。前提在于作为学人的我们要有着清晰的学术立场、清楚的逻辑思路和一以贯之的方法论基础，并能对时代有着深刻的理解，这样才能真正地把握自身所处的时代。一如邓正来所言："世界结构中的中国的实质不在于个性或与西方国家的不同，而在于主体性，在于中

---

〔1〕 张耀铭认为："我国所有的高等院校、科研院所，都执行着一个制度化的、量化的、'一刀切'的学术评价体制。""依照这些条例，每个院系都制定了相应的考核细则：一个教师每年必须在'核心期刊'上发表多少篇论文，每 2—3 年必须出版多少万字的专著。"张耀铭：《学术评价存在的问题、成因及其治理》，载《清华大学学报（哲学社会科学版）》2015 年第 6 期。

国本身与思想的主体性，其核心在于形成一种根据中国的中国观和世界观（亦即一种二者不分的世界结构下的中国观），并根据这种中国观以一种主动的姿态参与世界结构的重构进程。”〔1〕其实，有关习惯法的研究同样如此，不能就习惯法而研究习惯法，而是要经由习惯法的研究达至研究法理、清晰方法论、解释习惯法背后的时代巨变逻辑的目的。也只有这样，有关习惯法的研究才能与其他部门法、其他学科的研究殊途同归。

〔1〕邓正来：《全球化时代与中国法学——“主体性中国”的建构理路》，载《学习与探索》2006年第1期。

转型期司法过程中民意功能的迷思

——兼评《民粹主义司法》一文

当下中国处于社会转型这一深刻而伟大的历史变革过程之中，在此历史三峡中，不仅政治运行逻辑、经济构成和社会结构需要进行结构性变迁，文化观念和价值理念同样处于历史的激荡与生成之中。在这一关键时刻，由于中国与世界关系的变革以及自身内部各系统相互之间的不匹配，各式各样的问题都逐渐浮现出来并不断地相互激荡和折冲。

建设社会主义法治国家是“三千年未有之大变局”下重中之重的问题，司法体制、机制等的转变都是其中非常重要的环节，为此中国的司法应该向何处去引发了广泛而深刻的讨论，如对审判模式的讨论、对司法职业化的讨论等，这些讨论所具有的理论和现实意义，套用方乐的话就是：“有关当下中国司法问题的公共讨论就不仅仅只是一个话语的问题，一个理论话语的市场竞争与社会大生产的问题，更是一个事实性的问题，一个极具实践取向和生活意义的问题。”〔1〕有关司法的讨论和方乐对讨论意义的揭示，给我们所带来的启示是，今天在看待和分析司法运行和变革过程中出现的诸问题时，不能仅仅就司法谈司法，也不能仅仅看到司法本身的问题，而应将其嵌至整个社会结构和观念系统的关系性视角中。

关于司法有着太多需要也值得讨论的议题，如司法管理模式、司法去行政

本文发表于《上海政法学院学报（法治论丛）》2014 年第 1 期，收入本书时有所修改。

〔1〕方乐：《从“问题中国”到“理解中国”——当下中国司法理论研究立场的转换》，载《法律科学（西北政法大学学报）》2012 年第 5 期。

化、法院纠纷解决模式、审判与调解等，但在讨论这些问题时我们很容易陷入就事论事的进路之中，而司法与民意关系的讨论则会促使/逼得我们开放视野，因此司法与民意的关系问题也成为当下颇为重要的话题之一。通览既有的关于司法与民意的讨论/研究，发现都是在一种二元的框架之下展开的，或赞同司法吸纳民意，或反对民意干涉司法，或认为需要折中考虑[1]，但由于大多数论者仅限于通过立场调整的方式展开论述，进而也就不会有细腻的分析，更遑论深刻的思考！而刘练军教授的《民粹主义司法》一文，则使笔者眼前一亮，吸引笔者的不仅是文章标题所蕴含的思想意味，更在于文章详细的数据和严密的思路；同时，通过对文章的学习，笔者也深感应该认真地对待这一问题。坦率地说，通过对该文的学习，笔者收获颇丰，但也产生诸多的疑惑和不解，为此想请教于练军教授。

一、刘文的话语脉络重述

对文章进行分析和评判，在笔者看来有两种基本的讨论进路：一种是一边勾勒文章中呈现出来的观念，一边分析、讨论和表达自己的观点[2]；另一种进路则是，首先对文章的话语脉络加以重述，而后提出自己的观点并在讨论自己观点的同时注重与文章中的判断进行互动。两种基本的讨论进路各有各的优劣，而笔者个人则较为偏好第二种思路，所以有必要先对刘练军教授文章的大致结构进行重述。

在文章一开始，作者就以一种极为严肃的语气向我们指出：“民粹主义正在席卷我国司法领域并形成了史上罕见的民粹主义司法现象。”[3] 在文章的第一部分，作者对何为民粹主义进行了解读和分析，认为民粹主义主要活跃在政

〔1〕 下列具有代表性的文章共享着一种可进行立场调整的二元关系分析路径：李清伟：《网络媒体与司法裁判》，载《国家检察官学院学报》2012 年第 2 期；张英霞：《“媒体审判”的防治》，载《法制与社会发展》2008 年第 5 期；卞建林：《媒体监督与司法公正》，载《政法论坛》2000 年第 6 期；戴承欢、蔡永彤：《精英意识与大众诉求的调和——刑事司法审判中的民意渗透及限制略论》，载《四川文理学院学报》2009 年第 6 期；张善根、郑辉：《网络民意需重视，更需甄别——以立法引入网络民意为例》，载《西部法学评论》2009 年第 6 期。

〔2〕 魏敦友：《范忠信迷津：从中国社会秩序构成原理角度看——解读范忠信教授“厦门讲演”》，载《江苏警官学院学报》2009 年第 1 期。

〔3〕 刘练军：《民粹主义司法》，载《法律科学（西北政法大学学报）》2013 年第 1 期。

治领域，但这并不意味着民粹主义就不会染指其他领域，就中国的现实来说民粹主义目前正在大规模地侵扰司法领域。文章同时指出，司法领域之所以会受到民粹主义的干扰，原因有二：一是经济的快速发展引发了一些司法腐败现象；二是与我国以维稳为主理念下所形成的压制性社会有关，在此机制下社会中存在的一些矛盾在政治领域不能得到充分的化解，从而导致民粹主义的“怒火”烧向上层构造中最为薄弱的环节——司法领域。文章行文至此的大多数观点笔者都是极为赞同的，如以维稳为主的司法理念、压制性社会、经济发展与司法腐败等判断。

在文章的第二部分，作者对民粹主义舆论的传播形式进行了分析，认为可分为三种基本路径：一是运用传统媒体；二是借助现代网络；三是利用自媒体微博。对民意的传播路径的分析笔者也是赞同的。接着，作者分析了舆论审判/民意对司法实践的影响，认为“舆论审判是民粹司法的基本存在形态。民粹司法导致专业性的法律规范和法治程序被普罗大众即时性的非理性与盲从性稀释和遮蔽，法官难以继续在案件裁判过程中扮演主导者和决断者角色，大众化的舆论审判取代了职业化的法官审判。决定案件判决结果的不再是法律和证据，而是双方在舆论民意上的优劣与胜负”〔1〕。这一判断实质上也是对民意的性质进行的界定，但对此笔者是万万不敢苟同的，这主要源自两个方面的不同判断：一是如何认识民意对司法实践所造成的影响，笔者认为应该整体地且不应价值先行地看待这一问题；二是在民意与司法的关系性结构中，司法机构对民意的响应是否就是简单的“刺激—反映”模式，笔者认为不宜作简单的分析。

如果文章行文至此的话，必然也会陷入前述二元框架下立场选择的套路。文章出彩和紧要之处还在于，作者从社会精英与民粹司法的关系视角对民粹司法形成的内在机理和逻辑进行了分析，认为民粹主义的形成原因有二：一是社会精英引导普罗大众对司法案件制造社会舆论审判态势，由此形成民粹司法；二是社会精英尤其是他们中的法律人群体性地质疑司法案件。旋即，作者发现民粹主义实质上不过是政府进行治理的一种策略，也是精英群体试图在实现自身目标过程中的一种话语策略。因此，在作者看来，民粹主义司法必然会导致

〔1〕 刘练军：《民粹主义司法》，载《法律科学（西北政法大学学报）》2013 年第 1 期。

诸多问题。如：强化了实质公平这种非理性司法观，导致程序公正的应然司法观在我国落地生根变得更加艰难；对司法案件形成舆论审判，刺激民众不信任司法，阻碍司法权威的树立与巩固；对同类案件缺乏同等关注，导致同案不同判，在社会上造成看得见的司法不公正现象，结果是继续削弱司法的民众信任基础。为了建立理性司法观、树立司法权威，作者认为可以通过法院“不听杂音”、社会精英司法观纠偏、传媒权力中立化以及司法与政治相剥离等方式来实现使司法远离民粹声音的目标。

对文章进行脉络重述，主要是为了让大家感受到作者在研究这一问题时的拳拳之心，但更为重要的还应在于通过对相关观点的反思和批判，推进对这一问题的研究和加深对这一问题的认识。为此，笔者将主要从两个大的视角来对该文章中笔者认为存在问题之处进行反思性分析：一是如何认识当下民意在司法实践/过程中的功能；二是对作者作出误判的原因进行讨论和分析。

二、民意的监督功能

民众对某一事件的看法或者态度，无论是通过传统媒体、现代网络，还是自媒体微博传播，本质上反映的都是一种民意，都是社会民众（包括作者所认为的社会精英在内）对司法、政府等公共权力机构进行监督的一种表现形式，这在政治、规范和事实上都具有正当性和合理性，从而也“成为现实中推进中国民主政治进程和法治的一股重要的力量”[1]。从规范的角度看，我国《宪法》第41条第1款明确规定：“中华人民共和国公民对于任何国家机关和国家工作人员，有提出批评和建议的权利……”这条规定应该是公民对包括司法机关在内的诸机构进行监督的法律/法理基础，或许提出这一观点会招致如此批评，即认为民意会过度地侵蚀司法的自治并影响司法实践中法律逻辑的展开，但须指出的就是，这实质上只是在“刺激—反映”简单模式上的认知，同时也轻视了司法机构所具有的干扰因素阻却机制，这在后面会分析。

从社会事实的角度看，公民对某一特定案件进行监督也有其合理性，这导源于两个方面：一是作者在文章中指出的社会转型、经济发展带来的一定规模

---

〔1〕 邵晖：《中国当下网络公共舆论与民主、法治进程的矛盾与张力》，载《哈尔滨学院学报》2009年第2期。

的司法腐败现象的存在；二是司法本身在运行过程中的不透明、不公开。民粹主义（暂且使用这一词）是特定历史时期的产物，是与整个法治环境、政治经济社会环境紧密地关联在一起的，对其不能脱离特定的语境加以看待，因为“意义和确定性都是语境的构建”[1]。在此，我们同样可以作者列举的江平教授的例子加以重新分析和说明。江平教授在一次演讲中就杨佳案件指出：“尽管上海市司法系统在杨佳案审判过程中，确实存在许多问题，比如相关证据不公开、审判过程不公开等，但我坚持认为，杨佳杀了人，判处死刑不存在问题，我完全同意上海高院的判决结果。”据说，此时一位听众说道：“您前面的讲话我都赞同，但是您在杨佳案件上的观点我不同意。假若我手里有一个鸡蛋，我一定会向您扔过去。”[2] 就是这一例子，作者认为该听众代表的就是一种民粹主义，但这一意见是不是失之偏颇笔者觉得有待商榷。对此，也可从规范的角度理解。《宪法》第125条中规定：“人民法院审判案件，除法律规定的特别情况外，一律公开进行。”《刑事诉讼法》第11条中也规定：“人民法院审判案件，除本法另有规定的以外，一律公开进行。”同时，杨佳案件也不属于《刑事诉讼法》第183条和第274条规定的四种情形[3]，因此应该是予以公开的。所以，“司法的归司法”固然是一个值得期待和追求的目标，但这并不是没有前提的，其前提是司法机关本身遵循程序法和实体法的规定。就杨佳案来说，上海市高级人民法院证据不公开、审判程序不公开，公民对其质疑也就成为情理之中的事情，影响司法权威的建立也就成为必然的结果。所以，简单地将社会中公民对司法实践形成的不同观点和看法归结为一种民粹主义的表现或套用民粹主义思想，既是不恰当的，也是较为武断的，更有“拉大旗作虎皮”的嫌疑。

需要继续加以指出的是，在对民意与司法关系予以讨论之时，刘练军教授将司法看作一个简单的接受者的假定也是不恰当的，这一假设忽略了司法/官僚体系在日常的、具体的运行过程中所具有的惯性以及司法/官僚体系对外在结构的适应性改造能力。史景迁对雍正王朝发生的曾静案进行研究发现，虽然

---

〔1〕 苏力：《也许正在发生：转型中国的法学》，法律出版社2004年版，代序。

〔2〕 江平口述：《沉浮与枯荣：八十自述》，陈夏红整理，法律出版社2010年版，第482—483页。

〔3〕 詹建红主编：《刑事诉讼法》，清华大学出版社2012年版，第58—60页。

雍正认为曾静难逃一死，但他还是决定网开一面，而群臣则认为应依照法律，绝不容稍加宽待，从而凸显了皇帝与官僚机构在对待同一问题上的不同思路。[1] 无独有偶，孔飞力在对乾隆年间的妖术大恐慌加以研究时，也发现乾隆与官僚之间就如何处置相关人员产生了内在紧张的问题。[2] 透过史景迁和孔飞力的研究，可以让我们洞见包括司法机构在内的官僚机构（请允许笔者在当下视角将司法机构归类为官僚机构的一种）在运行的过程中，都是有着自身的运行依据、规律和惯性的，并不会轻易地因受外界干扰而改变方向。具体到司法与民意关系问题上，20 多年前四川泸州中级人民法院在审理完有名的“二奶继承案”后，主管民事审判的副院长接受采访时说，执法机关、审判机关不能机械地引用法律，而应该充分领会立法的本意，如果法院按照继承法的规定，支持了原告张某的诉讼主张，那么就滋长了第三者、包二奶等不良社会风气，违背了法律要体现的公平、公正精神。所以，对于社会公民对司法机关、司法过程进行的监督，我们没有理由恐慌，也没有必要急忙地将其贴上民粹主义的标签，当下的民意远远地缺乏转化为行动的能力，其也只能发挥舆论监督的功能而已！

三、民意的减压阀功能

要是基于整体性视角从政治、司法与民意的关系和结构角度出发，来评判民意所具有的功能的话，笔者认为民意对当下整个社会来说还具有减压阀的功能。对于这一判断，可从三个方面加以解释和分析：一是，应该从哪个角度切入来分析政治、司法与民意相互之间的关系；二是，如何认识和理解司法过程中对民意加以吸纳的行为；三是，在上述认识和分析的基础上，应该如何界定民意的性质。

对于政治、司法与民意相互之间关系问题的识别，有必要从思想和社会分工的视角出发加以认识。基于思想/文化传统看，中国是一个具有独特意义的文化体，它是从整体性视角出发来看待诸问题的，这与西方一分为二而将世界

---

〔1〕［美］史景迁：《雍正王朝之大义觉迷》，温洽溢、吴家恒译，广西师范大学出版社 2011 年版，第 139—158 页。

〔2〕［美］孔飞力：《叫魂：1768 年中国妖术大恐慌》，陈兼、刘昶译，上海三联书店 1999 年版，第 273—250 页。

看成二元对立的思想是不同的。[1] 从整体性思维出发，可发现并不会单纯地存在一个政治问题、法律问题或者经济问题，因为它们相互之间是紧密而内在地关联在一起的并且是可以相互转化的，比如经常被法学界批评的法官“送法下乡”“主动上门服务”的行为/活动，将其置于整个场域中会发现，其不仅是一个法律现象/问题，更是一个政治现象/问题。同时，中国思想还主张主体至善的文化观[2]，要求做到“内圣”和“外王”的统一，故而要求在讨论问题之时不应该将动机与客观行为割裂开，而是需要不断地往返于外部和内在之间。可以这样说：“中国思想的整全性不仅表现在外部，同时还表现为内在与外部的整全。”[3] 当下的中国思想和思维实践仍然处于这一传统的延长线上。

基于社会现实和社会分工理论来看，中国是一个后发型国家，当中国在实质性地接触、学习和模仿西方之时，其是一个以农业为基础的王朝/国家，因此没有完全形成一种权力分制、权责清晰等具有现代意味的上层结构。西方带来的军事、政治、经济及文化挑战，迫使中国必须在一个时空挤压的环境中建立起一个现代的上层构造。但舶来的思想理念、上层构架与中国现实社会需要并不完全吻合，套用苏力的话就是“制度供给的不适用，产品的不对路”[4]，实质的根源在于上层构架的形成并不是由社会变迁、社会分工、社会职能分化带来的必然结果，所以导致上层构架、思想观念与社会相互之间胶着、折冲和激荡的态势出现/存在。恰恰是由于“近代意义上的司法制度* 对于中国而言是一个舶来品，它与重道德，轻视技术，主张集权和专制，反对分权的中国传统法律文化是格格不入的”[5]。中国通过不断地试错而形成当下所讲的“社会主义法律新传统”或“政法传统”，这一传统的要领在于“遵循群众路线，

---

〔1〕 魏敦友：《新道统论为现代中国法学奠基》，载《检察日报》2011 年 1 月 6 日，第 3 版。

〔2〕 李瑜青：《传统文化与法治：法治中国特色的思考》，载《社会科学辑刊》2011 年第 1 期。

〔3〕 张建：《从理学到法学的现代历程——就新道统法哲学中“再变为法”的判断求教于魏敦友教授》，载《广西大学学报（哲学社会科学版）》2012 年第 5 期。

〔4〕 苏力：《法治及其本土资源》（修订版），中国政法大学出版社 2004 年版，第 33 页。

* 此处的司法制度指“法律制度、法律思想”。——笔者注

〔5〕 侯欣一：《从司法为民到人民司法——陕甘宁边区大众化司法制度研究》，中国政法大学出版社 2007 年版，第 48 页。

遵循党的路线方针"[1]。

之所以不厌其烦地关联中国思想/思维方式的特征，重述法律制度、思想供给与社会需求之间的紧张关系，不是为了增加文字或为了论述而论述，目的在于指出我们在对当下中国问题进行分析之时，不能简单地从单一视角出发，如法治视角（西方法治视角），而是需要不断地往返于制度、观念和社会之间，整体地分析诸问题。将这一观点投射到具体需要考虑的政治、司法与民意的关系问题上，就在于启发我们，它们三者应该是相互而内在地关联在一起并可以相互转化的。

从整体性思维和“政法传统”逻辑出发，再次对中国当下包括司法在内的诸多问题予以分析时，可能就会看到不同的内容、得出不同的见解。在这一思路的指引下，对应当如何看待司法过程吸纳民意的问题，应该在“思想-结构”/“知识-社会”的关系视角中加以把握。基于“思想-结构”视角，会发现无论是从政治视角对司法/法制进行的定位，还是司法对自身的定位，中国的司法与政治都不是完全分开的，因为服务大局是司法/政法工作的重要使命。司法在对自身予以定位之时，无论是宏观的认识，还是微观的实践，无论是最高人民法院的自我阐述，还是基层人民法院的司法定位，从来也都是将自身嵌入党中央、同级党委和政府的中心工作中，并且也是从党中央、同级党委和政府的话语结构中寻找自身的定位。所以，在讨论司法问题/话题时，不能仅仅就司法而言司法，否则将会使研究陷入片面而看不到司法的实质和繁复性的面向。

在外部的政治结构限定和司法对自身主观认识的支配下，在结构中运行的司法必须在其所嵌入的结构中寻找到适合自身的位置，通过在结构中发挥其适应、目标获取、整合和模式维持的功能[2]来证明自身的正当性。在司法过程中对民意加以吸纳就是司法在结构中发挥功能的一种重要表现形式，司法吸纳民意的行为/过程实质上降低/舒缓了民意对政治带来的冲击。

分析政治、司法与民意之间的关系，主要是为了展现它们三者之间的逻辑

---

〔1〕 强世功：《法制与治理——国家转型中的法律》，中国政法大学出版社 2003 年版，第 120 页。

〔2〕［美］乔纳森·特纳：《社会学理论的结构》（第 6 版 上），邱泽奇等译，华夏出版社 2001 年版，第 42—45 页。

关系，这一逻辑可能与现实逻辑不一致，但实际情形确实如此。由于上层构造是以一种整体性的形象呈现在社会、公民面前的，所以民意对司法的“反叛”实质就是对政治的“反叛”，司法在实践过程中对民意的吸纳实质就代表了政治对民意的吸纳。恰如上文所指，司法对民意的吸纳是有选择的，通过有选择性的吸纳，既可以缓解民意给政治带来的压力和冲击，又可以迂回地将民意导向政治层面〔1〕，还可以增强司法在整个上层构造中的重要性。

所以，从整体层面看，民意对司法的监督和司法对民意的响应对整个社会来说实质上发挥了减压阀的功能，司法缓慢、有序地吸纳民意，有助于降低社会的不满和贸然进行政治改革所带来的风险，但对于这些问题/过程/功能，法学界并没有加以重视和认真对待，更为糟糕的是，众多论者可能还没有意识到这一点。具体到刘练军教授的文章来说，作者之所以对民意产生如此不良的印象甚或是给其戴上“民粹主义”的帽子，原因之一或许还在于陷入思维方式和西方中心主义范式的迷津之中。

四、民意促进法治进步的功能

细心的朋友可能会发现，民意的监督功能和减压阀功能，实际上是在“司法-民意”以及“（政治-司法）-民意”的关系视角中予以讨论的，基于这一推理策略，也有必要从“社会-民意”的关系视角出发来讨论民意所具有的基本功能。对此，笔者认为在此关系结构中民意总体发挥的是促进法治进步的功能，可从两个方面来加以理解：一是民意具有促进个案公平、公正解决的功能；二是民意具有促进整个社会法治进步的功能。

刘教授在文章中对其认为司法实践中受到民意过多干涉的个案——黄静案、邓玉娇案、张金柱案、吴英案——予以分析后，认为这些案件之所以会呈现出如此结果，原因就在于民意的过分干涉。比如，张金柱本来不该死，但实际是舆论将他“处死了”。再比如吴英案中出现的现象，即“民粹主义思潮影响下的广大网民俨然个个是法官、人人是专家，对吴英案的两审判决结果极尽

〔1〕 张友连：《最高人民法院公共政策创制功能研究》，法律出版社 2010 年版，第 159—161 页。

谴责之能事，形成全民微博批判吴英案判决之态势”[1]。这里暂且不对这种观点作过多的分析，只需指出一点就够了，即若吴英案没有民意的监督，吴英可能早就领到最高人民法院的死刑复核通知书了，这在根本上应还是一个价值判断问题。同样要指出的是，刘教授实质上忽略了上文所分析的，司法对民意并不是照单全收，而是进行选择性吸纳，而司法的选择性吸纳所针对的恰恰是争议较大的案件，尤其是在司法审判不公开、司法腐败仍在一定程度上存在，司法与社会之间的紧张关系加剧的情况下。所以，民意对司法的监督实质上是有助于促进个案公平、正义地加以解决的。

刘教授在文章中指出，舆论监督的乏力导致舆论没有监督到的地方出现了“同案不同判”的现象/问题，这或许是逻辑混乱而导致的严重误判。以其文章中所举的黄静案为例，该案之所以受到广泛的关注，网络上呈现的民意实质仅仅是社会结构的一种表征，根源应该在于黄静案中内含的被害人家庭与被告人家庭在社会结构中所占据的位置的不平等。以此维度进一步拓展开来看，无论是邓玉娇案，还是吴英案，背后所隐藏的都是不平等主体之间的博弈，更为紧要的则是在当下中国的情境中，不同场域/系统是相互敞开的，这导致这种不平等转化为在司法领域的行动能力进而影响案件的审理。所以，与其说民意是对个案本身的关注，还不如说民意是对这种不平等结构及系统相互敞开的博弈过程的关注。要想使不平等主体之间的博弈能够公平而公正地加以解决，有两种可能：一是，司法机构按照公开原则将所涉及的程序、证据及案件情况等都加以公开，主动地接受社会监督；二是，博弈中的弱势者借助于外界力量增强其博弈能力，以保证博弈的公平。从当下司法实践及上文的分析中可看到，第一种方案被有意/无意地堵住了，如上文提到的上海市高级人民法院对杨佳案的处理情况表明的就是这种态度。这种情形的存在，迫使弱势者必然要借助于外界力量，而这种借力行为在以刘练军教授为代表的一大批学人看来，就是干涉司法的行为、就是民粹主义司法，恰恰被他们忘记的是理论逻辑的分析不应该取代对现实的观察和分析。

刘教授没有看到民意形成的内在机理，同时其逻辑不够严谨导致了对“同案不同判”的错误理解和判断，误认为是民意导致案件的不同解决，而忽

---

〔1〕 刘练军：《民粹主义司法》，载《法律科学（西北政法大学学报）》2013 年第 1 期。

略了其中两种不同的解释向度：一种解释思路是，司法机构本身严格遵循实体法和程序法，由于民意的干涉，被关注的案件受到了不合理的对待，出现畸轻或畸重的结果，从而违背法治的基本原则和精神；另一种解释思路是，由于司法在某些因素的制约下会游离于法律之外，恰恰是民意的广泛关注，才使一个个的案件得到了合乎法律和正义的结果，比如云南李昌奎案件。采用哪种解释进路/假设并无问题，问题的关键是符不符合现实、符不符合正义的要求。刘教授是以第一种思路作为研究/判断假设的，但被其忽略的是，这一假设应该具有相应的前提条件，如司法应该具有独立性而不应该被嵌入各种正式结构和非正式结构之中，显然现实的司法实践是不能满足这一条件的，故而可以说刘教授的判断存在严重错误。个别的判断失误并不是什么大不了的事情，关键在于这一判断失误所表现出的笼统地、单一地依据某种法学理论/法条而不是根据现实对问题进行分析的思维方式，这种思维方式有可能诱使我们得到一个错误/片面的结论，所以或许如侯猛所言："审慎细致地分析当代司法的实际要比大胆的构想更有意义。"〔1〕

刘练军教授的文章又指出，社会精英在利用民粹主义对司法予以干涉之时，是夹杂着私心的，如：对现行法律体制的愤懑以及对改造的期待；对弱势群体的同情以及由此激发对权贵阶层的愤恨；对官员的不信任及逢官必反的非理性情绪；对社会民生问题的高度敏感并借机表达民生诉求；对社会道德伦理滑坡的焦虑，期望重建社会道德诚信。〔2〕这一判断有着"诛心之论"的意味，之所以这样讲，是因为任何评判都是夹带着评判者自身的观点和期望的，凸显的是以感性的认识取代理性的分析所带来的后果。这一观点实质是在"民意-司法-政治"的结构框架下展开的，刘教授的判断是以司法独立以及政治与司法相互分离作为前置假设的，但对这一假设的正当性以及是否符合现实逻辑并没有经过反思和质问。

对刘练军教授文章中的几个观点进行反思性分析，意在指出通过民意监督司法使一个个具体的个案得到公平而正义的解决，总体上来说有助于整个社会

〔1〕 侯猛：《中国最高人民法院研究——以司法的影响力切入》，法律出版社2007年版，第90页。

〔2〕 刘练军：《民粹主义司法》，载《法律科学（西北政法大学学报）》2013年第1期。

法治水平的提高和法治建设的进步。恰如上文的分析所表明的，通过司法吸纳民意并将民意折射到政治层面，能够有效地推进政治、法治和法律机制的变革，进而可以避免剧烈的改革所带来的社会失范的风险。同时，通过司法与民意之间的博弈、激荡和折冲，所形成的判决一方面被限制于法治的框架内，另一方面能够为社会所接受，进而可以缓解移植西方法律而造成的法律供给与社会需求之间的紧张关系，也可以缓解政治体制改革与社会参与之间的紧张关系，此外也有助于为后来的类似案件树立标杆。

五、反思刘文误判的原因

显而易见，笔者在上文对民意在当下中国所具有的功能的认识与刘练军教授产生了分歧，并且这种分歧并不是在同意、反对和协调的二元框架下经由简单的立场调整而形成的。在民意对于司法乃至整个中国意味着什么的问题上，笔者看到的是民意所具有的监督功能、减压阀功能和促进法治进步功能，而刘教授看到的则是“强化了实质公正这种非理性司法观”“对司法案件形成舆论审判，刺激民众不信任任何司法，阻碍司法权威的建立与巩固”[1] 等，虽然这里仍然有许多问题需要辨析，但对我们之间为什么会出现差异的讨论可能显得更为紧迫和必要。刘教授之所以会给民意贴上民粹主义的标签，斩钉截铁地对民意加以否定，可能与两个因素有关：一是，将西方司法独立/法治观预设为前置条件而没有对其正当性加以反思；二是，与刘教授所采用的具体分析思路和外在视角有关。

坦率地说，之所以被刘教授的文章吸引，就在于“民粹主义司法”这一题目，笔者认为在这样一个有思想且容易引发争议的题目之下的文章应该是有些独特内容和深刻见解的。需要一提的是，文章开始也谈到了民粹主义的知识，但遗憾的是民粹主义的思想并没有贯彻于整篇文章的分析过程中，当然这是题外话。当笔者读到文章的第三部分“社会精英与司法民粹”之时，就暗暗感觉到大事不妙，原因在于感觉到刘教授并没有真正地对什么是民粹主义通透地加以说明，更多的可能就是司法-民意关系与民粹主义是两张不同的皮。有了这一隐约的判断后，继续往下读时，果不其然得到了印证，文章写作的目

---

〔1〕 刘练军：《民粹主义司法》，载《法律科学（西北政法大学学报）》2013 年第 1 期。

的还在于将自己的预设结论化，如司法“不听杂音”、司法与政府相剥离等。就刘教授的思路来看，如果去掉民粹主义的大旗，将结论作为前提，然后采用演绎而非归纳的方法，同样是可以得出一样的结论的，只不过那样就会稍微显得没有思想、没有高深学问了，也会将自身的逻辑彻底地暴露。

刘教授的结论实质上在当今的法学界都是常见的判断，采用的也是惯常逻辑，即以西方司法独立/法治观作为分析和评判中国司法/法治实践的标杆。在西方司法独立/法治观的扫描之下，中国的司法/法治实践就成为一个病态的、问题丛生的样本，是一个需要西方给予救治的“病人”，这种情形恰如斯科特对斯大林时代的集体农场计划批判的那样，“专家只要有地图和很少几个关于规模和机械化的假设就可以制作出计划，无需参考地方知识和条件”〔1〕。但被他们忽略的是，任何思想观念都是在特定的历史文化情境中形成的，西方的思想/制度是在西方特定的历史情境中形成的，强行将其安置于异域中必然会导致不适应，这方面已有太多的例子和教训了，如20世纪60年代美国等西方国家针对南美洲、非洲开展的法律现代化运动，南美洲诸多模仿美国政治体制的行动，无不是以失败告终，将西方的法律/思想强行安置于中国社会之上同样会导致一样的结果。刘教授虽然以民粹主义思想作为开路先锋，但不能掩饰其实质上是以西方司法独立观作为知识支撑的事实，所以有必要反省这种倒果为因的逻辑思维方式，一如邓正来所批判的那样：“如果我们对百年来中国论者有关中国现代化问题的研究进行检讨和反思，我们便能够发现一种基本且持续的取向：中国论者依凭各自的认识向西方寻求经验和知识的支援，用以反思和批判中国的传统、界定和评价中国的现状、建构和规划中国发展的现代化目标及其实现的道路。”〔2〕而刘教授对民意和民粹主义司法的反思以及建议，不过是体现这一思路的一个版本而已。

之所以与刘教授在看待同一问题时会得出不同的结论，是因为我们所采用的思维框架不同：刘教授更多采用的是一种就事论事的单一线性框架，而笔者采用的是整体性的分析理路；刘教授可能采用的是外在视角的分析方法，而笔

〔1〕［美］詹姆斯·C. 斯科特：《国家的视角——那些试图改善人类状况的项目是如何失败的》（修订版），王晓毅译，社会科学文献出版社2004年版，第280页。

〔2〕邓正来：《中国法学向何处去（中）——建构“中国法律理想图景”时代的论纲》，载《政法论坛》2005年第2期。

者采用的是内在视角的分析进路。就第一个区别来说，笔者在上文的第三部分“民意的减压阀功能”中已作了较为充分的阐述，这里主要对第二个区别简要地加以分析。内在视角和外在视角作为分析问题的方法本身是不存在高下之分的，问题的紧要之处在于方法使用是否恰当以及对方法本身所具有的内在局限性是否能保持必要的警醒。从内在视角出发我们可以从容地发现事物运行的逻辑，从外在视角出发我们可以发现事物的不足。基于内在视角而不能走出来，会导致封闭心态的产生；基于外在视角而不能发现和反思前提的正当性，则会导致观察对象无一是处。所以，恰如曹锦清所言：“中国应该如何的判断要以中国是如何的判断为基础，而要研究中国是什么，就要返回国情、返回历史、返回实证。”〔1〕刘教授在采用外在视角之时，虽然研究了民意传播的途径以及民意传播的背后因素，但根本上还是在西方司法独立/法治观的价值支配下进行的，所以其虽然提出了问题但并没有真正地把握研究的对象，更不要说分析其内在的运行逻辑了，这是让人扼腕叹息的。为此，基于整体性和内在视角，会发现当下的民意形成以及所发挥的功能实质是与民意所处的历史情境相容而共生的，反过来说，当约束性条件发生变化之时，民意的形成机理及其功能也会发生变迁。

六、结　语

经由借助于《民粹主义司法》一文中的诸多观点而加以展开的讨论，目的并不在于向刘教授发难，也不是我们之间有什么过节，相反，刘教授是笔者非常佩服的老师，讨论的目的在于希冀借助文章中提出的问题加以发挥，从而展现民意对当下的司法实践、法治建设乃至整个社会转型所具有的意义。

同时也旨在指出，如果我们总是以外在视角研究中国的进路，那么我们永远不会触摸到一个真实的中国。若总是“按照西方的理论、概念来改造中国，把中国的整个历史和经验当成一个有待改造的材料”〔2〕，那么我们永远也不会发现更不可能解决真正的中国问题。

---

〔1〕 曹锦清：《如何研究中国》，上海人民出版社2010年版，第3—4页。

〔2〕 曹锦清：《如何研究中国》，上海人民出版社2010年版，第5页。

辑二

法治社会建设的逻辑及反思

网格化社会治理的实践逻辑及法理反思

新时代社会主要矛盾发生变化，经济社会环境从低复杂性、不确定性向高复杂性、不确定性转变，基层社会治理面临着巨大的压力，既有的治理体系在面对各类突发情况时，失敏、失灵现象越来越明显、越来越普遍。为更好地满足新时代人民群众对基层社会治理的需要，党的十八届三中全会提出，要改进社会治理方式，创新社会治理体制，以网格化管理、社会化服务为方向，健全基层综合服务管理平台，及时反映和协调人民群众各方面各层次的利益诉求。党的十九届四中全会继续提出，要“坚持和完善中国特色社会主义制度、推进国家治理体系和治理能力现代化”，并着重强调在构建基层社会治理新格局过程中，要“健全党组织领导的自治、法治、德治相结合的城乡基层治理体系，健全社区管理和服务机制，推行网格化管理和服务”。习近平法治思想又进一步指出，要坚持在法治轨道上推进国家治理体系和治理能力现代化。[1]

在各级各地党委、政府创新社会治理体系过程中，“网格化社会治理”获得了普遍的认同。当前，研究者们从不同学科出发，对网格化社会治理进行了不同层面、不同维度的研究，有的偏重价值阐述[2]，有的偏重实证解释[3]，

本文系笔者与陈醉合作，发表于《云南师范大学学报（哲学社会科学版）》2022 年第 2 期，《中国社会科学文摘》2022 年第 7 期转载，收入本书时有所修改。

〔1〕 习近平：《坚定不移走中国特色社会主义法治道路 为全面建设社会主义现代化国家提供有力法治保障》，载《奋斗》2021 年第 5 期。

〔2〕 叶静漪、李少文：《新时代中国社会治理法治化的理论创新》，载《中外法学》2021 年第 4 期；田毅鹏：《网格化管理的形态转换与基层治理升级》，载《学术月刊》2021 年第 3 期。

〔3〕 陈柏峰、吕健俊：《城市基层的网格化管理及其制度逻辑》，载《山东大学学报（哲学社会科学版）》2018 年第 4 期。

有的偏重问题—对策[1]，既有研究为了解和理解（基层）社会治理提供了足够的观点、思路和素材。但是，与全面依法治国和推进国家治理体系和治理能力现代化及理解社会治理相比，既有研究还有两点不足：第一，既有研究未能总体性地发现和提出问题；第二，既有研究所呈现出的法治意识不够。“社会治理是国家治理的构成部分，社会治理现代化是国家治理体系和治理能力现代化的重要环节。社会治理法治化，是社会治理现代化的重要方面。”[2] 在全面依法治国背景下，有关网格化社会治理的理论分析和实践运作也都应该置身于法治的背景下予以展开，可以说，脱离法治约束的基层社会治理实践可能会导致与法治要求相背离的后果。好在法学界已开始注意并重视这一问题了。[3]为了深化法治背景下基层社会治理实践及理论的认识，笔者主要从网格化社会治理的实践切入，试图将当前网格化社会治理不能真正满足社会治理要求的内在逻辑这一问题予以开放，从而达至真正理解我国网格化社会治理逻辑的目的。

立基于此，笔者主要讨论三个问题：一是，网格化社会治理在当代中国兴起的原因、功能及实践中的不足，这一部分主要侧重于经验层面的研究。二是，网格化社会治理的实践逻辑及法理反思，这一部分主要进行规律总结和价值反思，更多的是思辨性研究。三是，实现网格化社会治理目的的对策建议研究。

一、网格化社会治理的兴起

任何一种事物的兴起都有其特定的时空背景、实践逻辑和价值支撑，网格化社会治理也不例外。网格化社会治理起源于2005年北京市东城区的万米单元网格城市管理模式。网格化社会治理的兴起与四个因素紧密关联：一是社会结构变化带来的高度复杂性和不确定性；二是国家面向基层的社会治理结构的

---

〔1〕 吴结兵：《“大数据＋网格化”：路径、挑战与建议》，载《国家治理》2020年第29期；吕童：《网格化治理结构优化路径探讨——以结构功能主义为视角》，载《北京社会科学》2021年第4期。

〔2〕 陈柏峰：《习近平法治思想中的法治社会理论研究》，载《法学》2021年第4期。

〔3〕 周汉华、刘灿华：《社会治理智能化的法治路径》，载《法学杂志》2020年第9期；菅从进、王琦：《共同体视域下社区网格化治理法治化的主体之维》，载《广西社会科学》2021年第2期。

变化；三是国家对治理体系和治理能力现代化的重视；四是云计算、大数据、人工智能等新兴科技发展带来的科技保障。

由于经济社会的快速发展，现代社会中人流、物流、信息流等生产生活要素的流动日益加快，各种要素被不断地编织成各类层次不同、类型不同的复杂社会关系网络，即使是单个要素的变动也会使得整个社会关系网络处于不稳定、不确定的状态。面对当前高度复杂、不确定的治理环境，既往的以实现特定目标为导向，经由职能分化、层级分工、各管一块的科层制体系面对新的环境开始束手无策，构建新的社会治理体系就变得尤为急迫。一如张康之所言："社会的高度复杂性和高度不确定性构成了官僚制组织终结和合作制组织兴起的前提，20 世纪后期以来组织自身变革的历程证明了这一点。事实上，组织模式变革正在发生，一场告别官僚制的运动已经成为必须引起重视的趋势……一场由合作制组织替代官僚制组织的运动正在向我们走来。"[1] 网格化社会治理作为一种新型治理机制，它除承担特定的职责外，更多的是作为一种协调机制和资源互动平台，从形式上初步满足了高度复杂、不确定环境的社会治理需要。

国家面向基层的治理结构及其实现方式的变化，也是网格化社会治理兴起的重要原因。改革开放后，集体制和单位制逐渐解体，基层社会治理出现了不同程度的涣散。城市单位制的解散，使个体的工作与生活逐渐处于分离状态，加之城市化的快速发展，导致短时间内在城市这一有限空间积聚了大量的人口、资源等，治理的复杂性和难度逐渐增大，街道和社区已有的治理手段和方法逐渐失灵，治理对象尤其是对流动人口的治理逐渐溢出治理手段和能力之外。在"后农业税时代"，作为国家正式权力末梢的乡镇逐渐悬浮于农村之上，加之农村既有的乡贤系统被破坏和农村自组织能力的不足，农村治理也不断走向失范和失序。黄宗智就认为市场化改革后，货币主义和功利主义的兴起是基层治理逐渐无序的重要原因，如其所言："政党国家的官僚机构越来越多地主要只是在国家既定目标不能达成，或纠纷发生的时候，才介入干预。各级上访部门堆积了大量民众对各级政府或某个干部的申诉。""进入 21 世纪，一种新的地方治理模式正在兴起，可能会用新的公共服务型福利国家来取代过去

〔1〕 张康之：《走向合作制组织：组织模式的重构》，载《中国社会科学》2020 年第 1 期。

的和改革早期的控制提取型国家。"[1] 恰如其所言，网格化社会治理就是经由资源的整合和下沉，以实现将整个基层社会笼罩于“治理之网”中并在此网中展开各类公共服务。

面对不断增强的复杂性、不确定性以及城乡基层社会治理的实际需要，党中央提出了“创新社会治理体系”的要求，各地各级党委、政府都积极开展了卓有成效的探索和实践。如近年来中国社会治理研究会联合深圳大学城市治理研究院、清华大学社会治理与发展研究院等45家机构每年都会评选“全国市域社会治理创新优秀案例”，2020年入选的“西乡塘社会风险智能预警和治理项目"[2] 就充分利用社会风险实时感知与智能预警大数据系统，第一时间解决辖区内影响社会稳定的事件。充分利用新兴科技介入网格化社会治理是其创新实践的重要面向。[3] 总体来说，网格化社会治理具有三个重要特征：一是，通过将辖区进行网格化区分，实现了不留死角的目的。换言之，只要是有社会治理需要的地方，就有网格和网格管理员，没有任何溢出的空间。二是，网格管理员与网格内的每个个体直接接触，下沉的方式使得他/她们能够第一时间了解和掌握一手信息[4]，有效解决了信息滞后、信息不足、信息不对称、信息失真等问题。三是，网格管理员通过将收集到的信息在系统中上报，并通过不同层级的社会治理指挥中心进行派单操作，实现有效解决基层社会治理问

---

〔1〕 黄宗智：《经验与理论：中国社会、经济与法律的实践历史研究》，中国人民大学出版社2007年版，第433页。

〔2〕《沃民高科社会风险治理案例入围“全国市域社会治理创新优秀案例（2020）”》，载凤凰网科技2021年2月23日，https：//tech. ifeng. com/c/844cvzoaY0J。

〔3〕 面对2021年11月突如其来的新冠疫情，常州市武进区在对封控区进行管理及服务时，就充分利用了“机器狗”、无人机等高科技手段来助推社会治理。汤琤、谢博涵：《空中＋地面 人力＋科技 动态＋静态 常州武进“硬核”防疫强力上线》，载荔枝网2021年11月7日，http：//news. jstv. com/a/20211107/1636280962501. shtml。

〔4〕 江苏省委政法委专门发文对2020年新冠疫情防控中表现突出的网格长、网格员进行了通报表扬：“广大网格长、网格员积极担当作为、勤勉履职尽责，扎实开展宣传动员、人口登记、卡扣值守、矛盾化解、便民服务等工作，构筑起联防联控、群防群治的坚固防线，在疫情防控维稳工作中发挥了重要作用，为夺取‘双胜利’作出了积极贡献。”中共江苏省委政法委《关于对全省参加新冠肺炎疫情防控工作表现突出的网格长、网格员给予通报表扬的决定》，苏政法2020年第60号。

题的目的。[1]

“网格化管理本质上是一种信息化、数字化的管理模式。”[2] 客观而言，网格化社会治理就是充分运用物联网、大数据、人工智能等新技术，构建智慧技防与社会治理的融合机制，其核心要素就是实现智能化与网格化的有机融合、资源共享，推动网格化社会治理的人机结合、人机交融。网格化社会治理通过利用众多下沉的网格管理员发现一手信息，网格管理员通过其手机 APP 将这些信息直接汇聚成数据流。智能化则是通过已有的覆盖全辖区的智能技术感知网络主动发现各类风险隐患。两者的叠加，能够更加有效、精准、及时地发现各类风险隐患。“技术嵌入可以压缩科层等级，形成扁平化管理；可以突破上下沟通链条，形成多元沟通网络；可以缩短管理时空距离，重构公共事务治理界面；以数据为载体、以算法为基础、以设备和系统为辅助提升管理能力，突破管理主体的人力约束。”[3] 以新冠疫情防控实践为例，当发现一例新冠病毒携带者之后，经由大数据进行流调分析，就能迅速锁定该携带者的行踪，但仅有大数据分析还不能够完全落地落实，还需要网格管理员予以具体面对面的落实。没有现代的计算技术，即使网格管理员掌握了相应的信息，也不能汇聚成有效的数据流；没有现代智能感知技术，就不能将海量、分散的行动流、信息流转化成集成的数据流；没有云计算、大数据分析，即使面对海量的信息，也不能整理出有效的信息和规律。可以说，没有新科技手段作为技术支撑，网格化社会治理就不能从理念走向实践。

---

〔1〕 2020 年新冠疫情期间，江苏省就是依靠网格化社会治理使得疫情防控处于可防可控的状态，也恰恰是疫情防控期间治理实践产生的实效，进一步使得网格化社会治理在全国范围内备受关注。一份公开的文件这样表述网格化社会治理的效用：“近年来，省委、省政府高度重视网格化社会治理工作，经过各地各有关部门的共同努力，我省网格化社会治理取得了明显成效，网格化‘江苏模式’‘江苏品牌’初步形成，特别是在新冠肺炎疫情防控中，各地充分发挥网格化服务管理的优势……有效应对了这场考验和挑战，得到了中央政法委和省委、省政府主要领导的充分肯定。”中共江苏省委政法委《关于认真宣传贯彻落实〈江苏省城乡网格化服务管理办法〉的通知》，苏政法（明电）2020 年第 20 号。

〔2〕 吴结兵：《网格化管理的实践成效与发展方向》，载《人民论坛》2020 年第 29 期。

〔3〕 高恩新：《技术嵌入城市治理体系的迭代逻辑——以 S 市为例》，载《江苏行政学院学报》2020 年第 6 期。

二、网格化社会治理的功能及运作

网格化社会治理作为创新社会治理的实践模式之一，从要素构成角度看，可以表述为“网格化 + 大数据 + 铁脚板”。网格化就是将治理辖区划分为若干个网格，“网格是在城乡社区、行政村及其他特定空间区划之内划分的基层服务管理单元”[1]。网格分为基础网格和专属网格两种。基础网格主要针对城市社区和农村，在城市社区以居民小区、楼栋等（大体按 300 户）为基本单元，农村以自然村落、村民小组或一定数量住户（按 200—300 户）为基本单元；专属网格主要针对城乡社区内的行政中心、商务楼宇、商圈市场、学校及企事业单位等。依照上述文件要求，“每个网格应有唯一的编码，以实现网格地理信息数字化。网格编码由省统一编制并确定”。大数据指的是，在网格化社会治理过程中，主要依靠数据驱动来实现社会治理目的。铁脚板是用来形容网格管理员的服务方式和获取信息的路径，有时也指称网格管理员队伍。依照上述文件规定，“网格管理员由县（市、区）网格化服务管理中心统一管理，由乡镇（街道）根据工作任务量统筹配置到网格”。网格管理员分为网格长、专职网格管理员和兼职网格管理员三类。[2]

网格化社会治理通过“利用现代信息技术建立资源和信息共享平台，实现对网格内人、物、事、情的全天候、实时化、动态化、智能化监控，其关键在于下沉治理资源，动员和整合多种力量参与以具体网格为单元的基层社会治理过程中，最终形成一个全方位、多维度、高韧性的现代基层社会治理体系”[3]。其主要发挥着两方面的作用：一是，按照“全要素网格”的要求，以《江苏省城乡网格化服务管理办法》第 9 条的规定为例，网格化社会治理

〔1〕 中共江苏省委办公厅、江苏省人民政府办公厅《关于创新网格化社会治理机制的意见》，2017 年 12 月 5 日。

〔2〕《关于创新网格化社会治理机制的意见》要求，“每个网格确定一名网格长，由社区（村）‘两委’委员、社区工作者担任，根据实际需要也可由专职网格管理员担任，企事业单位网格可由单位分管领导或职能科室负责人担任网格长”，“每个网格要配备 1 名以上专兼职网格管理员，有条件的社区应配备专职网格管理员。专职网格管理员，原则上在现有各类协辅人员中调剂使用，不足部分采取政府购买服务等办法统一招聘”。

〔3〕 唐皇凤、吴昌杰：《构建网络化治理模式：新时代我国基本公共服务供给机制的优化路径》，载《河南社会科学》2018 年第 9 期。

主要承担的服务管理职能包括：信息采报、便民服务、矛盾化解、隐患排查、治安防范、人口管理、法治宣传、心理疏导、协助人民法院开展文书送达和县级以上地方人民政府决定通过网格开展的其他事项。二是，面对国家治理体系和治理能力现代化的要求，作为机制的网格化社会治理是推进市域社会治理现代化的重要抓手，也是国家治理体系和治理能力现代化中重要的具体载体。

网格化社会治理运作的逻辑起点在于数据。在整个网格化社会治理中，数据是非常关键的，对数据尤其是下沉到网格中的网格管理员第一时间发现的问题转化而来的数据的重视被反复强调，“要推动智能技术广泛应用。强化数据采集、共享、研判，加强对信息的处理、挖掘、赋能，自上而下推送指令，让基层网格员有针对性地采集、核查，同时及时为党政部门提供决策参考”[1]。一般而言，网格管理员应该主动对所管辖的网格进行定期走访和排查[2]，要将发现的问题及时通过网格管理员手机 APP 进行上报。网格管理员上报的信息是网格化社会治理中数据驱动的主要动力，同时，网格化社会治理中心还可以根据智能化感应设备采集到的数据（比如小区的人脸识别系统、移动通信数据甚至水电使用动态数据等）进行综合研判。将网格管理员采集到的信息汇聚成数据流，并与其他部门经过数据脱敏处理后的数据进行交换，从而形成数据池，通过对数据池中的数据进行分析得出相应的结论。理论上来说，这使得基层社会治理具有了一定的可预测性。相应的信息产生后，接下来就是不同层次的社会治理管理（指挥）中心进行派单。所谓派单就是将信息中所需完成的任务根据职能部门和层级的区分，分别派送给不同层级的职能部门并由相应的职能部门予以完成。有学者认为，网格化社会治理“极大地缓解了部门之间对于一些治理事项识别不清、效率低下、推诿扯皮以及治理真空的问题”[3]。但在社会调查中也发现，并不是每个政府职能部门都愿意接受社会治理管理（指挥）中心的派单，原因在于其认为，一旦接受派单，就会处于被

---

〔1〕 中共江苏省委政法委《关于认真宣传贯彻落实〈江苏省城乡网格化服务管理办法〉的通知》，苏政法（明电）2020 年第 20 号。

〔2〕《江苏省城乡网格化服务管理办法》第 16 条第 2 款对网格管理员的工作职责进行了规定：“乡镇（街道）网格化机构应当制定网格员工作职责，督促网格员下沉网格，贴近服务对象，常态化走访网格内群众、企业，收集服务需求，及时记录社情民意，做好上情下达和下情上传工作。”

〔3〕 祁文博：《网格化社会治理：理论逻辑、运行机制与风险规避》，载《北京社会科学》2020 年第 1 期。

指挥中心支配的位置上。

由此可见，网格化社会治理本质上就是通过下沉式治理来满足基层社会治理的需求。同时，在开展下沉式治理时，更多的是依赖政府主导的网格管理员队伍来进行的。客观而言，实践中的网格化社会治理也未能完全实现自身的意图，故而需对存在不足的表现形式及影响因素加以分析。

三、网格化社会治理实践的不足

网格化社会治理是在政府科层制治理系统外形成的治理机制，吊诡的是，其自身的运作又是在“条条块块”的结构框架中展开的，必然也会受制于该结构框架带来的影响和制约。在有关网格化社会治理实践的调研过程中，发现主要存在“条块”整合不够、数据安全隐患和经费缺口较大三个方面的问题。

“条块”整合不够未能形成有效合力是网格化社会治理在体制方面的不足。“条条块块”的分割，使得实践中网格化社会治理的合力和效果受到影响，具体表现在三个方面：一是“条块”的数据整合不够。当前网格化社会治理的数据主要来源于公安系统中可供共享的数据及网格管理员基于“铁脚板”而生成的数据，由于数据的规格不统一，暂时还未能与政府其他部门的数据进行共享，这远远达不到“大数据”分析对数据量和质的要求。二是由于政府部门基于功能划分而形成了各管一块的“条条”分工模式，每个政府部门都有自身特定的管辖范围。一旦它们与网格化社会治理中心实现数据共享，并接受该中心指派的工单时，结果就是要接受相应的评价和考核，这显然是政府各职能部门不愿意看到的。[1] 网格化社会治理中心与政府职能部门必要的互联互动的缺位，使得社会治理效能大打折扣。三是网格化社会治理具有“纵向到底，横向到边”的基本特点，这使得很多政府职能部门会基于自身工作的考虑要求进入网格，以实现利用网格及网格管理员帮助其完成某项特定工

---

〔1〕 何洁在对常州市社区网格化治理调查后也发现：“尽管无论是社区干部之间，还是各个网络化治理主体之间，均已具备协调联动意识，但目前仍是简单网络‘点对点’式单一沟通协调，而非复合网络‘网对网’式高效对接，导致沟通重复低效。”何洁：《常州市社区网络化治理研究》，大连海事大学2020年硕士学位论文，第17页。

作的目的。[1] 网格化社会治理承载着太多的任务，使得网格管理员疲于应付各类临时、紧急的任务，最终影响网格化社会治理真正功能的发挥。

未能真正实现数据驱动的治理转变是网格化社会治理在运作方面的不足。利用“大数据”实现数据驱动的社会治理，是网格化社会治理希冀实现的主要目的之一。数据驱动的真实逻辑应该是经由大数据分析，从而为下一步行动提供指引。“大数据的核心就是预测……大数据不是要教机器像人一样思考。相反，它是把数学算法运用到海量的数据上来预测事情发生的可能性。”[2] 从社会治理水平角度看，目前网格化社会治理还仅仅是停留在“网格管理员报送信息（反映问题）—治理主体予以回应”的低层次状态中。要真正实现治理的数据驱动，就需要“利用所有的数据，而不再仅仅依靠一小部分数据”[3]。此时，数据的获得、运用等就成为关键。由于当前网格化社会治理中心并未能掌握足够量的数据，其无法进行有效的数据分析，更无法为相应的工作人员提供有效的预测和指引。同时，由于网格化社会治理中心的数据并未能与政府大数据进行合并管理，而是限定在自身的数据池之中，所以有必要对数据安全隐患予以充分的关注。比如为了解决小区流动人员管理问题，当地网格化社会治理中心决定在小区内安装人脸识别系统，甚至某些小区在每栋楼入户处安装了门禁系统，这些系统每天都会产生巨量的数据。由此带来的问题则是：海量的关涉公民个人隐私的数据能否被安全储备？更为重要的是，相应的管理主体利用涉及公民个人隐私的数据时是否受到程序及实体要求限制？尤其是在完成某些所谓的紧急任务时，会不会存在数据被滥用的可能？显而易见，一旦涉及个人隐私信息被滥用或外泄，对公民个人就会造成无限的困扰，这充分说明当前网格化社会治理在数据化方面与预设、宣称的目标之间还有着巨大的差距。

财政经费供需失衡是网格化社会治理保障方面的不足。俗语讲，“兵马未

---

〔1〕 比如，调研中发现：当安全生产管理部门要进行安全排查时，就会要求进网入格；甚至农业部门针对农机安全排查时，也会要求加入网格。调研时间：2021 年 5 月 13 日。

〔2〕［英］维克托·迈尔-舍恩伯格、肯尼思·库克耶：《大数据时代：生活、工作与思维的大变革》，盛杨燕、周涛译，浙江人民出版社 2013 年版，第 16 页。

〔3〕［英］维克托·迈尔-舍恩伯格、肯尼思·库克耶：《大数据时代：生活、工作与思维的大变革》，盛杨燕、周涛译，浙江人民出版社 2013 年版，第 29 页。

动，粮草先行”。任何一项工作的开展都离不开财政经费的支持，理想的状态应是财政经费与所欲实施之事相匹配。经费的普遍不足也是影响网格化社会治理效用发挥的重要因素。网格化社会治理所需经费可分为设备经费和人员经费。客观而言，智慧化建设起到了提升治理效用的作用，同时在合法性机制[1]（简要地说，即别人有我也应该有的观念）的影响下，每个城市都在推进社会治理的智慧化（比如城市智慧脑和智能针项目）建设。但要想显著提高数据挖掘、智能指挥和互联互动等工作的智能化、智慧化建设，必须有足够的财政经费保障。不是说不应该提高智能化、智慧化的水准，但在总体经费受限的情况下，无止境地推动智能化、智慧化设备、软件的更新换代，不仅使得财政经费捉襟见肘，而且还占用了本可以用于他处的经费。此外，要真正实现网格化社会治理所要求的下沉式管理，每个网格至少需要配备 1 名网格管理员，如果按照最低要求 1500 人/网格，以 500 万人口的城市计算，至少需要 3.4 万名网格管理员，这还不包括专属网格所需的网格管理员。故而，所到调研之处，无不反映没有足够的财力来支撑专职网格管理员队伍的建设。需要指出的是，这还是在经济发达的长三角地区开展调研时所发现的情况。而为了满足网格化绩效考核要求，只能以志愿网格管理员加以补充，但他/她们要么有自己的本职工作，要么是退休的居民，结果就是只能对他/她们放松要求。而一旦放松工作要求，产生的后果就不言而喻了。

以上只是对网格化社会治理实践中表现出的不足进行了总体的简要概括，要真正揭示网格化社会治理实践中的具体问题，还可以从更细的层面和角度着手，如网格管理员队伍建设、网格化社会治理评价机制等，由于笔者写作议题的限制，因此不做过多的展开。

四、网格化社会治理的实践逻辑

“实践有一种逻辑，一种不是逻辑的逻辑，这样才不至于过多地要求实践给出它所不能给出的逻辑，从而避免强行向实践索要某种连贯性，或把一种牵

[1] 合法性是指“那些诱使或迫使采纳具有合法性的组织结构和行为的观念的力量。合法性机制不仅约束组织的行为，而且可以帮助组织提高社会地位，得到社会承认，从而促进组织间的资源交往”。周雪光：《组织社会学十讲》，社会科学文献出版社 2003 年版，第 75 页。

强的连贯性强加给它。”“实践逻辑是自在逻辑，既无有意识的反思又无逻辑的控制。”[1] 沿着布迪厄有关实践的逻辑说明可发现，仅有对网格化社会治理实践及其不足的描述是不够的，因为实践中还有一种未被反思和开放出来的逻辑的存在，它支配着实践的展开。网格化社会治理也不例外，故而有必要将该种实践逻辑开放出来。

从立场角度看，网格化社会治理遵循了“以人民为中心”的价值要求。坚持以人民为中心是新时代中国特色社会主义的重要价值目标和原则，国家治理体系的变革和创新也不例外。网格化社会治理体系创生之前，既有的基层治理体系长期处于失敏、失灵甚至失效的状态，基层社会中堆积的大量信访事件、层层上报并层层裁剪导致的失真信息、不能主动积极识别有效社会需求等问题，都充分地说明了这一点。这种现象是作为治理主体的科层制必然会导致的结果，而网格化社会治理将治理活动纳入价值的语境中予以阐释和推进。[2] 如周尚君所言：“面对瞬息万变的风险治理格局，地方政府不仅亟须技术赋能，推进信息化、数字化、智能化的‘技术治理’，更需从价值凝聚力角度加快实现治理体系升级，把政党、政府、社会的力量在‘价值治理’框架内有效整合起来、释放出来。”[3] 全心全意为人民服务是中国共产党的立党理念，当网格化社会治理被整合进“以人民为中心”的价值逻辑中后，其实现了最大限度上的整合、释放治理效能的目的。从治理整合角度看，社会治理再也不是党委、政府哪一家的事情了，检察院、法院、律师等司法力量、社会力量被源源不断地整合进网格化社会治理体系中。[4] “以人民为中心”的价值立场不仅可以横向地整合资源，还可以动员网格管理员更加深入地嵌入网格中。一

---

〔1〕［法］皮埃尔·布迪厄：《实践感》，蒋梓骅译，译林出版社2012年版，第131页。

〔2〕一份有关网格化社会治理的内部文件指出：“创新网格化社会治理机制是贯彻落实党的十九大关于加强和创新社会治理、打造共建共治共享社会治理格局的一项重要举措，是坚持以人民为中心、做强做实基层的关键环节。”

〔3〕周尚君：《地方政府的价值治理及其制度效能》，载《中国社会科学》2021年第5期。

〔4〕江苏徐州、宿迁、常州等地都深入推进了“三官一律进网格”活动，且认为该项活动取得了很好的效果并进行宣传报道。徐州的一则报道指出：“今年（2020年）以来，江苏省徐州市大力推进‘三官一律’制度，将市委政法委51名机关党员干部和8242名警官、法官、检察官、律师编入全市9215个综合网格和1652个专属网格，为基层社会治理提供了坚实法治保障。”《徐州“三官一律”进网格》，载搜狐网2020年7月22日，https://www.sohu.com/a/409029530_693064。

如有学者所言："网格化社会治理模式乃是新时代'以人民为中心的发展思想'在社会治理领域的具体实践方式。"[1]

从动力角度看，网格化社会治理遵循了"指标最优"[2] 的科层制绩效评估逻辑。无论是个体的人还是组织都有追求自身利益最大化的倾向，所以，仅有价值整合是不够的，还要考量网格化社会治理的动力机制。从国家治理角度看，基层社会治理仅是其中的一部分，在某种程度上基层社会治理不仅是目的，更是推动和实现高质量发展、构建新格局等要求的手段。在推进网格化社会治理建设过程中，各个层级和各种形式的绩效评价是最为常见和擅长使用的方法。如，2020 年某省委政法委办公室制定了《某省网格化社会治理工作绩效监测评价办法（征求意见稿）》（以下简称《征求意见稿》）并广泛征求意见。《征求意见稿》提出，"根据我省 2020 年高质量发展监测评价考核相关要求，制定本办法"，并设置了 4 项一级指标、13 项二级指标。[3] 与此同时，还将监测评价结果作为本地区高质量考核的一部分。[4] 实事求是地说，在"锦标赛体制"下将评价结果作为下级高质量发展考核结果的一部分，无疑能够大大强化各级党委、政府对网格化社会治理的重视。

---

〔1〕 李飞、庞正：《在网格化社会治理中推进法治社会建设》，载《法治现代化研究》2020 年第 6 期。

〔2〕 司法改革中，面对法官绩效考评制度考核要求，法官会自觉/不自觉地采用策略行动以满足考核要求，可将支配该现象的实践逻辑概括为"指标最优"，"绩效考评制度之所以出现实践效果与改革预设目的之间的背离，很大的原因就在于将关于人的改革逐渐转移至关于现代技术的改革，在此过程中，具有主体性的法官消失了"。张建：《论法官绩效考评制度改革及其实践效果》，载《法学》2019 年第 11 期；张建：《指标最优：法官行动异化的逻辑与反思——以 J 市基层人民法院的司法实践为例》，载《北方法学》2015 年第 5 期。

〔3〕 4 项一级指标、13 项二级指标分别为：社会稳定（20 分）——社会风险防控（12 分）、矛盾纠纷化解（8 分）；基层基础（25 分）——网格多元共治（5 分）、网格基础建设（5 分）、人员力量配备（5 分）、巡查走访服务（5 分）、警网融合建设（5 分）；智慧建设（20 分）——中心建设运行（10 分）、数据汇聚治理（10 分）；组织领导及群众评价（35 分）——组织领导情况（10 分）、社区居民矛盾纠纷调解率（5 分）、社区居民网格员知晓率（10 分）、社区居民网格化服务管理满意率（10 分）。还针对网格化工作中突出成效如先进典型等予以加分（限加 2 分），对责任不落实、措施不到位等导致工作被动等予以扣分（限扣 5 分）。

〔4〕《某省网格化社会治理工作绩效监测评价办法（征求意见稿）》要求："全省网格化社会治理监测评价结果，作为 2020 年省高质量发展监测评价考核具体指标分值，将纳入各设区市党建考核、综合考核和平安建设（综治工作）考评结果。"

但任何行为、制度及文化都具有正负功能。[1] 从正功能角度看，在“指标最优”的要求下，网格化社会治理肯定能推进治理体系和治理能力不断发展，至少在形式上能够满足新时代人民群众对社会治理的需求。但从反思的角度看，只要以指标方式开展形式化评价并重视评价结果运用，必然会产生追求形式化行动的结果，这种行动可能是无关、无视实际效果的行动。塔洛克曾指出：“在管理不善的官僚体制中，对于下属真正重要的信息与现实世界无关，但是与上级对现实世界的想象有关。”[2] 指标体系和绩效评价机制，在某种程度上可以被视为上级对网格化社会治理的目标预设，是一种脱离基层语境的想象。过分快速、超前的网格化社会治理建设可能会与社会实际需求不相匹配，最终导致网格化社会治理处于悬置状态或造成空转的后果。

从实效角度看，网格化社会治理遵循了中心工作迅速解决到位的逻辑。在“以人民为中心”价值立场的要求和自上而下绩效评价的约束下，在面对党委、政府的中心工作时，网格化社会治理发挥了能够迅速解决问题的作用。比如新冠疫情期间，网格管理员对各类人员信息的及时把握和精准落实，对阶段性地战胜疫情起到了重要作用。又如高空抛物、电动车被盗[3]、安全生产检查等问题的处理。但紧密、迅速完成中心和重点工作也是以相应的要素作为前提的：一是，需要依靠大量的智能设备和科技手段。当前，每个城市都在围绕社会治理需求开发相应的城市智慧脑、城市智能针。新科技手段的使用会使得治理实效达到预期目的，但也存在风险。在常态情况下，开始走向基于信息驱动的社会治理，使相关治理主体逐渐习惯隐藏在技术背后，实现“不在场的治理”，最终可能会失去与人民群众直接沟通的能力，这显然是与“以人民为中心”的价值立场相违背的。在非常态情况下，即网络出现故障等情况下，

---

〔1〕 社会学家默顿认为：“功能就是观察到的那些有助于一定系统之调适的后果。负功能就是观察到的那些削弱系统之调适的后果。”需指出的是，在这里默顿是在“正功能”意义上使用“功能”一词的。[美]罗伯特·K. 默顿：《社会理论和社会结构》，唐少杰、齐心等译，译林出版社2008年版，第130页。

〔2〕 [美]戈登·塔洛克：《官僚体制的政治》，柏克、郑景胜译，商务印书馆2012年版，第98页。

〔3〕 在C市Z街道的调研显示，为了解决辖区网格内高空抛物和电动自行车无序停放的问题，街道迅速无死角地安装了大量的对空高清探头并给每辆电动车安装闸口芯片，立马起到较好的效果。事实证明，就是某次某位住户从公共楼道中往外扔了一个细小的药瓶，工作人员根据高清录像迅速地锁定了高空抛物者，有效解决了该类问题。调研时间：2021年5月13日。

过分倚重智能化的网格化社会治理系统可能会使实际的治理处于瘫痪状态（如2021年7月郑州智慧隧道面对特大暴雨时的束手无策），这种情况可能是当前我们未能予以充分预估的。二是，网格化社会治理自上至下的形式化要求，忽略了各地区相互间的差异，尤其是财力的问题。其实，无论是庞大的网格管理员队伍，还是需要不断更新的智能化、智慧化设备，都是以巨额的财力作为支撑的，在某种程度上可以说，围绕中心工作迅速落实到位的治理模式忽略了社会治理成本的问题，导致其能否实现可持续发展存疑。

总体而言，在当前网格化社会治理实践中，无论是“以人民为中心”的价值立场，还是形式化的绩效考评，抑或围绕中心工作迅速落实到位，本质上都是“政法逻辑”在当代的具体展开。毋庸置疑的是，“政法逻辑”之于新时代基层社会治理具有强有力的撬动和推动作用，但其中蕴含着的可能的问题也需要加以重视。

五、网格化社会治理的法理反思

仅仅对网格化社会治理实践逻辑予以总结显然是不够的，还应对其中所蕴含的问题进行哲理分析。从法理的层面来看，有必要从他治与自治、秩序与权利、效益与成本的关系视角出发，就当前网格化社会治理所呈现的问题予以价值评判和反思。

网格化社会治理承担了大量的公共管理和服务职责，形成了一种自上而下覆盖整个基层社会的需求之网，与现代基层社会产生了直接的对接，是对现代社会日渐支离破碎现象的回应。然而，其中也蕴含着发生异化的可能性。经由网格化社会治理对社会全方位、无死角的覆盖和对社会需求的回应，无疑会形成强而有力的大治理格局，但这也会使得社会自组织能力不能得到有效的涵养，由此形成他治与自治的张力。周庆智也认为：“尤其本世纪以来，基层治理表现出以权力集中和结构集中来控制和平衡权力分散和结构多元的趋向，试图使基层社会处于权威政府的管理和服务之下，并且出现向传统的全能主义治理体系回归的趋向。”[1] 为充分地理解这种张力，可以从我国传统社会治理与西方发达国家20世纪上半叶的城市社区睦邻运动中得到启发。我国传统社会

〔1〕 周庆智：《改革与转型：中国基层治理四十年》，载《政治学研究》2019年第1期。

奉行“皇权不下乡”的简约治理模式，在基层社会治理中，乡绅、族长等是主要的治理主体，基层社会形成的治理系统与国家正式治理系统进行有效对接，基本满足了国家社会治理的需要。传统社会中，基层治理系统形成的关键就在于，不自觉地充分利用了自发形成的社会关系文化网络（杜赞奇语），这种简约的治理模式也由于成本较低而有了较强的生命力。此外，以美国为代表的西方发达国家在20世纪上半叶发起的城市社区睦邻运动，主要也是为了解决在快速工业化、城市化进程中，邻里之间互相冷漠、社会资本不断丧失的问题，通过重建邻里信任，从而恢复了社会秩序自组织的能力。美国社会工作先驱里士满断言：“如果没有真正睦邻精神的存在就不会有社会的繁荣。”〔1〕上述讨论意在说明，涵养基层社会自治、互助的能力，是促进基层社会秩序形成的有效路径。之所以需要如此庞大的网格管理员队伍开展常态化的网格巡察工作，说到底，就在于填补基层社会民众对邻居、公共事务的漠视。从这个角度看，网格化社会治理并不是管得幅度越大越好，也不是管得越细越好，而是应该在推动网格化社会治理不断走向智能化、精细化的过程中，更加注重涵养社会尤其是基层社会的自治能力，真正实现多元共治。

新时代社会主要矛盾发生变化，人民群众对公平正义实现、良善社会秩序和权利保护等都有了新的更高层次的要求。对于自然状态中的凶险及后果，霍布斯描述道：“人人相互为战的战争状态，还会产生一种结果，那便是不可能有任何事情是不公道的。是和非以及公正与不公正的观念在这儿都不可能存在。”〔2〕古往今来，没有哪个个体喜欢生活在不可预知的丛林状态环境中，都希望生活在可预测、稳定的状态环境中，都希望矛盾纠纷能够得到及时化解，实现案结事了的目的。客观而言，网格化社会治理在对基层社会形成良善社会秩序的回应中形成了很好的效果。但网格化社会治理实践也有着一定的法治风险。有学者敏锐地指出：“在技术问题受到充分重视的同时，法治问题却时常受到忽视：实践遇到的问题往往仅被视为技术问题而强调技术解决方式，‘法治思维与法治方式’虽然经常被强调但在具体问题面前往往会被忽略。”〔3〕

〔1〕［美］玛丽·埃伦·里士满：《现代城市里的好邻居》，朱志伟主译，华东理工大学出版社2018年版，第95—96页。

〔2〕［英］霍布斯：《利维坦》，黎思复、黎廷弼译，商务印书馆2017年版，第96页。

〔3〕周汉华、刘灿华：《社会治理智能化的法治路径》，载《法学杂志》2020年第9期。

具言之，为了推动社会秩序高效率地生成，包括个人隐私、个人数字权益在内的权利存在被无理克减的风险。随着人类社会逐步过渡至智慧社会，“人权观念已经不能再仅仅建立在传统自然人的基础上，它在很大程度上也要建立在数字化的‘信息人’基础上；人权属性已经不再仅仅依赖于人的生物属性和物理空间，它在很大程度上也要依赖于人的信息属性和虚拟空间”〔1〕。数字公民在智慧社会中正在逐渐生成和成长，也可以说现代公民都是由各种数字信息所组成的，这些数字信息决定了公民的权利保护范围和行动的可能性。〔2〕奥斯特芬认为：“所有个人的大数据大概都在隐私权的保护范围之内……公共数据的系统收集和存储通常会造成对隐私权的侵犯。在处理公共数据时，则需要附加条件。”〔3〕所以，哪怕是面对社会治理的真实需要，也不能让采集、使用个人数据信息的情况长期处于不受法治控制的状态之中，更不能因为高效率地实现某种暂时秩序的需要，就以无限制地牺牲公民权利作为代价，应该在秩序生成与权利保护之间实现动态平衡。

任何一项社会治理事业都是有成本的，换言之，任何一项治理都是以相应的财力作为支撑和保障的，网格化社会治理也不例外。当前，在推进网格化社会治理过程中，无论是智能化硬件与软件的更新，还是网格管理员队伍建设及其能力的提升，都需要大量的财政经费。客观而言，财政经费的压力使得很多地方捉襟见肘，这促使我们不得不重新审视网格化社会治理的效益与成本问题。从经验的维度看，20 世纪 70 年代中后期，西方发达资本主义国家之所以提倡新公共管理运动，就在于认为当时的官僚体制变得臃肿、效率低下，为了提升公共管理和公共服务的能力和效果，通过引入“效益-成本”观念，就是

---

〔1〕马长山：《智慧社会背景下的“第四代人权”及其保障》，载《中国法学》2019 年第 5 期。

〔2〕以应对新冠疫情中各地普遍采用的信息码为例，一旦信息码不再是绿色而是黄色或红色，轻则自己要居家隔离，重则要集中隔离，7 天、14 天甚至更长时间的隔离意味着公民的行动受到了限制。所以，一如谢晖所言：“紧急状态中的国家治理，不同于日常秩序的按部就班，必须根据紧急状态的具体情况，依法使出‘绝招’，以克服紧急状态对人民生命财产，对国家和谐秩序的影响。可见紧急状态下国家治理的好坏，更能彰显一国治理的水平和效力。”谢晖：《论紧急状态中的国家治理》，载《法律科学（西北政法大学学报）》2020 年第 5 期。

〔3〕［荷兰］玛农·奥斯特芬：《数据的边界：隐私与个人数据保护》，曹博译，上海人民出版社 2020 年版，第 85 页。

要降低政府的财政消耗，提高财政资金使用的有效性。[1] 从“国家-社会”的关系视角看，任何财政收入都是来自社会。可以肯定的是，一国范围内在 GDP 分配过程中，国家经由税收或者其他方式占用的 GDP 份额及总量增加了，社会占用的 GDP 份额及分量就会减少，社会可支配费用的减少就会降低社会的总需求、降低社会创新的活力，并且还可能会强化社会对政府的依附程度，造成大政府大管理的局面，而这种可能的格局，恰恰是与当前党和国家所提倡的“三治”“五治”的意图背道而驰的。此外，从社会治理成本角度看，无论是哲学意义上的自治，还是法治意义上的自治，经由每个个体及共同体的自我组织、自我管理，都是成本最低的治理机制。作为他治的德治、法治机制，都包含着防范、监督和惩戒的逻辑，会形成“自我”与“他者”的对立状态，最终造成社会治理成本的急剧上升。对于这点，无论是上文提及的传统社会的简约型治理模式，还是人类学家斯科特在爪哇地区对工业社会中正式权力直接抵达底层社会带来的治理困惑的反思[2]，都充分说明：应该重视和培育治理成本最低的自治。“效益-成本”问题虽不是网格化社会治理中最核心、最重要的问题，但却是不容回避的现实问题和法治问题。否则，即使在某个特定时段或地区能够实现良好的网格化社会治理机制及秩序，也必然无法实现治理及其效果的可持续。

六、网格化社会治理的优化

网格化社会治理具有非常明确的实践指向性，对其讨论不能仅局限于提出和分析问题，更重要的应在于经由法理的价值评判，有针对性地提出相应的对

---

〔1〕 陈振明认为，全球范围内新公共管理运动有不同的表现，但“西方各国的这场改革有相同或相似的管理主义和市场至上取向，也就是在公共部门尤其是政府管理中引入市场竞争机制、工商管理技术、顾客导向和结果为本原则，注重效率、效益或绩效评估”。陈振明：《全球政府治理变革浪潮的回顾与反思——了解政府改革与治理的区域类型》，载《公共管理与政策评论》2021 年第 4 期。

〔2〕 人类学家斯科特在对国家主导的大规模社会工程失败的原因进行反思时指出：“促成规划过程的社会组织和生产所必要的薄弱规划模型，都不足以成为创造出成功社会秩序的指令。简单的规则本身完全不能建立可以正常运作的社区、城市或经济。更明确地说，正式制度在很大程度上总是寄生于非正规过程，虽然正式制度并不承认非正规过程的存在，但没有它们又无法生存；同时，没有正式制度，非正式制度也无法自我创造或保持。”斯科特的反思带来的启示是，在推进网格化社会治理过程中，应重视正式制度与非正式制度的共存和互动。［美］詹姆斯·C. 斯科特：《国家的视角——那些试图改善人类状况的项目是如何失败的》，王晓毅译，社会科学文献出版社 2004 年版，第 424—425 页。

策、建议，以完善网格化社会治理的理念、体系及机制等，提升网格化社会治理的实效。基于习近平法治思想提出的“坚持在法治轨道上推进国家治理体系和治理能力现代化”要求，结合全面依法治国的基本理念和要求，在现有的观念认识、体制框架和实践需求等约束性结构下，可以从以下四个维度出发完善我国网格化社会治理：

第一，提升网格化社会治理的法治化。法治化是网格化社会治理的应有之义，之所以要遵循法治，就在于法治具有很强的稳定性、可预测性。在全面依法治国背景下，网格化社会治理不应该游离于法治之外。“需要以法治理念、法治思维和法治方式来推进网格化治理，从而使基层治理迈上制度化、法治化轨道，塑造智慧时代的基层治理秩序。”〔1〕具言之：一是要在法治的框架下，定位好网格化社会治理的职能，厘清其与政府系统及各类社会治理主体，尤其是与基层治理主体街道、乡镇和自治组织村委会、居委会及城市社区中物业公司等社会组织相互之间的关系。二是要在法治的框架下，确定网格化社会治理实践中产生的大量数据的属性及产权归属，确定网格化社会治理实践中所需调用的数据的权力属性、路径及程序，规范网格化社会治理实践对数据尤其是涉及公民个人隐私数据使用的边界。三是要在法治框架下，规范网格化社会治理财政经费的来源和使用，构建基于财政经费效益的实施效果评估机制。四是，要在法治框架下，确定网格管理员的身份、职责及队伍的可持续发展等。〔2〕

第二，厘定网格化社会治理的内容边界。无论是“大政府小社会”还是“小政府大社会”，在有关社会秩序生成的认识上，从来都没有忽略过社会的自主性和自组织性。网格化社会治理具有典型的“大政府”特征，是新时代“以人民为中心”推进公共服务建设的重要路径，但过密、过强的公共服务笼罩社会反而会导致社会丧失自组织能力。要重新确定政府、社会与市场的边界，着重培养社会的自主意识和自组织能力（有关乡贤的讨论和实践就是在

---

〔1〕 马长山：《智慧社会的基层网格治理法治化》，载《清华法学》2019 年第 3 期。

〔2〕 周庆智将基层社会治理系统分为党政系统、派生系统和职役系统三类。“职役系统是国家体制之外‘民’的部分”，“但更接近本质的定义是，职役系统是官治与民治相结合、以民治辅助官治的组织形式”。“职役系统它的发展走向对当今中国基层治理结构的形成和影响具有鲜明的历史文化意义。”从职役系统维度和意义来理解当下基层社会中庞大的网格管理员队伍，可发现其定位及发展等就不像一般理解的那样简单了，而是有着深刻的重要性。周庆智：《改革与转型：中国基层治理四十年》，载《政治学研究》2019 年第 1 期。

这个维度展开的），发挥好市场在网格化社会治理资源调配中的基础性作用。[1] 网格管理员应该是基层自治的引领者、推动者，他/她们应该在社会具有自主意识和自组织能力后，就从所扮演的角色中撤离出来，从而真正实现社会治理和法治意义上的基层自治。社会组织[2]是城乡基层社会开展自治的重要载体，具有一定的自发性，在推进网格化社会治理中应该重视和引导社会组织在基层自治中作用的发挥。

第三，慎用简单形式化的绩效考核措施。绩效考核作为工作业绩评价机制，对于工作的推进有特定的规范、评价和促进作用，网格化社会治理中运用绩效考评作为具体工作的推进机制，也应该真正理解该机制作用发挥的前提。运用绩效考核进行评价，最理想的考核对象就是具有客观性、可量化的工作或任务，而网格化社会治理所面对的评价对象是各式各样的，执意使用形式化评价机制，最终只会导致形式化的追求。[3] 所以，应该重新定位网格化社会治理中绩效考评机制的功能，确定其仅仅是工作进展的规范与评估机制，根本目的在于完善相应工作。在强化社会自治和重建共同体过程中，应该注重在网格内部挖掘网格管理员的主观能动性和积极性，充分利用口耳相传和自我内化的荣誉激励机制[4]，给予网格管理员以充分的信任，将他/她们从被动的被评价者角色转化为，为获得共同体承认而予以行动的主动行动者角色。

---

〔1〕 如公共法律服务中的法律援助就应该发挥兜底的作用，但当前有关部门组织“三官一律进网格”，一个面向就是针对公司企业开展送法服务，以及帮助专属网格中的公司企业进行用工对接、资金贷款对接等，都是典型的公共资源配置错位。

〔2〕 陆军等人认为，应该“通过引导社会组织参与社区治理，并与政府、市场等其他主体形成社区治理的多元体系，既可弥补传统治理的缺陷，又能依托不同主体的自身优势，达成治理目标”。陆军等：《营建新型共同体：中国城市社区治理研究》，北京大学出版社 2019 年版，第 118 页。

〔3〕 穆勒对指标评价产生原因进行探究时发现：“在社会信任度低的文化中，对问责制的数字指标的追求尤其诱人”，“缺乏社会信任导致了对指标的追崇，对指标的信任导致了对判断的信任不断减少，这就形成了恶性循环”。[美] 杰瑞·穆勒：《指标陷阱：过度量化如何威胁当今的商业、社会和生活》，闾佳译，东方出版中心 2020 年版，第 40—41 页。

〔4〕 对于工匠与技艺，苏格拉底认为：“事实上，每个工匠从事两种技艺——一种使他获得自己称号的技艺和一种挣工资者的技艺。他以后一种技艺关照自己；以前一种技艺关照别人。”“技艺的从事者若是忠于他们的技艺，就会献身于他们不能忽视的目标。”可以将其引申到网格管理员的职位定位问题上，是将网格管理员视为简单的完成任务者，还是引导其成为所在社区内获得认同的好邻居。[美] 布鲁姆编：《人应该如何生活——柏拉图〈王制〉释义》，刘晨光译，华夏出版社 2015 年版，第 45、第 54 页。

第四，节制网格化社会治理的建设速度。应当节制网格化社会治理的建设速度，好的社会治理一定是治理供给与治理需求能够相互耦合的。当前，网格化社会治理不断加速推进，但并不是越现代、越智能的治理机制就越能满足社会治理的需要、就越能产生好的社会治理效果，客观而言，现代、智能治理机制与良善治理之间并不能画等号。套用王卓所言就是："网格化社会治理作为社会服务的手段，提供什么样的服务取决于社会的需求。"[1] 只有能够真正有效回应社会治理真实需求的治理机制，才是良善的治理机制，才能产生良善的治理效果。所以，要注重地方社会治理真实需求的挖掘和凝练，不能将上级认为、其他地区面对或理论中的治理需求假定或误以为是自身需要解决的社会治理问题。此外，还要构建回应型的网格化社会治理机制，不断提升社会治理机制与社会治理需求之间的耦合度；更要从综合视角考虑，不能过分地迷恋智能化，避免陷入"唯技术""技术至上"的泥淖之中，要构建与财政经费相匹配的可持续发展的网格化社会治理机制。

七、结　语

综上所述，笔者主要对网格化社会治理的实践进行了呈现，并对支配实践展开的内在逻辑予以提炼揭示和法理反思。之所以要对实践逻辑开展法理批判，目的就在于试图指出当前的网格化社会治理具有很强的自上而下的规划性和围绕党委、政府中心、重心展开治理的倾向，虽然形式上实现了公共资源配置的下沉，但所提供的公共资源是否为社会所需，该问题却被网格化社会治理建设及发展的表层现象遮蔽起来了。与此同时，要构建共建共治共享的治理格局，不仅应重视党委领导、政府主导，还应该重视多元参与。在多元参与中，社会的自治和自组织能力的培育显得格外紧要，但当前"全覆盖""全能型"的网格化社会治理却有意无意地忽略了这点。故而，希望经由笔者的讨论及所开放出的两个问题，即基层社会治理中供给与需求匹配及社会自治与自治能力培育问题，能够促使我们意识到，在法治的背景下，构建真正面向基层社会治理实际需求的共建共治共享治理格局十分重要，它是完善基层社会治理的路径之所在。

---

〔1〕 王卓：《走好新时代群众路线 网格化社会治理模式的群众基础》，载《人民论坛》2020年第20期。

法治评估知识的生成逻辑及实践反思

1997 年，党的十五大提出，依法治国、建设社会主义法治国家，到 2010 年形成有中国特色社会主义法律体系。2011 年，全国人大常委会委员长吴邦国在十一届全国人大四次会议上宣布，有中国特色的社会主义法律体系已经形成。法律体系的初步建成，对法治中国建设具有双重意义：一是，历史地看，这在某种程度上回应了近现代中国法制构造、法制现代化的梦想。[1] 二是，现实地看，“中国特色社会主义法律体系的形成，总体上解决了有法可依的问题”[2]。紧接着，党的十八届四中全会通过的《中共中央关于全面推进依法治国若干重大问题的决定》（以下简称《法治决定》）提出：“全面推进依法治国，总目标是建设中国特色社会主义法治体系，建设社会主义法治国家。”法治体系与法律体系虽然仅有一字之差，但在内涵与外延方面有着很大的不同，依照张文显的看法就是，“与‘法律体系’作为中性概念不同，法治体系概念包括着

本文发表于《东南大学学报（哲学社会科学版）》2017 年第 3 期，人大复印报刊资料《法理学、法史学》2017 年第 10 期全文转载，收入本书时有所修改；获 2018 年江苏省第十五届哲学社会科学优秀成果奖二等奖。

〔1〕 关于法制的重要性，邓小平的观点很具有代表性。在回答意大利记者法拉奇提出的“我看不出怎样才能避免或防止再发生诸如‘文化大革命’这样的可怕的事情”问题时，邓小平指出：“这要从制度方面解决问题……我们这个国家有几千年封建社会的历史，缺乏社会主义的民主和社会主义的法制。现在我们要认真建立社会主义的民主制度和社会主义法制。只有这样，才能解决问题。”《邓小平文选》（第二卷），人民出版社 1989 年版，第 348 页。

〔2〕 吴邦国：《形成中国特色社会主义法律体系的重大意义和基本经验》，载《求是》2011 年第 3 期。

保障人权、制约公权、促进公正、维护稳定、推动发展等价值内涵”[1]。

国家在从政策与实践两个层面有序推进法治中国建设之时，一场新的法学学术运动——法治评估——也逐渐被深入而广泛地推进和接受。对于这点，能在当前开展的不同层次、各种类型的法治评估活动中得以发现，其中既有专项法治评估运动，如法治政府建设评估、政府法治绩效评估等，也有综合性的评估。[2] 同时，法治评估也引起了学术界的关注和聚焦，这既可以在不断壮大的学术研究队伍中发现端倪，也可以从学术档次不断提升、学术视野不断拓展的研究中得以管窥。[3]

就当前以法治评估为关键词的研究及实践所取得的成就来说，反映了其作为当下中国法学研究格局中的一场学术运动、一股学术思潮，正在逐渐由边缘走向中心、由单纯实践走向实践与理论相结合，甚至可以说，要是不理解当前法治评估的生成逻辑与实践逻辑，肯定就无法全面地把握和理解当前中国法治实践与法学研究的内在规律。法治评估在当下中国兴起的原因，与“法治建设的全面展开、地方自身发展的内在需求、既有的政府考评机制及相关知识的引进”[4] 等因素有内在关联。但既有的研究往往采用外在视角，不能细致地考察和解释法治评估运动与上述要素之间的关联性在哪里，导致见解仅仅停留在表面、不够深入。需要指出的是，说既有研究的不足，并不意味着就要否定

---

〔1〕 张文显：《全面推进依法治国的伟大纲领——对十八届四中全会精神的认知与解读》，载《法制与社会发展》2015 年第 1 期。

〔2〕 专项研究中，具有代表性的如马怀德领衔并成立的中国政法大学法治政府研究院，其公开出版中国法治政府评估系列报告，例如中国政法大学法治政府研究院编：《中国法治政府评估报告(2013)》，中国人民大学出版社 2014 年版。综合研究中，具有代表性的如钱弘道带头并成立的中国法治研究院，其提出法治余杭指数，例如钱弘道等：《法治评估的实验——余杭案例》，法律出版社 2013 年版。当然，还有更多不同层次、不同类型的评估，如中国社会科学院田禾教授、西南政法大学付子堂教授、华东理工大学李瑜青教授、中国人民大学朱景文教授、上海交通大学李学尧教授等开展的相关评估实践，在这里不再一一列举。

〔3〕 学术档次的提升和学术视野的扩展，可从 2015 年国家社会科学基金年度项目和青年项目立项名单中予以证实，如李学尧“司法公信力评估研究”(重点)、于兆波“第三方立法评估制度研究”、黄豹“法治政府中的侦查评估指标体系研究”、杨天江“法治评估体系的中国应用研究”、王朝霞“迈向价值法治的法治评估进路转型研究”、王禄生“中国特色刑事法治发展指数研究”等；还可以在《中国社会科学》等权威性杂志近几年的发文中得以验证。更重要的是，研究逐渐地走出了价值判断型、思辨说理型的思路。

〔4〕 张建：《法治评估的地方实践：动因、问题及反思》，载《云南师范大学学报(哲学社会科学版)》2016 年第 1 期。

既有的成绩，笔者真正的意图在于指出，在已有研究的基础上还可以更进一步、更专业地对其内在逻辑予以解释和说明。

所以，有关法治评估运动的生成逻辑及实践表现就成为贯穿本部分内容的问题意识。要交代的是，为了能将该问题阐述清楚，笔者主要从知识社会学视角来把握作为学术运动的法治评估，即把法治评估运动视为一种知识生产及运用行为。对于知识社会学，曼海姆认为："作为一种理论，它试图分析知识与存在之间的关系，作为历史—社会学的研究，它试图追溯这种关系在人类思想发展中所具有的表现形式。"〔1〕舍勒也曾指出："知识社会学本身主要研究群体的'精神'。它追溯实施从社会最高层（精英所具有的知识）向下扩散所经历的各种法则和节律，以发现知识本身如何在各社会群体和社会层次之间及时分布以及社会如何调控这种知识分布过程。"〔2〕张善根在开展法律社会学的知识社会学研究时发现："把法律社会学放在知识生产的社会场域中，可以呈现研究者的问题意识和精神旅途。"〔3〕结合曼海姆、舍勒的理论陈述和张善根的研究，笔者认为，作为研究方法的知识社会学就是：将某种特定知识放置在知识生产的场域中，从知识生产者与社会的交互性视角出发，揭示并解释为什么要生产此类知识、为什么能生产此类知识以及此类知识的格局如何等问题。当然，由于问题意识所限，笔者更多的是在知识生产的视域中来研究法治评估运动的，而非研究法治评估所呈现的知识格局，这意味着有必要分析：第一，法治评估知识为什么具有市场？第二，法治评估知识生产者为什么能生产此类知识？第三，法治评估知识生产者为什么要生产这类知识？

具体而言，本部分主要讨论两个基本而紧要的问题：一是当前法治评估知识生产所体现出来的逻辑，即知识的市场是如何形成的？知识生产者为何具有生产能力？他们为什么要提升自身的知识生产能力？二是在将法治评估知识运用于法治评估实践时，知识的表达与知识的实践相互间有没有悖反？如有，则

---

〔1〕［德］卡尔·曼海姆：《意识形态与乌托邦》，黎鸣、李书崇译，商务印书馆 2007 年版，第 269 页。

〔2〕［德］马克斯·舍勒：《知识社会学问题》，艾彦译，北京联合出版公司 2014 年版，第 69 页。

〔3〕张善根：《当代中国法律社会学研究：知识与社会的视角》，法律出版社 2009 年版，第 5 页。

是何种原因造成的这种扭曲？

一、法治评估知识市场形成与法治逻辑转换

鸦片战争后的中国被迫进入世界结构之中，所面临的问题则是如何保持自身的自主性与独立性。从洋务运动到戊戌变法再到新文化运动，其内在假设都在于认为，通过技术、制度或文化的变革可以达到国家现代化、国家独立自主的目的。其中，法律制度的制定成为近百年来中国的主旋律之一，尤其是1978年改革开放及市场经济开启以来，立法工作成为最为核心的任务之一。加之，近现代中国的立法是在一个“时空挤压”的环境中完成的，以解决有没有法律为主要任务，以法律移植、法律模仿等为主要手段，以对法律进行原则立法为主要模式，这使得法律的实践效果如何的问题被普遍忽略，也可以说是不得已而忽略的。

针对法律制度不能满足、符合社会需求的问题，20世纪90年代以来学界就陆续开展了一些讨论，如苏力、强世功、赵晓力等对基层司法运作的分析，谢晖等发起的民间法研究，都可以被视为对宏大法制话语的“反动”。苏力通过对《秋菊打官司》《被告山杠爷》等电影分析后指出：“在中国的法治追求中，也许最重要的并不是复制西方法律制度，而是重视中国社会中那些起作用的，也许并不起眼的习惯、惯例。”〔1〕通过对耕牛案、婚外性关系案的剖析，苏力发现，在基层法院解决这些案件之时，正式制定法并没有发挥特别的作用，案件的处理都是依靠法官的经验及实践理性。这使其洞悉到，“真正要实行规则之治，一个非常重要的前提是规则之治的治理对象本身要具有一定程度的规则性”〔2〕。如果说，苏力对制度供给与需求不匹配、法律实践效果不佳的揭示，给当时学术界带来的启示更多的是学术进路与研究方法上的，那么谢晖所倡导的民间法、习惯法研究则使得学术界与实务界不得不直面制定法的不足。民间法研究主要是在三个维度上展开论述的〔3〕：第一，将国家法与民间

〔1〕苏力：《法治及其本土资源》（修订版），中国政法大学出版社2004年版，第37—38页。

〔2〕苏力：《送法下乡：中国基层司法制度研究》，中国政法大学出版社2000年版，第193页。

〔3〕有关三个研究维度的细致分析及反思，参见张建：《民间法研究的理论反思——从公共性重构过程中民间法可能贡献切入》，载《甘肃政法学院学报》2015年第1期。

法的关系研究放在"国家–社会"二分的理论框架中来为民间法存在的合理性进行论证。第二，以法律社会学、法律人类学为方法讲述民间法的故事，呈现民间法在地方秩序形成过程中具有的不可或缺的作用。第三，将民间法与国家法放置在司法实践的场域中，让两者发挥各自的作用，以体现出民间法在纠纷解决过程中，要么能作为国家法的有效补充，要么能填补法律的漏洞，要么比制定法的使用更加经济合理。

虽然苏力和谢晖等倡导的学术研究的面向呈现不一样，研究角度也有区别，但他们的问题意识是一致的，都是基于社会的立场和效果来看待、分析和反思中国的法治建设。讨论他们的研究和主张在于揭示：法律制定与法律实践效果之间的差距，客观上为法治评估知识的出场奠定了基础、为法治评估知识市场的形成埋下了伏笔。又由于近现代中国在现代化过程中，要共时性地完成西方国家历时性的任务，因此形成了"政府主导型"的发展和变革模式。这种模式不仅在推动社会发展中有所体现，在法制建设过程中也处处有体现，甚至还能从法学知识生产中发现线索。[1] 对于知识的生产，斯蒂格勒发现："知识仅仅是善的，或者是有用的还不够，这是显而易见的事实。知识还必须值得花费相应的代价去获取。"[2] 也就是说，某种知识必须具有市场且知识生产者能从中获益，此类知识才能被生产出来。无疑，国家对法治建设的重视，尤其是对法律实践效果的重视，直接为法治评估知识孕育了有利的市场，激励了法学研究者开展相关知识的生产活动。

1999 年，我国进行了第三次修宪，修改的重要内容就是在《宪法》第 5 条增加一款，作为第 1 款规定："中华人民共和国实行依法治国，建设社会主义法治国家。"2013 年，党的十八届三中全会通过的《中共中央关于全面深化

---

〔1〕 20 世纪末，苏力曾将中国法学分成"政法法学"、"诠释法学"及"社科学派"三种，并认为前两种都是围绕国家法制话语、国家法的制定而展开的，随着约束条件的变化，中国法学研究会从以前两种研究方法为主过渡到第三种方法，但时下法学研究格局并未能如其所言。所以，其反思道："我的话只对了一半，甚至只对了三分之一。"其实，研究方法的转向与时空结构是紧密关联在一起的，不可忽视这点。苏力：《也许正在发生：转型中国的法学》，法律出版社 2004 年版，第 3—38 页；苏力：《中国法学研究格局的流变》，载《法商研究》2014 年第 5 期；张建：《论社会变迁对法学研究方法的影响》，载《广西社会科学》2013 年第 4 期。

〔2〕［美］乔治·斯蒂格勒：《知识分子与市场》，何宝玉译，首都经济贸易大学出版社 2001 年版，第 114 页。

改革若干重大问题的决定》（以下简称《改革决定》）指出，要“建立科学的法治建设指标体系和考核标准”。2014 年，十八届四中全会通过的《法治决定》又提出：“把法治建设成效作为衡量各级领导班子和领导干部工作实绩重要内容，纳入政绩考核指标体系。”其实，在《改革决定》和《法治决定》出台之前，不同系统、不同层次的主体就陆续提出了不同形式的说法，并开展了不同方式的法治评估实践，如法院系统的案件质量评估指标体系、司法透明指数，政府部门的法制绩效评估，地方各级人大推进的立法后评估，等等。具体如，2004 年国务院在《全面推进依法行政实施纲要》中指出：“建立和完善行政机关工作人员依法行政情况考核制度。要把依法行政情况作为考核行政机关工作人员的重要内容，完善考核制度，制定具体的措施和办法。”又如，2008 年最高人民法院在推出人民法院案件质量评估体系时，就认为这是“利用司法统计资料，运用多指标综合评价理论，建立案件质量评估的量化模型，计算案件质量综合指数，对全国各级法院案件质量进行全方位、多角度的综合评判和分析”，目的在于“改进激励机制，规范司法管理，提高司法水平，增强审判的法律效果和社会效果，提升人民法院和法官判决的权威性”。[1] 再如，2006 年浙江省余杭区提出的“法治余杭”建设目标及法治指数评估体系的设计、昆明市委法治昆明建设领导小组办公室在 2010 年发布的《法治昆明综合评价指标体系》等。[2]

提及国务院、最高人民法院、昆明市委及浙江省余杭区的相关文件及实践，并非要否定《改革决定》《法治决定》的历史意义，而是想要指出，以往的一些文件、做法虽然对法治评估知识产生了需求，但都是零散的、碎片化的，故而从知识生产和评估实践双重角度看，钱弘道等人的观点就十分具有见地了，如其所言，《改革决定》《法治决定》两个文件的出台可视为法治评估转型的分界线，它们“对全国范围内的法治评估提出了总方向”[3]。这实际上为全国范围内法治评估知识市场的形成打下了基础。

从以立法为中心的法治建设模式到对法治实践效果、法治体系构造的重

〔1〕 张军主编：《人民法院案件质量评估体系理解与适用》，人民法院出版社 2011 年版，代序第 17 页。

〔2〕 周尚君：《地方法治试验的动力机制与制度前景》，载《中国法学》2014 年第 2 期。

〔3〕 钱弘道、王朝霞：《论中国法治评估的转型》，载《中国社会科学》2015 年第 5 期。

视，体现了法治建设的基本规律。在法治建设逻辑转换的过程中，不同阶段对法学知识提出了不同的要求。[1] 法治建设逻辑的转换及新逻辑的生成，也为新的法学知识的出场提供了需求市场和容纳空间。但反复揣摩会发现，仅有对知识市场形成逻辑的阐述是不够的，还需要进一步解释法治评估知识为何能够被生产出来。

二、法治评估知识生产与知识整合能力

面对国家对法治效果的重视及法治评估知识市场的需求，知识生产者们是如何满足知识市场需求和接受检验的呢？对于这点可以从两个维度予以解释：第一，在全球化进程中，对域外知识的不断吸纳；第二，随着中国法学的日趋成熟，学者们的知识整合能力不断提升。

现在被学者们广为研究和引用的是由世界银行提出的，主要用来衡量国家法治水平的全球治理指数。此外，由美国律师协会推进、由维拉司法研究所和阿尔斯特全球联盟主持的，主要用来衡量国家法治化程度的量化评估工具世界正义工程法治指数等知识也被不断地介绍进中国。[2] 其实，以美国为代表的西方国家，早在20世纪80年代就走上了政府绩效评估法治化轨道。[3] 而且，如果够细心的话会发现，早在1994年朱景文就介绍了美国学者伊万及梅里曼等人的法律评估思想。伊万早在1968年就构造了一个指标体系，包括7项法律指标在内的70项具体指标被涵括在该指标体系中；梅里曼也对法律及法律发展问题进行了研究，其将法律制度分为立法、行政、司法、司法行为、法律执行、法律教育和法律职业等环节，并从组织机构、人员、程序和消耗等方面

---

〔1〕 20世纪80年代政法法学的盛行及“权利本位”理论的提出，根本就在于当时需要解决法的本质、法治还是人治等价值判断问题，因为“阶级斗争范式在理论上留下了无数的盲点，对法律和法学中的许多重大问题视而不见或避而不谈；在实践上往往蜕化为阶级斗争学，以至于沦为侵犯人权的理论工具”。张文显：《法哲学范畴研究》（修订版），中国政法大学出版社2001年版，第378页。有关法的本质、法治与人治问题的讨论，还可进一步参见张恒山主编：《共和国六十年法学论争实录·法理学卷》，厦门大学出版社2009年版，第37—106页。

〔2〕 钱弘道、戈含峰、王朝霞等：《法治评估及其中国应用》，载《中国社会科学》2012年第4期。

〔3〕 黄良进、肖松：《美国政府绩效评估法治化：历程、特点与启示》，载《学术界》2009年第3期。

设计了具体法治指标体系。[1] 再有如，1994 年孙潮在讨论立法成本问题时，就介绍了美国一些州的评估做法和规定，“凡是所立之法的实施将直接导致州财政支出或者收入的，均应提交该法的立法成本分析报告”[2]。

显而易见，朱景文的介绍和孙潮对相关知识的引介并没有引起足够多的学者关注。直到 2006 年前后，中国才开始探索法治建设的指标体系（钱弘道语）。对此现象的解释有三：第一，当时并没有形成相关知识的需求市场，恰如斯蒂格勒所言，知识的获取也需要花费成本，仅有投入而没有需求、没有产出是吃力不讨好的事情，也极不可能发生。第二，当时的学者们所掌握的政法法学、诠释法学等理论范式还能够满足知识市场的需求，而只有当理论范式的解释力不够、不再被市场接受时他们才有可能考虑转向，一如有学者所言：“在知识社会学的理论中之所以会产生范式的转换……或由于新的经验事实或理论解释模式的出现，使原有理论的合理性遭到破坏，不再能够顺利地维持其原有的合法性宣称。”[3] 第三，更为紧要和关键的是，当时的学者们可能在知识结构、学术能力等方面还不具备吸纳、消化及整合相关知识的能力。直到有人重新介绍不同国家的法治指数、法治评估实践时——距朱景文、孙潮的研究已有 20 余年——学者们的知识整合能力与理论范式才开始发生变化和转换。

毋庸置疑，1978 年中国法学恢复重建以来经过几十年的发展，学者们的知识整合能力有了很大的提升。通过借助于施密特的思想及对“政法”概念的重新构造，政法法学又重新焕发生机，套用苏力的话就是：“他们重构了政法法学，并以智识和学术获得了相当数量的读者，引发至少一部分法律人对当代中国社会一系列法律问题的重新思考，从而大大拓展了法学学术背后的意识形态格局。”[4] 诠释法学也通过借助于法教义学、修辞学等转化为法律方法。[5] 当然，不仅政法法学及诠释法学等理论范式有所转变，其他法学学派也有了很大的变化。一些法学学者经由对管理学、统计学及社会学等知识的借

〔1〕 朱景文：《现代西方法社会学》，法律出版社 1994 年版，第 43—45 页。

〔2〕 孙潮：《立法成本分析》，载《法学》1994 年第 10 期。

〔3〕 赵超、赵万里：《知识社会学中的范式转换及其动力机制研究》，载《人文杂志》2015 年第 6 期。

〔4〕 苏力：《中国法学研究格局的流变》，载《法商研究》2014 年第 5 期。

〔5〕 陈金钊主编：《法律方法教程》，华中科技大学出版社 2014 年版。

鉴，并将这些知识与法学理论结合起来，从而能够源源不断地生产出满足法治评估知识市场需求的知识。

法治评估不能仅仅是定性的评估，更需要进行社会调查和量化表达，如张德淼、康兰平所言："法治评估的生成以及运作需要形成一套成熟、完善的方法论体系用以指导评估的概念化和操作化。"[1] 这些要求恰恰不是传统法学（哲理法学、分析法学）的强项。为了解决上述问题，跨界的知识融合、社会调查方式等就被广泛地引介了。周尚君和彭浩在对香港、浙江余杭等地方的法治评估实践模式进行研究时就发现，它们普遍地引入了"德尔菲法"。这种方法需要将各种评估意见用打分法转化为分值，然后再求出各种评估意见的概论分布。依周尚君和彭浩所言，这种方法"既能够集思广益、取众家之长，又能将权威意见、专家相互间的影响降到合理程度，保证评估定量化的合理性"[2]。"德尔菲法"的使用有效地突破了以往法学研究定性评判方法、价值评价方法的局限。缪奕则认为，法治评估可以借助于 GPP（a general population poll）和 QRQ（a qualified respondents questionnaire）等方法，以提高边缘群体的参与度，通过随机抽样能具有更好的代表性等。[3] 往复于法治评估知识的生产和实践之间会发现，当前的法治评估格局是实践快步于理论的，理论有时无法通盘地解释实践。通过借助于管理学的相关理论，钱弘道等则认为法治评估可以区分为"以治理功能为核心的实验主义治理理论和以管理功能为核心的公共行政管理理论。两种评估模式在方法、目标、主体和后果上均存在着结构性的差异"[4]。这一借鉴和创造性转换，有力地解决了法治评估中自上而下还是自下而上、科层制式评估还是价值式评价等争论已久的问题。

当前法治评估理论及研究方法知识现状（当然仅仅是挂一漏万的介绍）说明，学者们已有了将域外理论与中国实际、将不同学科间知识整合起来的能力。无疑，这些都有力地促进了法治评估实践。比如，2014 年，对某城区依

---

〔1〕 张德淼、康兰平：《迈向实证主义的中国法治评估方法论——以世界正义工程法治指数建构方法为镜鉴》，载《理论与改革》2015 年第 6 期。

〔2〕 周尚君、彭浩：《可量化的正义：地方法治指数评估体系研究报告》，载《法学评论》2014 年第 2 期。

〔3〕 缪奕：《法治如何评估？——以中国地方法治指数为例》，载《兰州学刊》2012 年第 12 期。

〔4〕 钱弘道、杜维超：《法治评估模式辨异》，载《法学研究》2015 年第 6 期。

法治区情况进行评估的报告在介绍评估概况时就指出：评估指标以党的十八届四中全会精神为基本依据；评估依据为问卷调查、座谈访谈、媒体报道与部门自评；评估方法为主客观评估相结合，以客观评价为主。当然，实务部门及学术界对各种类型的法治评估实践、报告表现出来的认可和评价，从结果的角度肯定了法治评估知识具有的有效性。

总体而言，学者们知识整合能力的提升及作为整合结果的法治评估知识，基本上满足了法治评估实践和理论研究的需要。紧接着而来的问题是：改进甚至推翻既有的法学知识结构、提升自身的知识整合能力以及将不同知识整合起来，显然需要花费相当的时间、精力和成本，他们为什么要如此行动呢？诺斯（也有译为“诺思”）和托马斯在对“制造工艺能否得到改进”问题加以分析时就发现：“制造工艺的改进可能是在意外情况下也可能是经过反复试验后进行的，但只要这种改进的收益即为其他所有制造者得到而研究成本又高于制造者从中所得到的个人增益，那么‘研究’便不会进行。”〔1〕贝克尔也认为：“所有人类行为均可以视为某种关系错综复杂的参与者的行为，通过积累适量信息和其他市场投入要素，他们使其源于一组稳定偏好的效用达至最大。”〔2〕为了回答上述问题，可以沿着诺斯和托马斯及贝克尔的洞见带来的启示，去探析学者们的行动动力。

三、法治评估知识生产者及行动动力

虽然法治评估知识地方市场早已存在并逐渐形成全国性的市场，但它们对知识的质量并非没有要求，如哲理学派仅进行价值评判的方法就无法满足知识市场的需求，故而在不同层次、不同类型的法治评估实践中也就慢慢地被淡化了。也就是说，为了满足知识市场的需求，知识生产者们必须花费相当的时间、精力及成本不断地提升知识整合能力。他们为何会有如此强的行动动力呢？对此，可以从两个角度理解：一是客观上不断增强的竞争压力；二是主观上对某种价值偏好的追求。

---

〔1〕［美］道格拉斯·诺斯、罗伯斯·托马斯：《西方世界的兴起》，厉以平、蔡磊译，华夏出版社2009年版，第220页。

〔2〕［美］加里·S. 贝克尔：《人类行为的经济分析》，王业宇、陈琪译，上海三联书店、上海人民出版社1995年版，第19页。

“社会对知识需求的加大和对知识投资的增加（包括个体自身的投入）都会促使更多的人接受，或接受更多量的教育、学习和训练。”[1] 这一判断投射到法学教育问题上就是，随着法治中国建设在政策和实践上的不断推进，越来越多的人预见到法律知识在未来具有的重要性，这使得法学知识需求的市场不断扩大。随之而来的是，法学教育规模不断扩大，无论是本科层次还是研究生层次的法学教育，在数量上都有了快速的提升。不断扩张的法学教育与越来越多的法律人才，给法学教育从业者带来了两个方面的压力：一是，每年都有大量的博士研究生涌向教育岗位，这使得法学研究者们的竞争压力不断加大。又由于当前侧重于论文、课题的评价指标体系的存在，每年需要毕业的博士研究生们、需要评职称的讲师及副教授们，更加需要通过科研来证明和增强自身的学术能力。二是，学校能否招到优秀的学生是人才培养能否成功的一个重要因素，也是学校能否可持续发展的关键。随着越来越多的院校开设不同层次的法学专业，招生市场的竞争也日益激烈，要招收到好的学生，就必须具备相当的竞争力。学校能否具有相当的学术能力，也是其能否获得各类资源的重要参考因素。这些都使得各个高校异常地重视学术科研，更不用说，还有一些评价机构在不断地推波助澜。学校作为一个社会组织本身是无法进行学术科研的，压力最终都会传递给法学教育从业者。

面对不断增大的学术竞争压力，在既定的约束性条件下，如核心学术期刊、课题数量有限等，法学教育从业者既可以选择同质化的竞争方式，也可以选择差异化的竞争方式。同质化的竞争方式作为竞争策略，意味着新进人员需要不断地与既有地位的占有者竞争，导致的结果则是学术研究不能有效地得以推进、自身也无法得到快速凸显。差异化的竞争方式作为竞争策略，意味着研究人员可以一种与众不同的方式予以自我体现，但这需要其不断地提升自身的学术能力、整合能力和表达能力。以法学理论研究为例，后进人员如果在法理学、法哲学研究上与老牌教授竞争，那么无论是在资历、威望，还是在知识结构等方面都是无法与他们抗衡的。而选择差异化的竞争，年轻人则可以发挥新知识吸纳能力强等优势，使自己走出一条与前人有所区别的路子。对于这点，也可以从当前法治评估知识生产的格局（如研究队伍）中有所洞悉。涂尔干

[1] 苏力：《也许正在发生：转型中国的法学》，法律出版社2004年版，第220页。

在对社会分工如何可能的问题进行研究时也发现："社会容量和社会密度是分工变化的直接原因，在社会发展的过程中，分工之所以能够不断进步，是因为社会密度的恒定增加和社会容量的普遍扩大。""随着社会容量和社会密度的增加，劳动逐渐产生了分化，这并不是因为外界环境发生了更多的变化，而是因为人类的生存竞争变得更加残酷了。"〔1〕法治评估研究作为一种学术运动，其实也是法学理论研究不断细化的表现，是法学知识生产分工不断细化的表现，这从某种程度上可被视为不断增加的法学教育密度和不断扩大的法学教育容量的产物，是一种对不断加剧的竞争的回应。

借助于涂尔干的研究可发现，法治评估研究的兴起与客观上竞争不断增强的法学教育有关。但涂尔干秉持的是结构主义观，他仅仅将行动者的行动视为结构下的产物，而忽略了行动者的能动性。其实，社会结构的再生产更多的是在结构规制与主体能动的互动中进行的，因此有必要重视行动者的能动性。布迪厄就认为，现代社会中的社会世界是由大量具有相对自主性的社会小世界构成的，这些社会小世界事实上就是一个个的场域，如学术场域、政治场域等，而"场域就是一种冲突的社会空间，场域中各种行动者都在利用自身的资源来取得各自的利益"〔2〕。也就是说，场域之间、场域内部并不是毫无关联、静止的，恰恰相反，社会空间、场域就如同市场系统一样，人们会根据不同的特殊利益，进行特殊的交换活动。而实践本身又是一件紧迫的事情，这使得主体在实践时总是会遵循经济的法则，经济资本、社会资本、符号资本和文化资本都是行动者行动时可能的利益偏好。

依照布迪厄的看法会发现，当法治评估知识生产者在法学知识生产场域展开竞争时，其既可能指向文化资本的获得，也可能指向社会资本的获得，抑或符号资本、经济资本等。文化资本可以采用身体化、客观化及制度化的形式加以获得。当他们是为了获得文化资本时，则可以采用增强和扩展自身的知识结构的形式，也可以采用获得课题、在权威期刊上发表论文、出版著作等形式，以此展现自身的学术思想和学术能力。文化资本的偏好及获得，可以解释为何

〔1〕［法］埃米尔·涂尔干：《社会分工论》，渠东译，生活·读书·新知三联书店2000年版，第219、第223页。

〔2〕侯钧生主编：《西方社会学理论教程》（第3版），南开大学出版社2010年版，第414页。

近几年产生越来越多、越来越重要的有影响的以法治评估为关键词的课题、论文及著作等。当他们追求社会资本[1]时，则需要不断地将法治评估知识引向关系网的缔结和再生产，那么通过法治评估知识介入实践就成为最优的策略选择。对于这点，可以从近些年越来越多的学者并非仅从事理论的研究，而是开始不断介入具体的法治评估实践活动中发现端倪，既有与某个机构合作而开展有针对性的评估，也有基于某类机构资助而开展的评估。

法治评估知识生产者们的行动动力来源是多样的，既有客观的结构性的竞争压力，也有主观的对文化资本等的需求，既有理论性要求，也有实用的需求。在客观的推力和主观的拉力下，研究者们将目光快速地转移至法治评估知识的生产上来，将更多的精力用来推动法治评估知识的实践转化。（这点可以从前面列举的课题和法治评估代表人物等数据中予以验证）法学作为一种实践理性，意味着法学研究不能仅开展纯逻辑的研究，而是需要在知识与实践之间来回穿梭，法治评估知识作为法学知识的一种类型也不例外。但当法治评估知识从纯理论的状态转化为实践时，能否如法治评估知识本身所承诺的那样客观、中立地将法治状态予以呈现呢？要回答这一问题，必然要对法治评估知识的实践转化情况予以描述、分析及评价。

四、法治评估知识应用价值及实践异化分析

以法治评估知识为轴心进行法治评估活动，有两个基本目的：一是，以法治评估知识中作为假设的某种价值为逻辑前提，逐渐构造相关的评价指标体系，作为测量和评价法治建设水平的基准，发现法治建设中的不足，促进法治建设水准的不断提升。二是，以法治实践中的有效经验为假设，以法治评估为抓手，通过法治评估活动来揭示和总结法治建设中的有效经验，以期形成具有普遍意义的做法，自下而上地促进法治建设的不断推进。总之，两个目的都在于推进法治建设和法治理论的持续进步。

假设与实践之间有时会发生背离甚至冲突，张德淼在对地方法治评估实践

---

〔1〕 所谓社会资本，就是“某个个人或群体，凭借拥有一个比较稳定、又在一定程度上制度化的相互交往、彼此熟悉的关系网，从而累计起来的资源的总和”。［法］皮埃尔·布迪厄、［美］华康德：《实践与反思：反思社会学导引》，李猛、李康译，中央编译出版社2004年版，第162页。

的运作情况进行考察时发现，当前法治评估存在诸多问题，如“制度指向混乱、量化研究方法功能局限、数据样本独立性和有效监控缺失、区域化法治评估的正当性质疑等”〔1〕。还有学者对法治评估的存在价值提出了疑问，认为“事实上，对于身边‘非法治事件’泛滥的我们来说，太过奢侈的‘法治指数’更像一件华而不实的盛装。毕竟，我们需要的不是一个有公信力的‘法治指数’告诉我们现状后再行动，而是仅凭我们对现状的感知即可知道努力的方向”〔2〕。陈林林在对法治评估兴起的社会根据进行探讨时，尖锐地指出：“在现阶段地方政府的规划中，法治指数的价值首先是工具性的，最终目的是彰显或论证地区的经济发展水平和综合竞争力。一旦更有效率的工具手段出现了——假设‘幸福指数’、‘平安指数’或‘和谐指数’成为了地区竞争或业绩考核的标杆，那么法治评估工程就可能成为昙花一现的烂尾工程。”〔3〕不仅仅学者对法治评估实践提出了疑问，一些实务部门的领导干部也认为，当前的个别法治评估存在花钱买数据的问题。〔4〕

上述的发现都具有相当的价值，仔细地对当前质疑法治评估实践的观点和言辞进行归类整理，会发现主要包括两类：一是，法治评估作为一种对法治实践进行评价的工具，本身的合理性存在疑问。二是，对法治评估在实践运作过程中出现的异化予以敏锐地揭示。这两类问题应属于不同层次的命题，就第一个问题而言，有必要将其置于理论与实践的关系视角中加以考虑；就第二个问题而言，有必要对法治评估实践中各类主体的行动逻辑加以分析。

法治评估作为一种对法治实践进行评价的工具，既具有进步性，又具有相当的局限性。既往，评价一个国家或地区法治的先进程度，主要采用定性的方法，以制定法及法治组织的构造情况作为评价的依据，这往往容易忽略法律的实际效果、忽略作为法律对象的人的真实感受。邓正来在对中国消费者权益问题进行研究时就发现，虽然有关消费者权益的立法及研究规模已相当庞大，从

〔1〕张德淼：《法治评估的实践反思与理论建构——以中国法治评估指标体系的本土化建设为进路》，载《法学评论》2016年第1期。

〔2〕志灵：《“法治指数”无法衡量所有法治现状》，载《法制日报》2008年4月8日，第7版。

〔3〕陈林林：《法治指数中的认真与戏谑》，载《浙江社会科学》2013年第6期。

〔4〕笔者于2015年9月参加东南大学法学院主办的“法治发展量化评估”国际学术研讨会时，时任江苏省高级人民法院副院长周继业十分尖锐地提出了这个观点。

制度与组织设置角度看，中国的消费者权益保护问题已得到了相当程度的重视，但掩盖不住的现实是，中国农村的假冒伪劣产品依然泛滥成灾。邓正来认为，原因在于研究者将中国进行同质化处理了，套用其所言就是："在'现代化范式'的支配下，中国法学者所关注的更可能是宏大的宪政、民主和法治，而不太可能是与中国农民乃至中国人的生活紧密相关的地方政府的品格和司法的品格。"〔1〕从这个意义上看，无论是哪种意义上的法治评估，它们不仅应重视正式法律制度和组织机制的设计，更应重视这些制度、机制运行的效果，尤其是作为法律运作对象的主体的人对法治的真实感受。通过法治评估的形式，能够源源不断地将作为主体的人的感受、见解和意见等，合法、合理、合适地结构到法治的构造中来。从这个角度看，法治评估在当下中国具有相当的存在价值和意义。

不可否认，法治评估知识作为知识的一种类型也有其自身的局限性，主要体现在两个方面：一是理论/知识本身的局限性；二是客观指标能否反映主观意识。其实，任何一种理论/知识都是有自身的限度的，这往往表现为理性的不及，各种指标体系能否真实地反映法治建设的水准、是否存在世界范围内能普遍适用的法治评估标准等，这些都是法治评估实践无法逃避的问题。同时，法治建设水准高低某些时候也可视为社会民众对法治建设的满意程度，而满意程度本身是主观的、地方的，能否用客观指标将主观感受揭示出来、法治能否量化，这本身就存在疑问。对此，恰如尹奎杰所言，"法治指标追求的指数的统一性，容易忽略地方差异性与多样性的问题"，"法治指标追求法治目标的单一性，容易造成所谓'指标体系'掩盖下的非法治的意图或者结果"。〔2〕所以，在开展法治评估实践时，有必要谨慎地看待法治评估的结论，警惕用理论的逻辑替代实践的逻辑，一如布迪厄所言："理论谬误在于把对实践的理论的看法当作与实践的实践关系，更确切地说，是把人们为解释实践而建构的模型当作实践的根由。"〔3〕

---

〔1〕邓正来：《中国法学向何处去——建构"中国法律理想图景"时代的论纲》，商务印书馆2006年版，第129页。

〔2〕尹奎杰：《法治评估指标体系的"能"与"不能"——对法治概念和地方法治评估体系的理论反思》，载《长白学刊》2014年第2期。

〔3〕［法］皮埃尔·布迪厄：《实践感》，蒋梓骅译，译林出版社2012年版，第115页。

法治评估知识本身所具有的局限性并不是最受学术界和实务界所诟病的，令陈林林、周继业等反感的是，法治评估实践不能坚持价值标准和理论要求，有时过分地迁就于现实，导致个别地区花钱买指标、修改美化调查数据等问题，使得法治评估实践被异化。[1] 对此，解释理由有：第一，由于当前高校科研院所对课题及课题经费等客观数据的重视，研究者们迫切地需要地方政府等机构的支持；第二，法治中国建设过程中允许一定程度的地方法治实验，这加剧了地方政府等机构对法治评估尤其是结果较好的法治评估数据的需求，因为知识不仅具有描述功能，还具有正当性赋予功能。周尚君认为，在当前全面深化改革背景下，作为法治国家建设重要“试验田”的地方法治实验，完全有可能成为最大限度激活制度活力和社会活力、大力推进“法治中国”建设的一股新的重要力量。[2] 法治评估实践作为一种知识再生产方式，能够证明地方法治实验的成功和意义。在双重需求的推动下，研究者们与地方政府在某种程度上就可能达成“共谋”，“共谋”的结果就表现为各种美化后的法治数据等。

对这种“共谋”及种种异化，既有必要加以反思，也有必要予以同情和理解。对包括“世界正义工程”、我国香港地区法治评估等在内的项目予以观察后会发现，这些项目都是由独立的社会组织承担和完成的，而这些社会组织以比较成熟的市民社会作为基础，它们是基于社会立场、体现社会需求的法治评估，这为法治评估的独立性提供了保障。而中国内地基本是在以政府推进发展为主导、市民社会相对不成熟的现代化进程中开展法治评估的——“真正的法制不是靠引导建立得起来的，它归根到底是社会的需要。不成熟的社会，

---

〔1〕 具有代表性的一些实例，如：2014 年湖南省刚公布“法治湖南”建设获得较高分数，衡阳市人大选举集体舞弊案就随之发生；作为中国法治评估实验区和领先者的浙江省余杭区，在同年也出现了由司法局、公安局、检察院和法院联合发布敦促犯罪嫌疑人投案自首的公告的情况。当然，这里并非说湖南、余杭地区的法治评估一定存在正文所说的问题，仅在于指出，如此违背法治常识事件的出现与法治评估结果之间的巨大落差。邬焕庆、丁文杰、陈文广：《衡阳破坏选举案：一届市人大代表几乎全军覆没》，载《中国青年报》2014 年 8 月 19 日，第 1 版；《关于敦促违法犯罪人员投案自首的通告》，载搜狐网 2016 年 4 月 23 日，https：//www. sohu. com/a/409029530_ 693064。

〔2〕 周尚君：《地方法治试验的动力机制与制度前景》，载《中国法学》2014 年第 2 期；周尚君：《国家建设视角下的地方法治试验》，载《法商研究》2013 年第 1 期。

它的法制也不可能是成熟的"[1] ——这使得当下的法治评估自"出生"之日起就不成熟，存在着可能被腐蚀的风险。[2] 当前的法治评估更多的是一种从纯理论状态走向实践的过程，从理论走向实践本应是理论再次升华的一个环节，但要紧之处在于，走向实践的理论本身并非来源于实践。"真理的标准只能是社会的实践"[3]，作为指导法治评估实践的理论本身也应从社会实践中而来。

五、代结语：法治评估研究－实践的优化

经由前述，我们洞见了法治评估知识生产的基本逻辑及法治评估知识在实践中转化时为何会出现异化。当然，由于何种法治评估理论更切合中国等宏观问题兹事体大，笔者在此既无意也无力回答，而更愿意在当前的法治研究及法治实践格局中，对克服法治评估中出现的异化问题提出具体而有针对性的建议。基于知识需求—知识供给的关系视角，可以经由一定机制的设置来弱化甚或避免法治评估在实践中的异化，有必要从以下三个方面着手：

第一，全面而审慎地看待"法治 GDP"，以弱化法治评估知识市场的需求。建设有中国特色的社会主义法治国家是重要而紧迫的历史使命，从"经济 GDP"过渡到"法治 GDP"，"可以促进政府加快建设法治的责任感"，"可以使法治建设任务更加具体化，避免口号式建设"。以法治评估作为一种强化机制，"将法治纳入考核体系，法治建设的优良与否，将直接决定政府的建设水平之优良，官员的升迁等等"[4]。这定然有助于法治中国建设的推进，但在央地关系没有改变、锦标赛式的竞争逻辑依然存在的情况下，过多地强调法治绩效、过分地重视法治评估得分，就会导致地方各级主体对法治评估知识需求、对法治评估高分需求的后果。

从这个角度看，对于一些学者所看好的地方法治实验及其前景，则需要给

---

〔1〕 李瑜青等：《法治社会理论与实践探索》，上海人民出版社 2016 年版，第 24 页。

〔2〕 对于腐蚀，桑德尔认为："腐蚀一件物品或者一种社会惯例也是在贬低它，也就是以一种较低的评价方式而不是适合它的方式来对待它。"将法治评估视为达至政绩等目的的工具，而非重视其对法治建设的价值，就是在腐蚀法治评估、腐蚀法治建设。［美］迈克尔·桑德尔：《金钱不能买什么：金钱与公正的正面交锋》，邓正来译，中信出版社 2012 年版，第 23 页。

〔3〕《毛泽东选集》（第一卷），人民出版社 1991 年版，第 284 页。

〔4〕 何东、沈费伟：《"法治 GDP"变革政绩观》，载《浙江人大》2014 年第 5 期。

予一定程度的警醒。全面地、审慎地看待“法治 GDP”，并结合其他方面的评价，有助于弱化法治评估市场的知识需求，有利于法治评估知识生产及实践逐步回归至正常的逻辑中。

第二，反思性地看待当前各项客观学术评价指标，引导法治评估知识生产遵循学术场域的逻辑。当前对学术进行评价的各项客观指标，如核心期刊论文发表、课题级别及经费等，使得知识生产者更加关注论文能否发表、课题能否立项及课题经费多少的问题，而忽略了对知识质量的评价。与各级地方主体合作，开展法治评估课题，无疑是有助于客观评价（如课题数量、课题经费）的快速上升的。但在此过程中，知识生产的逻辑被扭曲了，知识生产不再遵循文化的、理论的逻辑，而是被其他逻辑替代了。“对于学界来说，学术研究需要的不仅是评价的结果（结论），而且更看重评价的过程，而对学术研究内容层面的具体评价（评论）才是最重要的，这样的评价只有学术共同体的成员才可能完成。”〔1〕

从这个维度看，减少各种不合适的客观学术评价指标，加强学术共同体对学术质量、学术过程的评价，有助于引导学者们在法治评估知识生产过程中尽可能地遵循文化的、理论的逻辑。

第三，设定机制有效推进地方各级主体的信息公开，为法治评估的正常开展搭建信息通道。法治评估以一定的信息作为前提条件，但由于“地方政府及司法机关等对法治评估的自我封闭，对法治评估还持有一种较为戒备的态度”〔2〕，使得“政府及其各部门、司法机关内部的组织构架、决策流程及行为机制等是否符合法治要求”这些评价地方法治建设水平的数据匮乏。当信息渠道不通畅，法治评估无法获得足够的有效信息时，法治评估实践必须采用嵌入、合作的方式来获取足够的信息，那么在此过程中，法治评估实践本应具有的独立性往往就被腐蚀了。

进一步地设置相关机制，以推进各类信息尤其是与法治评估相关信息（如各级法院、检察院及公安局的统计数据）的公开透明，如可建立统一门户

〔1〕 朱剑：《科研体制与学术评价之关系——从“学术乱象”根源问题说起》，载《清华大学学报（哲学社会科学版）》2015 年第 1 期。

〔2〕 张建：《法治评估的地方实践：动因、问题及反思》，载《云南师范大学学报（哲学社会科学版）》2016 年第 1 期。

网站用以发布相关数据，这样有助于获得法治评估实践所需的信息，有助于法治评估实践能够真正地基于第三方立场开展评估活动。

当前，在国家大力推进治理体系现代化和法治中国建设的背景下，法治评估对法治建设具有推动力是毋庸置疑的，但在推进法治评估知识生产和实践时，有必要保持知识生产的独立性和知识生产者的主体性，坚持独立观察和认真思考。只有这样，才能真正地构造出符合中国实际、有中国特色的社会主义法治（理论）体系。不注重系统设计和考虑，过分地让知识生产迁就知识市场，则会导致知识生产无法超然而独立，也无法承担知识对法治中国建设和社会转型本应具有的引导和评判功能等。

地方法治评估实践的问题及反思

一、问题的源起

有中国特色的社会主义法治国家的构造，不仅要求具有完备的法律体系，更重要的是法律在运作之时所产生的实际效果应符合法治要求。众所周知，中国的现代化进程是在一个较为紧迫的时空环境中加以推进的，作为后发型国家，中国采取了“政府推进型”的社会变迁模式。法律制度具有范导社会行为和引导社会变革的功能，这使得立法在近现代中国的法制变革与实践中具有了格外重要的意义，可以说，从戊戌变法至2011年有中国特色的社会主义法律体系建成的时段内，立法始终都是法制建设的主旋律。但在搭建法律体系的过程中，由于法律本身存在的如语言模糊、滞后性等问题，更由于中国立法过程中的移植、模仿等问题，法律的目的并没有在实践中完全得以实现。

对法律效果的重视，是中国法治建设过程中的一个重大转折，但仅有观念上的重视是不够的，还需要通过特定的方法将法治建设的实际状况加以测量和呈现出来，从这个角度看，法治评估对法治中国的建设所具有的意义是毋庸置疑的。对于这点，从近几年日益蓬勃的关于法治评估的研究中可以得到印

本文发表于《云南师范大学学报（哲学社会科学版）》2016年第1期，收入本书时有所修改；获2015年中国法学会青年法学论坛三等奖。

证。[1] 但是，若对既有的法治评估的文献进行仔细阅读，则会发现它们根本无法满足法治评估的内在要求。之所以这样讲，原因在于：既有的研究绝大多数都是应用-策略型研究，如有的学者仅限于对法治评估利弊进行简单的思辨分析[2]，有的学者仅是对既有的法治评估实践反复进行类型化比较，还有的学者是对指标设计的优势与局限性进行分析[3]，此外还有的则是仅限于对国外相关知识的引介[4]。需要明确的是，指出既有研究的不足目的并非在于抹去既有研究所作的学术贡献，毋宁是说，在关于法治评估的研究中还有很大的学术空间。不同区域、不同层次的地方所开展的法治评估是中国法治评估实践的重要组成部分，对其进行研究，更能在科研中彰显出以小见大的效果，具有重要的实践价值和学术意义。

立基于此，不同于既有的研究对（地方）法治评估所进行的应用-策略型的分析与讨论，笔者主要将地方法治评估及其与地方间的互动作为研究的对象，来分析与反思地方法治评估兴起的动力及存在的问题等。故而，希冀通过对以下三个议题的讨论来把握和诊断地方法治评估：第一，地方法治评估实践的动力为何？第二，地方法治评估在运行中存在哪些问题，又是何种原因导致的呢？第三，面对（地方）法治评估实践中存在的问题，应建立何种保障机制加以解决呢？

二、地方法治评估的动力机制分析

所谓地方法治，“是指国家主权范围内的各个地方（包括以行政区划为特

---

〔1〕 在中国知网上搜索以“法治评估”为主题的文章会发现，近几年（指文章撰写时）的研究无论是数量还是层次都在快速发展，数量方面如 2011 年 13 篇、2012 年 14 篇、2013 年 28 篇、2014 年 44 篇；层次方面如在中国具有影响力的学术期刊《中国社会科学》，在 2013 年、2014 年和 2015 年都刊发了相关的文章。

〔2〕 汪全胜：《法治评估主体的模式探析》，载《法治研究》2015 年第 2 期；张德淼、李朝：《中国法治评估进路之选择》，载《法商研究》2014 年第 4 期。

〔3〕 尹奎杰：《法治评估指标体系的“能”与“不能”——对法治概念和地方法治评估体系的理论反思》，载《长白学刊》2014 年第 2 期；李锦：《中国式法治指数若干问题的思考》，载《湘潭大学学报（哲学社会科学版）》2014 年第 3 期。

〔4〕 张保生、郑飞：《世界法治指数对中国法治评估的借鉴意义》，载《法制与社会发展》2013 年第 6 期；孟涛：《法治指数的建构逻辑：世界法治指数分析及其借鉴》，载《江苏行政学院学报》2015 年第 1 期。

征的地方省市、区县，也包括跨越行政区域的地方联合），在法治中国的推进过程中，践行法治精神，落实法治理念，以实现国家法治为目标，基于法治型社会治理的需求，逐渐形成并日益勃兴的一种法治发展现象，是建设社会主义法治国家在地方的具体实践”〔1〕。地方法治评估以法治国家在地方的具体实践作为评价和分析对象，令人扼腕叹息的是，既有的研究都假设性地将地方法治评估实践作为当然的前提，使得研究仅停留在对评价路径、指标设计等问题的辨析上，忽略甚或根本没有意识到研究地方法治评估兴起的内在动因所具有的重要性。兴起动因之所以重要，原因就在于其与地方法治评估运作过程中产生的问题内在地关联在一起。

任何行动都是在一定的结构中存在和展开的，地方法治评估也不例外，有必要对支配其的结构进行分析。法治中国的构建是地方法治评估得以展开的前提结构。法治中国的构造对中国未来走向提出了一个规范性要求，或如姚建宗所言：“法治中国建设的意义不仅特别重大，而且法治中国建设直接就是当代中国的建设与未来中国的建设，就是当代中国的全面建设与未来中国的全面建设。”〔2〕但法治中国本身又是一个极为抽象的要求，必须通过特定的渠道和机制来加以实现和体现。

在传统中国，主要是通过对地方官员的任命和科举考试将中央与地方连接起来的，对地方官员的任命是中央权力下行的重要标志，科举考试则表示了地方对中央权力的认同，是权力上行的表现。新中国成立后，党中央通过党组织、政府组织的不断下沉来实现中央对地方的直接控制；改革开放之后，中央与地方则逐渐演化成“行为联邦制”的关系。〔3〕但无论是哪种模式，既往在处理中央与地方关系时都是通过权力一元化的方式来加以实现的，而在法治中国的逻辑下，中央与地方关系则需要通过法律制度来加以规范与保障。地方法治实践作为将法治中国建设要求具体化的过程，既以法治中国为结构前提，又

---

〔1〕付子堂、张善根：《地方法治建设及其评估机制探析》，载《中国社会科学》2014年第11期。

〔2〕姚建宗：《法治中国建设的一种实践思路阐释》，载《当代世界与社会主义》2014年第5期。

〔3〕郑永年：《中国的“行为联邦制”：中央—地方关系的变革与动力》，邱道隆译，东方出版社2013年版，第234页。

会对法治中国建设的走向产生重要影响。可以这样说，地方法治水平高，那么法治中国建设水平可能会高；但要是地方法治水平低，那么法治中国建设水平一定不会高。从这个视角看，地方法治建设水平究竟达至何种程度，不仅关涉地方更关涉整个中国，故而对地方法治建设实际状况进行评估应是法治中国构造过程中的必然逻辑结果。

地方法治评估还是地方在发展过程中产生的内在要求。国家与社会相互间的关系是一个重要而恒久的议题，其隐含着的问题是：政府应该如何处理国家与社会之间的关系以及应在何种程度上介入社会的运作之中。“守夜人”、积极的干预者都是我们对政府应扮演的角色的设想，但无论是古今还是中西，政府角色的扮演都受制于特定的时空结构。由于国情及社会主义特色的因素，中国地方各级政府都承担了推动经济社会不断发展的职责，地方政府各部门的招商引资任务等就极为鲜明地体现了这点。20 世纪 70 年代末至 21 世纪初，地方各级政府在推动经济社会发展之时，以制定优惠政策、给予税收减免及提供财政补贴等方式作为吸引投资的主要着力点，但随着市场经济的逐渐完善及政策、土地等空间的日益逼仄，上述各种举措所具有的功能就开始失效。经济社会的发展对政府提出了更高的要求，如能否为市场经济运行提供足够好的法治保障、权利是否能得到充分有效的保护、法律制度及其运转是否具有可预期性等，“法治主义的制度安排，尤其是具有形式理性的规范体系和客观公正的审判制度为市场经济提供了可以计算和可预测的条件”[1]。此时，地方法治建设水平就成为吸引投资的重要表征，而地方法治评估作为一种揭示和表现地方法治建设水平的基本方式则成为当然的选择。

当然，既有的政府考评机制及政府间的示范作用也是地方法治评估得以兴起的动因之一。周黎安在对地方政府间关系进行研究时发现，它们相互间普遍存在竞争关系，这种竞争模式被称为“锦标赛竞争”。“锦标赛竞争”模式的产生与中央对地方的评价模式有关，在强调 GDP 的时代，一个地区 GDP 的总量及增长速度是评价地方党委和政府工作有无成效、成效如何的核心指标，一如其所言：“地方政府非常热衷于 GDP 和相关经济指标的排名，在他们介绍辖

---

〔1〕 季卫东：《通往法治的道路：社会的多元化与权威体系》，法律出版社 2014 年版，第 184 页。

区经济发展情况时最爱援引的数据之一就是在省内或县内的GDP、财政收入等指标的相对排名。"[1] 在一个"法治××"盛行的时段，是否重视法治建设、是否重视法治建设效果则成为地方工作是否得力、是否有效的重要评价标准，在地方层面开展法治评估尤其是取得较好的成绩就成为地方自我表现的一种重要手法。迪玛奇奥（DiMaggio）和鲍威尔（Powell）在对组织趋同现象进行研究时发现："社会上存在着一些强制性的规范，无论组织愿意与否，都必须就范，如法律制度、行业标准等。"[2] 具体到地方法治评估来说则是，一些地区现行开展的法治评估对周围同层次的政府产生了隐蔽的示范性强制力，亦即其他政府要是不选择法治评估，则会从反面印证其对法治建设的不重视，这也恰好说明了为什么各个地方政府都热衷于宣称自身开展了法治评估实践。

相关知识的引进也是地方法治评估得以展开不可忽略的重要动因。恰如中国的法制现代化运动并非肇始于经济社会发展的内在需求，而是在外部压力下所形成的人为构造之物一样，（地方）法治评估的兴起也是知识引进运动展开过程中的一个结果，与专家对相关知识的引介有密切关系。20世纪中叶，西方发达国家如美国、英国等普遍存在政府组织臃肿、效率低下等问题，为了解决上述问题，这些国家掀起了一股政府组织再造和对政府绩效进行评估的旋风。随着我国香港地区法治指数以及美国律师协会启动的世界正义工程、清廉国家及世界银行等项目、知识的不断导入[3]，法治评估越来越成为一个被普遍接受的概念和做法。

经由上述可知，地方法治评估其实并非纯粹的法治建设逻辑下的产物，也并非单纯某一要素作用下的产物，而是经由多动力、多因素的复合效果导致的。也恰恰是由于地方法治评估的非纯粹法治性，其在实践展开之时，就已蕴含着可能要出现的问题了。

---

〔1〕 周黎安：《转型中的地方政府：官员激励与治理》，格致出版社、上海人民出版社2008年版，第91页。

〔2〕 于显洋：《组织社会学》，中国人民大学出版社2001年版，第63页。

〔3〕 付子堂、张善根：《地方法治建设及其评估机制探析》，载《中国社会科学》2014年第11期。

三、地方法治评估过程中存在的问题

任何制度在运行过程中，效果与目的之间都会存在或多或少的差距，无疑，这是一种客观的社会现象。问题的关键在于：有必要廓清导致问题出现的内在原因为何，究竟是制度与社会之间存在冲突而致，还是推进制度得以实现的机制所致，抑或是其他缘由。如果不从抽象意义上——法治指数能否全面反映法治现况——来谈论地方法治评估，而就事论事的话，不可否认的是，地方法治评估在运作过程中还存在很多问题。故而，有必要对地方法治评估实践过程中体现出来的问题予以诊断。

问题意识的缺乏和顶层设计的缺失是地方法治评估存在的共性问题。当前，各个地方开展的法治评估都还停留在对其表面的理解之上。毋庸置疑，法治评估具有对法治现状进行测量和评价的基本功能，但关于推进地方法治评估的真正价值与内在目的的思考却是欠缺的，研究者要么将法治评估视为对法治现状予以呈现的工具，要么将法治评估视为具体问题与对策寻找的过程（当然不能否认法治评估应具有这个功能），要么将法治评估视为一种装点门面[1]的工具，总体上如蒋立山所言："有关中国法治指数设计的价值理念、社会功能和技术手段等问题的探讨尚多有空白。"[2] 应用-策略型的研究和实践所导致的结果是法治评估之于法治建设所具有的内在价值的丧失。从各个地方推进法治评估的主体设置上我们就能窥见顶层设计的缺失，如有的地方成立了专门的法治领导小组、有的地方的推进者是政法委、有的地方则是由政府及相关职能部门来加以推进的，甚或个别地方之所以开展法治评估是因为地方主要领导对其比较认同，法治评估成为一种临时嵌入地方法治的机制，并没有与其他法治实现机制有机整合起来。

地方法治评估的形式化也较为严重。上文在分析时揭示，地方发展需求是法治评估得以形成的重要动力，但需要指出的是，这一动力本身并没有使法治

---

〔1〕"装点门面"是社会学家戈夫曼提出的概念，其用于说明个人外表对表现个人身份具有的标志作用。笔者用在这里旨在说明，有些地方更多的是看重有无法治评估、法治评估能否获得较好的分数，以此来标志地方的法治建设水平。相关研究可参见［美］欧文·戈夫曼：《日常生活中的自我呈现》，冯钢译，北京大学出版社2008年版。

〔2〕蒋立山：《中国法治指数设计的理论问题》，载《法学家》2014年第1期。

评估单纯地指向法治建设。由于长期以来形成的“政府推进型”发展模式，资源主要集中在各级政府手中，这使得当下的地方法治评估更多的是以地方的需求为中轴而展开的。从这个视角看，无论是纯粹的政府自评估，还是政府与第三方共同评估，抑或完全由第三方开展评估，由于受资源这个要素的控制，评估实践都是围绕政府授意而加以推进的〔1〕，导致的结果则是法治评估本身所具有的批判功能逐渐丧失。在某种程度上，这也使得法治评估对于法治构造所具有的“负反馈”机制功能不复存在，法治评估更多地沦为一种走过场的仪式。

地方法治评估还具有很强的封闭性。地方法治评估的封闭性主要体现在两个方面：一是，地方政府及司法机关等对法治评估的自我封闭，对法治评估还持有一种较为戒备的态度。政府及其各部门、司法机关内部的组织构架、决策流程及行为机制等是否符合法治要求，本应该是评价地方法治建设水平的重要对象，但相关部门的封闭性使得数据匮乏。如在S市M区开展的由第三方组织进行的法治评估中，按照评估要求是以M区人民法院的案件受理量、法定期限内结案率、平均结案周期及上诉率等作为评价司法是否公正的依据，但M区法院对此却是讳莫如深，最终使得全方位的法治评估演化为简单的社会满意度调查。同时，一些地方对法治评估结果不恰当使用，使得即使有部门愿意提供数据，但也是经过优化后的数据，导致法治评估失真。二是，地方对法治评估数据运用的封闭性。依照透明政府建设的要求，政府应通过一定的渠道将其所掌握的不涉及国家秘密、商业秘密和个人隐私的信息向社会发布，这是政府的基本职责之一，也是提高政府透明度的重要举措。〔2〕就当下地方推进的法治评估而言，无论是侧重于对地方法律制度、组织机制构造展开的评估，还是

〔1〕 不仅地方法治评估如此，其他领域同样如此，皮特·何等人在对中国的环保行动进行研究时发现，要是社会中的环保组织不采用嵌入政府的策略，那么其在当下中国根本就无法行动，但代价则是独立性、目标实现等都有很大消耗。这里就反映了一个普遍值得反思的问题，即国家与社会关系应该如何搭建。［荷兰］皮特·何、［美］瑞志·安德蒙主编：《嵌入式行动主义在中国：社会运动的机遇与约束》，李婵娟译，社会科学文献出版社2012年版。

〔2〕 张建、李瑜青：《政府透明度：概念界定与保障机制》，载《北京理工大学学报（社会科学版）》2015年第4期。

侧重于对地方法治建设与价值目标相互间比较的评估[1]，本身都是与国家秘密等无关的，是应该也是有必要向社会公开的，因为这既有助于社会客观地看到现有法治建设水平，也有助于社会监督地方的改进。但实践中，地方法治评估结果往往成为政府掌握的内部数据材料，或者仅仅向社会公布最后的简要结果，使得法治评估过程及其结果所具有的评价、监督功能大打折扣。

当然，还会发现的是地方法治评估结果接纳机制的缺乏。法治评估结果的接纳机制是法治评估的重要组成部分，应该是具体评估工作完成后的自然延伸。评估结果的接纳机制从本质上看，体现的是评估结果的提供方与接纳方之间进行的深层次的互动。就评估结果的接纳机制而言，可以分为形式接纳和实质接纳。形式接纳要求规范评估结果的接纳程序，而实质接纳则要求重视评估结果产生的实际效果。但是，不能用理论的逻辑来替代实践的逻辑，一如布迪厄所言："理论谬误在于把对实践的理论的看法当作与实践的实践关系，更确切地说，是把人们为解释实践而建构的模型当作实践的根由。"[2] 如果仅从形式接纳角度看，地方无疑都将法治评估结果作为一个重要的事项予以接受，尤其是对其装点门面有益的评估结果；但要是从实质接纳角度看，则会发现各级地方并没有一个很系统、具有操作性的评估结果接纳机制及评估结果运用效果再评价机制。

通过对地方法治评估运行中存在的问题进行整体性的分析与反思，我们发现了其存在的种种弊端和不足。但是，将存在的问题予以呈现并非最终的意图，根本之处还在于：经由将这些隐而不显并不易为应用-策略型研究、讨论所发现的问题予以呈现，促使我们进一步深入地探讨问题背后的结构性原因。

四、分析与讨论

经由将地方法治评估实践中存在的问题予以开放，我们意识到当下的（地方）法治评估在运行中存在的问题可能并不仅仅限于学者们进行探讨时所发现的诸问题，如指数设计如何合理、指数能否真实反映法治现状等。不用

---

〔1〕 现有研究认为法治评估进路有二进路和三进路之分，相关研究参见张德淼、李朝：《中国法治评估进路之选择》，载《法商研究》2014 年第 4 期；周尚君、王裕根：《法治指数评估的理论反思与前瞻》，载《广州大学学报（社会科学版）》2015 年第 3 期。

〔2〕［法］皮埃尔·布迪厄：《实践感》，蒋梓骅译，译林出版社 2012 年版，第 115 页。

说，发现问题是紧要的，但更为关键之处还在于对问题的生成逻辑予以洞察与反思。对此，有必要从两个角度来加以思考：一是从法治评估、法治构造与社会相互间的关系视角来分析；二是从地方法治评估的意图和动力维度来加以认识。

法治评估与法治构造的关系视角在于推动我们思考两者相互之间究竟为何种关系。恰如上文所揭示，当下诸多关于法治评估的研究还停留在简单化、直接面对法治评估本身得失的思维状态之中，这使得更为深刻的思想被忽略了。毋庸置疑，法治评估无论是制度性进路还是价值进路，它们作为一种对法治现状进行评价的机制，都是在我们意识到法律制度实际效果与法律制度意图发生背离、法治的运行机制不能完整地将法律意图得以展现的情况下，而生成的一种评价机制。但仅洞见到这点显然是不够的，因为这仍然停留在一种旧有的关于法律为何的思维层面上。法治评估之所以在全球范围内得以盛行，根本原因则在于我们对法律的理解发生了深刻的变化。

“在第一现代性下，秩序和行动逻辑的标志在于有明确的边界和区分，即在人、群体、行动领域和生活形态方面有鲜明的边界和区分，这就使得管辖权、资格和责任有了明确的制度归属。这种明确逻辑可以形象地成为第一现代性下的牛顿式的社会和政治理论。”〔1〕在第一现代性社会中，法律往往被理解为理性的产物、命令的产物，是一种范导社会秩序和规范人之行为的制度性体系，故而在法律-社会关系问题上，法律制度占据着主导地位，社会是法律规训的对象。之所以要重视法律在社会中的实际效果、重视社会对法律的态度和看法，并非社会本身很重要，紧要的是通过对社会意见的吸纳能够更好地完善法律制度体系。而第二现代性、自反性时代的来临，意味着活动的参与者的动机、期望或认识与他们参与的事件、情况之间有了一种双向的联系。〔2〕这表现为：活动参与者是带着预见、目的及欲求等参与活动的，同时，这些预见、目的等又会反过来影响甚或改变事件发展的进程。这说明，活动再也不是按照预先的计划、设计行事了，活动的参与者的主观意向成为影响活动进展的重要

---

〔1〕杨君：《第二现代性下的风险社会与个体化》，载《内蒙古社会科学（汉文版）》2013年第1期。

〔2〕李万古：《乔治·索罗斯的“自反性”理论给我们的启示》，载《山东经济》1999年第4期。

因素，这也使得活动本身充满了不确定性。将自反性社会理论投射到法治的构造问题上则意味着，法律制度的构造过程本身已并非纯粹理性逻辑的产物了，法治的搭建更多的是在主体相互承认的基础上而得以不断地生成。从这个意义上看，法治评估不仅是一种依照现有法治标准对法治现状进行评价的机制，更是一种社会意见的容纳器，通过法治评估使法律与社会能够相互承认、相互尊重，从而共同迎接第二现代性的到来。

无疑，地方法治评估实践中某些问题的出现源自对法治评估本身的哲理性思考不足，没有洞见作为包括法治评估在内的法治实践背景的社会所发生的剧烈而深刻的变化，思考的不足在法治评估应该由谁来推进、法治评估结果是否应该对社会保持封闭等问题上得到了淋漓尽致的体现。当然，地方法治评估运作时表现出来的问题，也并非完全因为思考不够，其与地方性因素同样有着内在关联性。由于当代中央与地方关系的安排系一种互惠性机制，中央政府通过优惠政策、人事安排及财政支付转移等手段来不断地调动地方工作积极性，而地方政府则通过各种方式不断地落实中央的各种安排。对此，如陈林林所言："在现阶段地方政府的规划中，法治指数的价值首先是工具性的，一旦更有效率的工具手段出现了——假设'幸福指数'、'平安指数'或'和谐指数'成为了地区竞争或业绩考核的标杆，那么法治评估工程就可能成为昙花一现的烂尾工程。"[1] 塔洛克在对官僚体制研究时也发现，"在管理不善的官僚体制中，对于下属真正重要的信息与现实世界无关，但是与上级对现实世界的想象有关"[2]。无疑，陈林林犀利的观察和塔洛克的深刻揭示，都是值得我们认真思考的。就现行中央与地方的制度性安排来说，法治评估对于地方具有两方面的基本意义：一是，"醉翁之意不在酒"，法治评估的根本意图并不是对法治建设现状的检测，而是用来装点门面，意在其他，如通过较好的法治评估结果来体现自身具有良好的法治环境；二是，地方开展法治评估关键在于"做"了本身，"科层结构中的官员喜欢以书面文档为根据来作出决策"[3]。在我国

---

〔1〕 陈林林：《法治指数中的认真与戏谑》，载《浙江社会科学》2013 年第 6 期。

〔2〕 ［美］戈登·塔洛克：《官僚体制的政治》，柏克、郑景胜译，商务印书馆 2012 年版，第 98 页。

〔3〕 ［美］米尔伊安·R. 达玛什卡：《司法和国家权力的多种面孔——比较视野中的法律程序》，郑戈译，中国政法大学出版社 2004 年版，第 76 页。

现行制度安排中，上级主要是通过各式数据、报告来对下级工作予以检查的，对下级法治现状的评估同样如此，故而法治评估报告结果尤其是好的法治评估报告结果就显得格外重要。由此则会发现，对于地方来说，法治评估中存在的形式化、封闭性倾向及评估结果接纳机制的缺失等都不是要命的问题。

上述两个方面的反思，在于廓清当下地方法治评估问题生成的内在根由，它们既非纯粹的理论思考不足所致，也并不完全是地方对待法治评估的策略性行动所致[1]，更多的是上述因素的交叉复合而致。廓清问题产生的根源，有助于我们提出具有针对性的对策，以便改进与完善既有的地方法治评估，推进法治在第二现代性社会中对主体安全感、归属感等所作的承诺的实现。[2]

五、代结语：地方法治评估的优化

经由对地方法治评估的兴起动因与存在问题的分析，我们发现既有的评估实践与理想的评估还存在较大的差距，导致法治评估所具有的功能并未充分地释放与展开，故而有必要深入思考法治评估的优化。

不可否认，已有大量关于（地方）法治评估的研究成果，但研究数量的多少与研究质量之间并无直接因果关系，停留在操作层面上的应用型研究不是完全没有价值，然而其并没有回答“为什么我们这个时代如此急迫地需要（地方）法治评估”之类的问题。对（地方）法治评估的理论研究，并非仅要求对评估方式本身的能与不能、指标设计、评估进路等问题进行简单的思辨分析，更重要的是要洞见评估背后的社会根据，“法治的真正根基和生存土壤在于社会，在于以广泛的社会自治为基础的社会善治与公权力的规则化治理”[3]。就法治评估的理论研究及法治评估与法治中国关系、法治评估与社会

---

〔1〕由于本部分内容并非对作为手段的法治评估本身进行的反思与认识，而是将地方法治评估这一现象作为研究对象，故忽略了对手段本身是否能达至目的的思考，如指数能否真正地说明法治现状、指数应如何设计等，但这并不意味着这些问题不重要。

〔2〕第二现代性社会对个体提出了双重责任与能力的要求，在吉登斯意义上的脱嵌与再嵌入过程中，既充满了机会，更充满了挑战，每个个体都必须认真地筹划与搭建自己的未来，更为紧要的是要承担自己行为的全部后果，法律的价值就在于为社会提供稳定的锚。张建：《法治的内在构造：批判思维与开放社会》，载《甘肃理论学刊》2014 年第 6 期；［美］乔治・索罗斯：《这个时代的无知与傲慢：索罗斯给开放社会的建言》，欧阳卉译，中信出版社 2012 年版。

〔3〕侯学宾、姚建宗：《中国法治指数设计的思想维度》，载《法律科学（西北政法大学学报）》2013 年第 5 期。

相互间关系的研究而言，既有的研究显然是不够的，有必要进一步强化理论性的研究。

（地方）法治评估的封闭性已成为影响和制约其功能发挥的重要因素，也是与我们所处的开放社会、大数据时代格格不入的。可能没有被意识到的是，随着开放社会、第二现代性社会、大数据时代的来临，法治的构造并不仅仅是党委、人大、政府和司法机关的事，更应该是多方协作、全社会共同的事业。这就要求地方不仅应将其所掌控的信息主动地向社会释放，还应对相关信息的质量加以保证；不仅要向社会释放信息，自身的组织构造、运行方式等也应该对社会保持透明和开放。从这个角度看，既有实践与规范要求还有较大差距，有必要强化开放观念的塑造。

无论是强化（地方）法治评估的理论研究要求，还是要求地方对评估开放性的接受，都需要搭建一定的制度作为保障。显然，对法治充满期待的人肯定都不希望陈林林所讲的“和谐指数”“幸福指数”等替代“法治指数”事情的发生，但这提醒我们，再也不能将法治评估工具化、策略化了，必须为（地方）法治评估提供制度保障，有必要对谁来评估、如何开展评估、国家各组成部门应如何接受评估、社会民众如何参与法治评估、评估的结果如何开放、评估结果的接纳机制、评估结果的接纳效果及评估结果接纳机制运行效果的再评估等问题予以规范。

很多历史学家在对中西现代化历程分析比较后认为，中国需要200年左右的时间才能完成社会转型的使命，而转型的时间起点则是鸦片战争。如此说来，今天的中国似乎已可以隐约地看到转型后的辉煌，真正地蹚过一转而百转的历史三峡（唐德刚语）。但社会转型、历史使命的完成并非一个绝对的、无条件的历史过程，其是建立在诸多前提之上的，法治国家的建设则是其中最为关键的环节之一。法治评估不仅承载着对法治现状予以测量的重任，更是国家与社会相互承认的通道，对此有何理由不认真加以对待呢？

法治评估的类型及特征

一、问题的缘起

2013年，党的十八届三中全会通过的《中共中央关于全面深化改革若干重大问题的决定》（以下简称《改革决定》）指出，要“建立科学的法治建设指标体系和考核标准”。2014年，十八届四中全会通过的《中共中央关于全面推进依法治国若干重大问题的决定》（以下简称《法治决定》）又进一步提出：“把法治建设成效作为衡量各级领导班子和领导干部工作实绩重要内容，纳入政绩考核指标体系。”《改革决定》与《法治决定》对法治建设成效及法治建设成效评价方式的重视，体现了党和国家对法治中国建设的重视和决心，同时，两个文件也“对全国范围内的法治评估提出了总方向”[1]。

除上述两个文件体现了党和国家对法治评估的重视之外，地方各级政府及各部门早就开始了相关的法治评估实践，它们既可能是专项的评估，如法院信息化建设评估、法治政府评估，也可能是综合性的评估，如浙江余杭地区、上海闵行地区的法治评估等；既可能是在省一级开展的评估，如法治湖南评估，也可能是在地级市或县级市层面开展的评估。总之，既有的法治评估实践呈现出多样化的格局。

更不应该被忽略的是，已有的关于法治评估的相关学术研究，它们或侧重于对法治评估实践进行经验总结，或侧重于对法治评估理论、原理等进行引

本文发表于《常州大学学报（社会科学版）》2016年第5期，收入本书时有所修改。

〔1〕 钱弘道、王朝霞：《论中国法治评估的转型》，载《中国社会科学》2015年第5期。

介、分析及评价等，但无论重点主题如何，学术研究的存在使得法治评估的理念被逐渐推广，并获得广泛的认可。由此，可以这样认为，当下的法治评估政策、实践及研究三者已形成了较好的互动关系和格局。但这并不意味着，当下的法治评估政策、实践及研究三者相互间的关系就不存在可争辩、可反思之处了，恰恰相反，只有在分析及反思之中才能推动三者更好地协调发展。法治评估之所以能被广泛实践并上升为政策，与法治评估的相关研究是紧密相关的，由此也说明了观念传播和理论研究的重要性。

对当前法治评估研究格局通盘分析后，发现它们普遍地忽略了对法治评估背后隐而不显的立场进行分析。〔1〕所谓立场，实际上就是一种关于社会秩序性质的认识，一种关于未来理想秩序的承诺，恰如邓正来在对“理想图景”意味着什么予以回答时所言：“我认为，更应当是一种对我们就自己应当生活在什么性质社会秩序之中这个当下问题的拷问——这显然也是一种对特定时空下的社会秩序之性质的追问。”〔2〕不同立场上的法治评估所认识到的法治秩序性质是不可能一样的，具体而言，它们各自的侧重点、能与不能也都不可能一样，进而对不同立场上的法治评估进行类型化研究所具有的学术意义及实践意义就凸显出来了。

立基于此，笔者本部分讨论的问题主要有：一是，对国家视角下的法治评估、社会立场上的法治评估及专家视域中的法治评估进行类型化研究；二是，对不同视角下的法治评估背后的立场、能与不能等相关问题进行比较分析。

二、国家视角下的法治评估

所谓国家视角，指的是以国家为本位，从国家的角度来看待法治评估。众所周知，近现代中国的转型肇始于鸦片战争，当时的中国被迫进入世界结构后

〔1〕对法治评估进行类型化分析也有相关研究，如：通过借鉴行政管理理论，钱弘道等学者认为法治评估可分为实验主义治理理论话语中的法治评估与公共行政管理理论话语中的法治评估；周尚君认为，地方法治评估有程序型法治、自治型法治及市场型法治三种类型。但钱弘道等人的分类优势在于分类标准明晰，弊端在于深刻性不够；周尚君的分类优势在于符合实际，弊端在于分类标准混乱。钱弘道、杜维超：《法治评估模式辨异》，载《法学研究》2015 年第 6 期；周尚君：《国家建设视角下的地方法治试验》，载《法商研究》2013 年第 1 期。

〔2〕邓正来：《中国法学向何处去——建构“中国法律理想图景”时代的论纲》，商务印书馆 2006 年版，第 262—263 页。

不得不进行改革，洋务运动、戊戌变法、辛亥革命，乃至于新中国的成立、改革开放及加入WTO等都可视为我国为了获得世界结构的承认、为了能从世界结构的边缘位置走向中心位置而展开的种种努力。与西方自发型、渐进型的发展道路不同的是，为了救亡图存，中国形成了由国家主导并推进经济政治社会变革和发展的模式，蒋立山将其概括为“政府推进型”模式，并认为该模式的一个主要特点就在于，其是“要在一个较短的时间里，人为地甚至强制性地完成社会制度变迁的过程”〔1〕。这种强制性的变迁实际就是先由国家设计一个总体性的目标，再经由包括建立政治、法律制度在内的各种强制手段迫使经济社会向国家所预设的目标迈进。

“政府推进型”发展模式对民族国家的建立、对包括法律制度在内的各种制度的设置及经济社会的发展起到了非常有效的推动作用，但不容忽视的是，这种模式本身也蕴含着危险的假设，即国家在向预设目标迈进之时，只要是与国家总体目标不相符的地方，都需要予以强制性的变迁。杜赞奇对这种强制变迁所具有的正当性进行分析时曾指出：“自从20世纪初发出现代性的号召之后，特别是民国成立之后，中国就卷入了一种现代化合法性的逻辑之中，在此逻辑中，其存在的理由越来越取决于其完成现代化理想的程度。”〔2〕“政府推进型”发展模式作为一种基于国家立场、以国家为本位的思维方式，隐含的一个承诺就是通过强制手段能实现秩序、富强等目标，但过程和程序本身则有可能被忽略。

在某种意义上，可以将法治中国建设视为鸦片战争以来中国现代化建设的一个环节，通过制度变革先行来推动中国的经济政治社会发展，这也是近现代以来非常紧要的思维方式之一。对于这点，既可以从戊戌变法时，希冀通过政治制度变革来推进现代化建设的设想中予以佐证，也可以从20世纪80年代改革开放过程中，“市场经济就是法制经济”“法制要为市场经济保驾护航”等口号中发现端倪。或如李林所言：“应当根据推进国家治理现代化的改革总目标，强化法治权威和良法善治……完善法律体系，加强宪法和法律实施，推行

---

〔1〕 蒋立山：《法律现代化——中国法治道路问题研究》，中国法制出版社2006年版，第94页。

〔2〕［美］杜赞奇：《从民族国家拯救历史：民族主义话语与中国现代史研究》，王宪明等译，江苏人民出版社2009年版，第105页。

法治建设指标体系，在加快建设法治中国进程中推进国家治理现代化。"[1] 国家视角下的法制建设，在不同时期的侧重点是不一样的。鸦片战争以来至2010年，法制建设的重心主要在于解决法律制度有无、法律制度是否体系化的问题。2011年后，随着时任全国人大常委会委员长吴邦国在十一届全国人大四次会议上宣布，有中国特色的社会主义法律体系已基本建成，法制建设的重心开始转向法律是否被有效实施及法律实施的效果等问题。如其所言："中国特色社会主义法律体系的形成，总体上解决了有法可依的问题，在这种情况下，有法必依、执法必严、违法必究的问题就显得更为突出、更加紧迫。"[2]

法律实施及法律效果是对法治建设状况进行的评价，但法律实施及法律效果仅是概念性的，有必要将其进行可操作化，此时通过何种方式将其予以揭示就显得格外重要，进而法治评估作为一种揭示法制建设现状的工具就获得了重视。在国家视角中，法治评估是用来测量法治目标、法律制度被实现的情况及法律制度实施效果如何的工具，通过法治评估能发现法律制度实现过程中存在的各类问题，进而能根据发现的问题及时对法治目标、法律制度的实现机制进行调整。受到广泛关注的"法治湖南"建设就较为典型地反映了这一逻辑。2010年，湖南省委作出了建设"法治湖南"的决策，随即又于2011年制定了《法治湖南建设纲要》（以下简称《纲要》），并在《纲要》中提出："到2020年，地方性法规规章更加完备，依法治国基本方略深入落实，公共权力运行规范，公民合法权益得到切实尊重和保障，全社会法治意识和法律素质普遍提高，经济社会秩序良好，人民安居乐业。"为了推进预设目标的实现，《纲要》还提出，要加强组织领导、健全工作机制及队伍建设等，更为具体的举措如："各级各部门要根据《纲要》提出的要求，结合实际，研究制定实施意见和配套的政策文件"；"建立法治湖南建设考核评价体系，制定考核办法，将考核情况作为各级领导班子和领导干部任期目标考核和年度述职报告的重要内容，作为干部提拔使用的重要依据"。[3] 要是将观察的视角予以扩大，会发现地方

---

〔1〕 李林：《依法治国与推进国家治理现代化》，载《法学研究》2014年第5期。

〔2〕 吴邦国：《形成中国特色社会主义法律体系的重大意义和基本经验》，载《求是》2011年第3期。

〔3〕《法治湖南建设纲要》，载湖南省人民政府网2020年7月30日，https：//www. hunan. gov. cn/hnszf/xxgk/wjk/zcfgk/202007/t20200730_ f7b93a26-8e56-4895-b86d-49974e78d48e. html。

开展的不同类型、不同层次的法治建设，如法治政府建设、法治湖南建设等都仅仅是国家法治建设的一个运行和实施环节，法治评估是用来推进和保障上一级法治目标实现的工具，或如钱弘道、杜维超所言，这种评估“仅关注权力机关对法定事项的执行情况，是一种权力体系内部的视角”〔1〕。借助于既有的科层制尤其是科层制内的政治人，套用塔洛克的话就是：“在等级制内寻求提升的政治人的目标，就是采取领导愿意奖励的做法，而不管领导的主观态度如何。”〔2〕通过广泛地动员，国家（上级机构）能够迅速实现所欲实现的目标。洞见到这点，就可以解释为何当前地方法治评估实践呈现如火如荼的状态了，为何各级各部门都在积极开展不同层次、不同类型的评估。

需要重视的是，国家视角下的法治评估仅仅是一种评价工具，它秉持着价值中立的立场，更多的是围绕国家所设定的目标而开展工作。更为具体地说，即便作为法治评估前提的目标本身存在合法性、合理性的疑问，国家视角下的法治评估也是无法发现并质疑的。对于这点，可以从很多实例中得到验证。如最高人民法院2004年提出、2008年试运行、2011年正式实施并于2014年叫停的案件质量评估指标体系（法官绩效考评制度），设置了诸多不合理的目标，如调解率、人民陪审率、上诉率等，这些指标的存在使得地方各级法院和法官更多关心的是上级或组织所要求的指标是否完成，而在一定程度上忽略了法院本身应具有的实现司法公正、依法裁判的功能，导致法院及法官的行动逻辑发生了很大的扭曲甚至异化。〔3〕但是，此时的案件质量评估指标体系仅仅是作为一种测量工具、评价方式，它无法将不合理的目标经由自身的测量来予以揭示和反映，使得不合理的目标长期存在，最后不得不由目标的制定者来决定目标的存废。

总之，国家视角下的法治评估由于被国家（或法治目标、法律制度及政策的制定者）所涵摄，本质上是一种国家本位的法治建设模式，是“政府推进型”发展逻辑的另一种实践形式，它虽然能迅速地实现国家所欲实现的目

〔1〕钱弘道、杜维超：《法治评估模式辨异》，载《法学研究》2015年第6期。

〔2〕［美］戈登·塔洛克：《官僚体制的政治》，柏克、郑景胜译，商务印书馆2012年版，第98页。

〔3〕张建：《指标最优：法官行动异化的逻辑与反思——以J市基层人民法院的司法实践为例》，载《北方法学》2015年第5期。

标，但无法发挥自身所具有的纠错功能，使得法治建设过程中的纠错更多地需要寄希望于国家自身来发现，导致法治评估应具有的价值无法实现。

三、社会立场上的法治评估

国家视角下的法治评估坚持内在视角，使其本应具有的批判功能被削弱了，因此有必要重视法治评估本应具有的批判功能，“只有在批判性思维为内核的法治理论中，人才能真正地成为主体”[1]。为此，我们认为社会立场上的法治评估与专家视域中的法治评估有助于法治评估批判功能的实现。

所谓社会立场上的法治评估，指的是以社会为本位、从社会利益的角度来看待和推进法治评估。如上文所言，中国的现代化是在“时空挤压”的背景下展开的，需要通过共时性方式来完成西方发达国家历时性的任务，这使得“政府推进型”模式大行其道。在此过程中，社会（广义上的社会）成为国家形塑的对象，社会利益则被普遍地忽略了。如在新中国成立后的前30年，国家通过城市的“单位制”与农村的“集体制”，使得社会中的个体普遍成为国家机器运行的一个环节，个体脱离了母体国家就无法继续生存下去，国家的权力笼罩着一切。1978年改革开放后，虽然在社会建设方面国家逐渐退让，但提供何种产品来满足社会的需要，依然并非完全基于社会的要求，而是经由国家的意志来决定和安排，如法律制度的制定等。

随着社会的逐步发展，社会自主性逐渐生成并成熟起来。如下三个方面的变化能使我们观察到社会自主性的变化及成熟：第一，市场经济的快速发展，使得“单位人”开始转变成“社会人”。这意味着，个体不再像过去那样依附于任何行政系统或单位，人的自身利益、自主地位得到了市场的承认，人不再需要借助于单位而能以自身的名义开展独立、平等的社会交往活动。第二，社区及社会组织的快速发展，使得城市中的单位和农村中的集体所具有的功能逐渐被削弱，很多功能被社区及社会组织所承接，不再由行政系统通过层层指令的方式开展活动。如在城市和农村都比较流行的广场舞活动，就是社区自组织、社会自主性的一种表现。第三，也是更为紧要的，随着经济社会发展及法治观念、权利理念的普遍深入，个体化成为一种社会现象并获得承认。如学者

---

〔1〕 张建：《法治的内在构造：批判思维与开放社会》，载《甘肃理论学刊》2014年第6期。

所言："个体化首先意味着新的生活方式对工业社会的旧生活方式的抽离，其次意味着再嵌入，在此过程中个人必须自己生产、上演和聚拢自己的生活经历"〔1〕。这使得社会中的个体开始重新审视个体与国家的关系，个体不再依赖国家，不再是国家运行的某个环节。市场经济、社会组织及个体化的发展，对国家的功能、法治建设提出了新的命题，国家不可能再以推进现代化建设的程度作为自身正当性基础，而必须通过法治及程序来重新构造正当性，一如季卫东所言："我们必须明确现代法治的本质和合理目的，侧重调整政府权力与个人权利之间的关系……更多地强调手段和过程的正当性，提高善治的'条件'指标而不是简单的'结果'指标。"〔2〕

社会立场上的法治评估，更有着规范基础、理论基础和国外经验来为其存在的合理性予以证明。就规范性而言，我国《宪法》第35条规定我国公民有言论和出版自由，第41条规定我国公民对于任何国家机关和国家工作人员，都有提出批评和建议的权利。社会立场的法治评估，就是一种将公民上述权利予以具体化和操作化的表现形式。从理论基础来看，社会契约论认为国家的权力来源于社会的让与。虽然社会契约论内部存在学术分野，如洛克、康德等人认为社会是先于、外在于国家的，而孟德斯鸠则认为应通过政治来界定社会，但他们有着更为基础的一致性，即对国家专制权力的反对。在我国，为了防止国家过分专制并保护好个人的各项权利，于2004年将"国家尊重和保障人权"写入《宪法》。从国外经验来看，备受国内学者关注的全球治理指数、世界正义工程法治指数及香港法治评估，无一不是由社会组织（包括国际组织）主持并加以推进的，如：全球治理指数是由世界银行发起的，动因是世界银行欲使投资在一个较好的环境中进行，通过法治指数的设置则能推动被投资地区改善投资环境；世界正义工程法治指数是由美国律师协会前主席纽康姆于2006年创立的名为世界正义工程的非营利组织加以设计的〔3〕；香港的法治评估则是在香港社会服务联会的倡导和赞助下实现的。

---

〔1〕［德］乌尔里希·贝克、［英］安东尼·吉登斯、［英］斯科拉·拉什：《自反性现代化：现代社会秩序中的政治、传统与美学》，赵文书译，商务印书馆2014年版，第18页。

〔2〕季卫东：《通往法治的道路：社会的多元化与权威体系》，法律出版社2014年版，第29页。

〔3〕鲁楠：《世界法治指数的缘起与流变》，载《环球法律评论》2014年第4期。

重视社会立场上的法治评估，就是对社会自主性的重视，是符合历史规律的。西方发达国家的资产阶级在发展与成熟的过程中，同样经历了在国家意志表达中地位上升的阶段，1640 年英国革命、1775 年美国的独立战争及 1789 年的法国大革命，都是资产阶级为了争取自身的政治地位而开展的革命。其实，早在中世纪随着商人队伍的逐步壮大，相同的变革逻辑就已经开始运作了，一如皮雷纳所言："古老的法律* 想要把自己强加于它已不相适应的一种社会，结果造成这些不合理和不公平，不可抗拒地引起改革。" "另一方面，当市民阶级壮大起来，并且凭借人员的众多而获得力量的时候，贵族在他们面前逐步后退以致让位于他们。"〔1〕但中世纪的变革，都是基于具体利益诉求而展开的，随着市民阶级的不断进步、法律制度的不断变革，直到启蒙运动，资产阶级才开始以天赋人权、社会契约等理论化的方式来表达自身的需求，开始全面地介入政治活动中并予以制度化，如以投票方式表决的民主制度安排等。西方发达国家在推动民主制度运作的过程中，慢慢地发现了多数民主制度安排具有的缺陷，故而开始对国家与社会关系的表达形式予以重构，"正是出于对'以投票为中心'之民主形式的诸多不满，一种提倡'以对话为中心'的所谓'审议民主'理论应运而生"〔2〕。由社会组织发起和推动的各种形式的法治评估，可以被视为审议民主的一种具体实践形式，但其本质上还是市民社会表达自身意志的过程及要求国家接受自身意志的诉求表达形式。

法治评估之所以能够承担如此重任，在于法治评估实践的过程中，评估的组织者可以将自己的意志、利益隐含于各类评估指标中，进而通过一种指标化、数据化的方式表达自身的诉求。对于当前不断获得重视的法治评估实践，我们应该要洞见并重视其背后的社会要素，即便是由国家来推进的法治评估，也应该顾及社会立场上的法治评估所具有的重要性。从这个角度看，社会立场上的法治评估通过将社会的诉求隐含其中并表达出来，显然有助于缓和国家与社会相互间的关系，有助于推动国家供给与社会需求匹配的一致性。

仅仅意识到社会立场上的法治评估对于法治中国建设可能的贡献是不够

---

* 此处的法律指"农奴制"。——笔者注

〔1〕［比利时］亨利·皮雷纳：《中世纪的城市》，陈国樑译，商务印书馆 2006 年版，第 104 页。

〔2〕周濂：《现代政治的正当性基础》，生活·读书·新知三联书店 2008 年版，第 182 页。

的，还应注意到其不能，这应该从它所受制于的外部要素着手加以分析。由于中国改革开放距今仅有40余年，故而我国当前的社会组织还不够成熟，它们还不能以一种清晰而理论化的形式表达自己所代表的社会利益；也由于鸦片战争以来，“救亡压倒启蒙”（李泽厚语）的历史事实，我国公民在思想意识上还不够理性，他们有时可能会以极端的形式表达自身的诉求，而且他们有时对自身利益的评判也不够理性；更为紧要的是，由于“政府推进型”模式中国家的强势地位，社会立场上的法治评估拥有的空间极为有限，或如蒋立山所发现的那样，“在近年来国内涌现的各种法治指数方案中，以中央和地方党政部门为主导、行政化的法治工作考核测评构成了现阶段国内法治指数设计的主基调”[1]。这些要素的存在都结构性地限制了社会立场上法治评估的推进与实现。

总之，作为改善国家法治建设的手段，随着社会发展的不断成熟、公民思维的不断理性，社会立场上的法治评估所涉猎的范围必然会越来越广泛、所介入的程度也必然会越来越深入。

四、专家视域中的法治评估

国家视角下与社会立场上的法治评估在目的及指标体系的搭建上有着很大的差别，有时甚至可能是以相对冲的形式表现出来的，故而有必要寻求一种两者都能接受的法治评估模式。

专家视域中的法治评估普遍被认为可以避免评估主体既是裁判员又是运动员的情形，因为按照法治理念，任何人都不应该成为自己的裁判。从这个角度看，国家视角下的法治评估由于侧重点在于落实法治目标、实现法律制度，其存在将社会裹挟进去的可能性，容易导致社会自主性的丧失；社会立场上的法治评估因为侧重于社会利益的表达，其存在过分批评国家法治目标、法律制度及实施现状的可能性，容易导致对国家法治秩序的解构。而由与法治实施主体和对象都无涉的专家来主导法治评估，通过借助专家所掌握的专业知识来评判法治建设中的得与失，则能有效避免国家视角下、社会立场上的法治评估可能存在的弊端。

---

〔1〕 蒋立山：《中国法治指数设计的理论问题》，载《法学家》2014年第1期。

专家作为评估主体的法治评估与专家视域中的法治评估有着根本性的区别。对于这种区别，可以有关政府透明度评估的类型化研究为例来加以说明，笔者曾研究指出，第三方开展的评估有对政府透明度进行满意度评估，以及依照某种价值理念对政府透明度进行评估两种类型，两者的区别在于，“第一种类型的第三方评估以社会、公民对政府透明度的认知为评价的基础，第三方不过是利用专业知识将相关信息整理、归纳与类型化；第二种类型的评估以第三方组织所设定的某种价值作为判断前提，以政府透明度的实际状况作为小前提，而后得出相关评估结论”〔1〕。这样的认识，同样适用于法治评估类型的研究，即使是国家视角下或社会立场上的法治评估也有可能是由以专家为代表的第三方予以具体实施的，这与专家视域中的法治评估最为根本的区别在于评估是站在何种立场上、体现谁的意志。但仅意识到这点是不够的，因为这对关于专家视域中的法治评估的认识还停留在表层，有必要进一步理解和分析专家主导的法治评估在当代社会中为何具有正当性。

当代专家与传统中国的知识分子在社会功能上有一致性的地方。传统中国的政治大一统建立在农业社会基础之上，由于农业社会无法提供足够多的剩余产品来养活足够的官僚，从而形成了国家治理的简约型模式。在简约型治理模式中，国家的权力只延伸至县级且只是被动地进行社会治理，社会则是由联系微弱甚或是互不往来的农村社会构成，国家与社会相互间保持一种微妙的平衡。在此情况下，国家如何回应社会在秩序生成和纠纷解决等方面的需求就成为一个问题，而以传统知识分子为基础形成的乡绅阶层就成为秩序维系、纠纷解决的重要力量。黄宗智曾讲道：“半官方的纠纷处理制度相应于半国家、半社会的中间领域，正是在这里，国家与社会展开交接与互动”，“只有在第三领域，正式的和非正式的纠纷处理才在几乎平等的关系下相互作用”。〔2〕在某种意义上，也可以将当下由专家主导的法治评估视为介于国家与社会之间的一种平衡力量。但有所区别的是，以知识分子为代表的乡绅扮演的角色所具有的正当性建立在乡村文化网络（杜赞奇语）与作为道统的承担者（余英时语）

〔1〕张建、李瑜青：《政府透明度：概念界定与保障机制》，载《北京理工大学学报（社会科学版）》2015年第4期。

〔2〕黄宗智：《清代的法律、社会与文化：民法的表达与实践》，上海书店出版社2007年版，第91、第110页。

的基础之上，而现代专家系统的正当性则以现代性为基础。

吉登斯在对现代性的动力机制进行分析时指出，现代性与“时空分离”、“社会制度的抽离化”及“反思性的制度化”等动力机制紧密关联在一起，前现代社会的时间总是与空间位置紧密地关联在一起，现代社会的到来使得时间与空间越来越相互分离，在场的东西所具有的决定性越来越被不在场的东西所取代。不在场的东西的决定性的生成是通过社会制度的抽离化机制来加以保证的，象征符号和专家系统则是社会制度抽离化机制的内在构成要素。象征符号与专家系统的存在有效地将人们活动的时空半径大大地予以延展，人们相互间的信任不再是基于特殊信任、人格信任而是变成普遍信任、制度信任。再经由反思性的制度化，不再是由个体行动者以本地经验为中介进行反思，而是由“来自不在场的专家系统以知识为中介对社会活动进行反思性监控”[1]。上述动力机制的存在，使得现代化形成了一个封闭循环圈。法治评估作为一种对法治建设状况的评价活动，以专家的知识为中介并由专家主导，不过是专家系统在法治领域履行反思性监控的特殊表现而已。由此可知，无论是基于历史延长线的知识分子所具有的功能，还是现代性动力机制中专家系统的作用，这些都为专家视域中的法治评估存在的正当性奠定了基础。

专家更多的是进行理念的生产，法治领域的专家更关心的是法治的理念，这使得专家视域中的法治评估可能更关心法治建设的现状与法治理念相互间的差距。当然，也由于专家所持有的专业知识、中立的立场和外在视角，他们能够更专业、更客观地评价法治建设中的得与失，使法治评估结果更能够获得国家、社会的认同。但也由于专家本身所秉持的视角，专家视域中的法治评估可能存在一些不足：一是，专家是从法治理念出发看待、分析法治建设现状的，这与普通公民从个人的主观感受出发形成的评判可能有差距甚至是冲突。二是，知识本身所具有的局限性。一如布迪厄所言：“理论谬误在于把对实践的理论的看法当作与实践的实践关系，更确切地说，是把人们为解释实践而建构的模型当作实践的根由。”[2] 专家在开展法治评估之时可能会将有关法治的理

---

〔1〕［英］安东尼·吉登斯：《现代性与自我认同：现代晚期的自我与社会》，赵旭东、方文译，生活·读书·新知三联书店1998年版，第128页。

〔2〕［法］皮埃尔·布迪厄：《实践感》，蒋梓骅译，译林出版社2012年版，第115页。

论强行套用到法治建设现状中并作为评价的基准，而忽略了法治建设本身具有的复杂性。三是，专家也存在被腐蚀的可能。在现代性社会中，知识不仅具有描述功能及批判功能，还具有正当性赋予功能。一个评价较高的法治评估报告某种程度上能够用来证明被评价者的法治建设水平。“在一个‘法治’盛行的时段中，是否重视法治建设、是否重视法治建设效果则成为地方工作是否得力、是否有效的重要评价标准，在地方层面开展法治评估尤其是取得较好的成绩就成为地方自我表现的一种重要手段。”〔1〕所以，不仅限于地方层面，其他主体亦有可能通过腐蚀专家来为自己量身定做出一个好的法治评估结果。

五、结　语

国家视角下、社会立场上及专家视域中的法治评估，是基于不同的立场及利益进行的一种类型化研究与表达，但需要说明的是，这并不是说在法治评估的具体实践中，一定会存在一一对应的实践，因为现实总是多变而复杂的。不存在对应关系并不意味着，有关法治评估的立场及类型化研究就没有意义了，任何法治评估背后总有一种主导的力量，只不过由于它们的隐而不显，我们有时无法及时洞穿而已。如此看来，关于法治评估立场及类型化的研究，无疑能为我们提供一个新的分析工具，从而帮助我们真正地促进法治评估实践的法治化、科学化，真正地促进法治评估研究的理论化、体系化。

〔1〕张建:《法治评估的地方实践：动因、问题及反思》，载《云南师范大学学报（哲学社会科学版）》2016年第1期。

辑三

司法改革实践及效果辨析

法官绩效考评制度改革及其实践效果

在新的时代背景下，司法如何才能更好地回应社会对公平正义的期待，已成为不可回避的紧要问题。员额制、人民陪审员制度等都是法院系统为实现司法公正而采取的改革举措。随着改革的逐步深入，相关改革方案所具有的不足也逐渐呈现，有必要对相关改革及其实践效果予以分析。

“法官绩效考评制度是一种利用评价指标对法官的审判业绩进行考核的制度，通过将审判业绩转化为若干个客观的、可量化的指标，是现代科学管理原理及新公共管理模式在司法实践中的具体运用。”〔1〕法官绩效考评制度（以下简称“绩效考评制度”）也是司法公正得以实现的保障机制之一，因其与法官的职业生涯、具体利益〔2〕等密切相关，又由于该制度的实践效果与制度理念、制度目的等存在背离，故而需要对相关问题及其原因予以探究。通过对绩效考评制度及其改革实践予以研究，笔者还旨在揭示与反思司法改革中“重视制度建构而忽略法官主体性”的现象，解释现象形成背后的逻辑关系。具言之，从理论视角看，上述问题意识也可被归结为司法改革中“法官假设”问题。“法官假设”研究之所以重要，一方面是因为当前有关司法改革的理论研究及实践，都下意识地将“法官假设”遮蔽起来了，有必要将作为讨论/改革前提的假定开放出来；另一方面是因为不同的主体假定会产生不同的制度设

本文发表于《法学》2019年第11期，《中国社会科学文摘》2020年第3期转载，收入本书时有所修改；获2021年江苏省高等学校哲学社会科学研究成果奖三等奖。

〔1〕张建：《法官绩效考评制度的法理基础与变革方向》，载《法学论坛》2018年第2期。

〔2〕如《J市中级人民法院法官、审判辅助人员、司法行政人员绩效考核及奖金分配实施细则（试行）》第4条规定：“法官、审判辅助人员、司法行政人员的绩效奖金，不与法官等级、行政职级等挂钩，主要依据绩效考核结果发放，向一线办案人员倾斜。”

计、理论思考[1]，有关“法官假设”也不例外。

一、绩效考评制度复杂化趋势加重

虽然早在2014年最高人民法院就决定：“取消对全国各高级人民法院的考核排名”；“除依照法律规定保留审限内结案率等若干必要的约束性指标外，其他设定的评估指标一律作为统计分析的参考性指标，作为分析审判运行态势的数据参考”；“各高级人民法院要按照最高人民法院的要求，取消本地区不合理的考核指标”。[2] 但如果细心地对既有的法官绩效考评制度设计及其发展趋势进行考察，就会发现该制度不仅没有趋于简单化，反而表现出复杂化的样态，即出现了指标构成、案件权重计算、案件饱和度计算的复杂化。

第一，就绩效考评指标构成来说，以《J省法院法官审判业绩评价办法（试行）》（以下简称《法官业绩评价办法》）为例，其第4条第1项规定：法官审判业绩采取定性考核和定量考核相结合，评价指标包括办案数（工作量）、审判质量效率、司法技能、违法审判责任追究等。其中，办案数量（工作量）为基础分；优秀庭审、优秀裁判文书、典型案例为加分项；审判质量效率达不到要求则要减分。最终，审判业绩得分 = 全部办案数量（工作量）得分 - 减分分值 + 加分分值。再以审判质量效率的评价指标构成为例进行分析会发现，审判质量效率至少还包括审结率、结案率、庭审直播率、文书上网率、电子卷宗随案生成率、发改率等一系列评价指标。

第二，就案件权重计算来说，由于案件本身的难易、复杂程度的不一致，以及民庭、刑庭、行政庭等业务庭在案件性质、案件数量等方面的区别，不同业务庭、不同法官之间可能存在工作量计算方面的差异。为了使上

---

〔1〕 如现代社会以来，就将人假定为“经济人”“理性人”“个体人”，这使得个体的人不再受到社会、道德的约束，人所谓的自由被无限放大，不断膨胀的欲望也不断地被正当化，最终使人陷入痛苦的深渊。森在对现代经济学假设进行检讨时发现：“现代经济把亚当·斯密关于人类行为的看法狭隘化了……经济学的贫困主要是由于经济学与伦理学的分离而造成的。”由此说明，人的假设及其实践对秩序生成、良善实现都具有重要影响。[印] 阿马蒂亚·森：《伦理学与经济学》，王宇、王文玉译，商务印书馆2006年版，第32页。

〔2〕 胡新伟：《最高人民法院决定取消对全国各高级人民法院考核排名》，载《人民法院报》2014年12月27日，第1版。

述差异在计算法官审判业绩的过程中能获得一定的平衡，起源于美国的“案件权重”[1] 方法在我国的司法改革实践中获得了广泛的重视。目前，“案件权重”计算方案已形成两种思路：一种以上海法院系统为代表，其在对案件进行赋权时分为三类，即一般权重系数、固定权重系数、浮动权重系数。[2] 另一种以江苏法院系统为代表，其在对案件进行赋权时分成四级案由、8200余种案件，主要通过当事人数量、是否有人反诉等“案件项”以及开庭次数、开庭时间、裁判文书情况等“工作项”要素加以体现。[3]

第三，就案件饱和度来说，其本意是单个法官在一定的工作时间内能够承受的最大工作量，虽不是直接对法官的审判业绩进行评价，但与法官的工作量存在千丝万缕的关联。案件饱和度是以法官承担的各类工作折算成具体工作量为基础的，换言之，如果不能进入案件饱和度的指标体系中，法官承担得再多、付出得再多也是无法被折算成工作量的。从比较直观的角度看，对案件饱和度进行计算，能实现两个目的：一是合理安排法官的审判工作，不至于出现超过法官身体、能力等承受度之外的审判工作安排，为法官的身心健康、案件审判质效的提升提供保障；二是法院系统合理地预估法官的总体需求量，实现法官资源的合理分配、流动。在吴涛和江明看来，以往简单计件考核方法“主要缺陷是没有包含对个案工作量的测算，对具体案件类型的工作量差异化不能反映，尤其是忽略法官在复杂案件中的大量劳动，不能用以衡量其真实工

---

〔1〕“案件权重”本身的目的在于经由对司法工作负荷进行测算，从而及时地评估法官数量需求，但美国联邦法院仅将民事案件分为42个类型、刑事案件分为21个类型，也仅对庭审和其他听证会、不涉及证据的听证会、法官室相关活动、案件调整四个要素进行提取，远远没有中国的复杂。

〔2〕一般权重系数就是按照民事三级案由、刑事二级案由将一般案件分为698种类型，并主要通过笔录页数、开庭时间、文书页数、审理天数等要素加以体现。固定权重系数主要针对特殊类型案件，不再区分案由，设置固定权重系数。浮动权重系数主要针对刑事附带民事诉讼、反诉、审计鉴定评估等导致工作量增加的案件特殊因素设置权重系数。

〔3〕钱小军、赵萌：《案件权重测算法简析——检察系统的实践与思考》，载《人民法治》2018年第18期。

作强度"[1]。所以，需要建构能够准确反映法官工作量的测算公式。[2]

依据评价指标、权重测算、案件饱和度等绩效评价机制的表达来看，至少在形式上，每位法官尤其是认真付出的法官的工作量能得到应有的体现，也能更好地实现审判资源合理化分配目的。依照法院正式发布的数据，案件审判质效确实有了较大的提高，但同时法官的审判压力也增大了。例如，2018 年江苏省高级人民法院的工作报告就总结到，2017 年，“全省法院共受理案件 2037311 件，同比增长 11.89%，其中，新收案件 1689177 件，同比增长 10.53%；审执结案件 1704596 件，同比增长 15.82%……近五年来首次呈现新收案件增速放缓、未结案件存量减少的良好势头。在案件数量继续增长、审判工作压力不断加大的情况下，全省法院审判质量效率总体保持良好运行态势"[3]。毋庸置疑，法院系统审判质效呈现的良好势头肯定是全体法官努力的结果，但是，审判质效良好势头的出现究竟是制度改革形成的资源配置优化的结果，还是法官承受更大压力的结果呢？这就成为一个值得深思的问题。2018 年，江苏省高级人民法院的总结提出：“完善司法绩效考核制度，形成良好激励导向。全省法院员额法官人均结案 257 件，比上年增加 20 件。”在此，至少从字面上可以判断，法官承受了更大的压力。如果法官对压力的承受是在案件饱和度范围内，也应算是制度改革带来的红利，但实际情况却并非如此。来自基层一线的法官方扬慧等结合自身的实际及观察说道：“随着法治进程的加快及社会公众法治意识的不断提高，身处审判一线的法官，承受的压力越来越大，不仅是‘案多人少’的现实情境导致的办案压力，更多的是高要求的办案效果导致的裁判心理压力……均让法官感觉如履薄

---

〔1〕 吴涛、江明：《法官工作饱和度测算模型的建构及运用》，载《法律适用》2018 年第 17 期。

〔2〕 饱和度的测算公式如下：以法官实际工作量 F 与其工作饱和值 R 的比值来衡量工作饱和度 S，即 S＝F/R。“当 S＜0.9 时为非饱和状态，0.9≤S＜1.0 时为接近饱和状态，S＝1.0 时为饱和状态，S＞1.0 时为过饱和状态，据此可评价法官的工作负荷和身心健康状况。”吴涛、江明：《法官工作饱和度测算模型的建构及运用》，载《法律适用》2018 年第 17 期。

〔3〕 夏道虎：《江苏省高级人民法院工作报告——2018 年 1 月 28 日在江苏省第十三届人民代表大会第一次会议上》，载江苏人大网 2018 年 2 月 11 日，https://www.jsrd.gov.cn/hyzl/srdh/d_9035/dhwj/201802/t20180211_490658.shtml。

冰、身心俱疲。"[1] 考核指标的复杂化、科学化，审判质效整体趋好与法官感受到的压力增大并存的现象说明：一线法官至少暂时还未能从当前绩效考评制度的改革中获益。

二、绩效考评复杂化导致法官被吞噬

由绩效考评制度复杂化趋势与审判质效提高、法官压力增大现象的并存，可以部分地推知，绩效考评制度改革未能完全实现自身的意图[2]，甚至还可能会导致一些制度预设意图之外的后果产生（unintended consequences of intended acts）。[3] 结合法院改革实际来看，上述问题至少导致了两个意外后果：一是法院系统需要耗费更多的时间、精力去研发所谓的更为科学、合理的绩效考评制度，这无疑会挤压整个审判资源的利用；二是法官会不断地被卷入复杂化、精致化、科学化的考评指标体系中，最终迷失自我。两个意外后果叠加的结果可能就是公正司法的实现被干扰。

法院推进绩效考评制度、员额制、审判团队等改革，本意在于更充分、更有效地利用审判资源，减少法官不必要的负担，以便其能更好地审理案件，提升审判质效。但是，既有的改革实践却说明，法院不仅没有从繁杂冗余的事情中解放出来，反而要花费更多的时间、精力、资金等用于相关改革的设计、验证、评估、反馈等，绩效考评制度就是其中的代表之一。一方面，为了使绩效考评的管理更为科学化、理性化，与案件有关的管理机构不断地增多起来，虽然司法管理与司法审判都是司法权的有机构成，但是架床叠屋的案件管理机构的成立是否符合司法改革的内在精神呢？比如，审判管理办公室、司法改革办公室等的成立，每个内设机构的成立都要配置相应的

---

〔1〕 方扬慧、丘理、王小佳：《法官压力何以消解——以我国法官职业化路径的完善为着眼点》，载《司法改革评论》2015 年第 2 辑。

〔2〕 审判质效提高和法官压力增大现象的存在并不完全是绩效考核制度改革所致，比如案件数量本身的增加也是关键因素，但这也从侧面说明，包括绩效考评制度在内的机制并未能发挥好审判资源调配的作用。

〔3〕 对于意图、行动与效果的关系，吉登斯指出，"目的与能动行为的脱节表现为以下两种情形：行动者可以达到他们想要达到的意图，但却不是通过他们的能动行为；有意图的特定举动特有地引起一系列的后果，这种后果可以被合理地认定为行动者所做，但是实际上他们并不希望这样"。[英] 安东尼·吉登斯：《社会学方法的新规则——一种对解释社会学的建设性批判》，田佑中、刘江涛译，社会科学文献出版社 2003 年版，第 164—165 页。

人、财、物作为支撑，在整个司法资源相对固定的情况下，这些无疑都会挤占一线审判资源。另一方面，对评价指标、权重指数、案件饱和度所谓科学化、合理化的研究也陷入泥淖之中，耗费了若干的司法资源去寻找无解问题的答案。如果说以往绩效考评制度设置的案件均衡度、调解率等硬性指标存在不合理之处，那么当前的司法技能、文书上网率、电子卷宗随案生成率等指标是否就合理呢？依此进行推演则会发现：评价指标体系成为一个不断变动并具有无限可能的对象。再以案件饱和度为例，由于层级、区域、个体等千差万别，饱和工作量究竟应该为多少才算合理呢？要不要算上法官参加的各类会议、调研、扶贫帮困活动呢？从这个角度来审视当前有关案件饱和度的理解，就会发现站在个体法官角度所言的案件饱和度并非当下司法实践中的真问题。[1] 同样，究竟应如何对案件进行细化分类、应测算案件审理中的哪些指标，显然也是无解的问题。评价指标、权重指数、案件饱和度作为一种形式化的评价方法，即使在客观形式上设计了所谓精确的指标、指数等，其也会被法官个性化因素的存在所击穿，因此，对形式化的过分追求不仅不能缓解司法资源配置压力紧张的问题，反而会消耗有限的资源。

在过往的一段时期内，法院系统对审判质效数字的迷信与追求，比如为了满足民事一审人民陪审率100%的要求，法官们采用了“选可靠的人、用放心的人、急匆匆的开庭通知和判后不签名”[2] 等行动策略，这些行动策略的使用对于案件真正审判并无任何益处，反而消耗了法官有限的时间、精力等，最终不得不由当事人、法院自身来承受行动策略导致的负外部性，因为“个体的人不可能为自己创造一个崭新的世界，不过他至少有可能设法规避诸种直接

---

〔1〕 当前，对法官案件饱和度的计算仅仅考虑案件审判对法官时间、精力的耗费而未估算其他。张澎、姜金良在对案件饱和度的测算方法进行研究时也有类似的发现，虽然他们主要从员额法官配置角度考虑。如他们所言：“法官的个体变量因素如职业技能高低数量程度、家庭生活状况、个人子女生育抚养、职业态度等也会影响工作量的实现”；“外部经济环境、诉讼案件数量的变化也对工作量有所波及影响”。张澎、姜金良：《法官员额制的测算与配置——以民事案件权重值模型为中心》，载贺荣主编：《尊重司法规律与刑事法律适用研究（上）——全国法院第27届学术讨论会获奖论文集》，人民法院出版社2016年版，第239页。

〔2〕 张建：《法官绩效考核制度中人民陪审考核及其悖论——以J市法院的司法实践为例》，载《山东警察学院学报》2014年第4期。

的压力，能够不断地摆脱体制强加给他的诸种限制”[1]。所以，为了杜绝、减少“指标最优”[2] 的排名机制对法官造成的负面干扰，最高人民法院不得不在2014年发文决定取消审判质效排名的做法、取消不必要的考评指标。但是，包括最高人民法院在内的诸法院未能意识到的问题是，更为复杂化、科学化、精致化的评价指标体系不断涌现的过程，其实也是具有主体性的法官不断被吞噬的过程。例如，虽然J省《法官业绩评价办法》指出，“办案数量（工作量）得分按照《全省法院案件复杂度权重评估办法（试行）》由电脑系统自动计算生成”，但这仅仅解决了业绩评价主体评价方便及评价数据获得较为客观的问题，并未能将法官从更为烦琐的业绩评价指标体系中解放出来。造成这种结果的原因有二：一是当前不仅没有弱化审判业绩与法官的职业、个体利益之间的关联性，反而强化了这种关联，对于这点从“将审判业绩作为法官是否退出员额的依据”的规定中就能得到印证。[3] 二是更为精致化、细节化的评价指标的存在，使得法官不得不更加注意各项评价指标，稍有差池，可能就会导致评价不高、不好的结果。如果将上述两个因素叠加起来思考，能够推导出来的结果就是，法官对优化的审判业绩予以追逐的情形将会继续存在。

综上所述，无论是为了制定更为科学、合理的考评制度而导致法院资源被挤占，还是员额法官为了满足考评要求、保住员额位置、获得更多溢价等而不得不采用策略行动、不得不更为细心地关注评价要求，在总体司法资源不变的

---

〔1〕［法］米歇尔·克罗齐耶：《法令不能改变社会》，张月译，格致出版社、上海人民出版社2008年版，第8页。

〔2〕有关指标最优生成逻辑、异化后果及反思的相关研究，参见张建：《指标最优：法官绩效考评制度运行的实践逻辑研究》，中国政法大学出版社2018年版；李拥军、傅爱竹：《“规训”的司法与“被缚”的法官——对法官绩效考核制度困境与误区的深层解读》，载《法律科学（西北政法大学学报）》2014年第6期。

〔3〕如《邳州市人民法院员额法官管理办法》第5条第1款规定：“员额法官有下列情形之一的，应当退出员额并报省法院审批：（一）经办案绩效考核，非因客观事由、审判工作量未达到年度考核最低标准的……”《江苏省法官、审判辅助人员绩效考核及奖金分配指导办法（试行）》在第13条第6款对法官的工作量加以规定，“（七）审判岗位法官需要完成的年度案件权重基本工作量为所在业务庭全体法官年度案件权重值的75%”。所以，即使抛开员额法官能否因办案绩效考核低而被强制退出员额的问题，员额法官退出员额的规定也至少存在两个问题：一是法官的最低工作量显然会存在“水涨船高”的问题；二是年度考核未达最低标准就可能会被强制退出，而无任何缓冲期也不妥。《邳州市人民法院员额法官管理办法》，载邳州人民法院网，http：//wmdw. jswmw. com/home/content/? 3831 -4659131. html。

前提下，都可以推导出：被不合理的审判管理、策略行动消耗的时间、精力越多，正常的案件审理、案件管理所能够支配的时间、精力就会越少，定然会影响审判质效的真正提升。所以，在此轮绩效考评制度改革中，法官作为绩效考评制度的对象、客体的倾向不是被削弱，而是被各种直接、间接的因素强化了。故而，有必要对绩效考评制度改革中制度建构加强而法官主体意识未获彰显的“法官对象化”[1] 出现的原因予以探究。

三、绩效考评制度改革中法官被吞噬的生成原因

绩效考评制度不仅未能真正地达至优化审判资源分配、合理均衡法官工作量的目的，反而将法官裹挟得更为密不透风，这其实就是绩效考评制度改革的意外后果。吉登斯认为，行动的意外后果就是“有意发生的事情没有发生，代之而来的是行动者的行为产生了另一个结果或多种结果”。而意外后果的产生，“要么是由于当做‘手段’运用的‘知识’是错误的或与所寻求结果无关，要么是由于他或她误解了需要运用那种‘手段’的情景”[2]。通过吉登斯的解释可发现，绩效考评制度改革之所以出现上述意外后果，要么是因为改革者误解了作为“手段”的绩效考评制度，要么是因为改革者忽略了绩效考评制度运用的构成性前提。对此，我们认为，对数据挖掘及科学化计算方式的不恰当使用、司法改革的建构理性化假设是其中的两个直接因素，而忽略法官所具有的主体性则是意外后果出现的根本原因。

数据挖掘技术作为一种对海量数据进行处理的方法，能够快速而有效地在海量的数据中抓取所需要的信息，发现以往经由简单数据处理不能发现的逻

---

〔1〕 对绩效考评制度设计科学化及业绩的过分重视，还可能会使我国深入群众内部、全心全意投入的人民司法传统受到侵蚀，因为热情、态度等是没有办法量化的。有关人民司法传统的形成，可参见侯欣一：《从司法为民到人民司法——陕甘宁边区大众化司法制度研究》，中国政法大学出版社 2007 年版；苏力：《送法下乡：中国基层司法制度研究》，中国政法大学出版社 2000 年版。

〔2〕 ［英］安东尼·吉登斯：《社会学方法的新规则——一种对解释社会学的建设性批判》，田佑中、刘江涛译，社会科学文献出版社 2003 年版，第 165 页。

辑、问题等。近年来，数据挖掘已被广泛地运用于司法实践及相关研究中。[1] 有关案件权重系数、法官案件饱和度等的测算，也是基于相应的数据挖掘而构建起来的。比如：早在2016年上海市高级人民法院就采集了近150万个案件，并对每个案件中70余项信息点经过反复测算、科学评价而最终得出相关评价指标体系；同年，江苏省高级人民法院完成权重体系测算工作，被测算的案件多达201万个。由于司法管理具有科层制的特性，借助于技术化手段能在一定程度上避免主观性，发挥经由技术吸纳主观的作用，如在有关员额法官指标分配问题上，江苏省高级人民法院司改办主任孙辙评价道："这么把员额分下去，没有哪个法院说我们不公平。"[2] 可以肯定地认为，借助于数据挖掘技术，能有效地提升司法的改革实效。但是，问题的紧要之处在于：对数据挖掘等技术可能带来的所谓的科学性、精确性的过分迷信，使得作为手段的指标体系、案件权重、案件饱和度等本身被目的化了，同时，在技术与技术迷信的相互支撑下，各类指标被不断地修改、完善、提升。[3] 而在司法实践中，技术迷信[4]带来的迷惘却容易被我们忽略，一如王禄生所言："在官方的话语体系中，大数据与人工智能技术介入司法场景的深度与广度前所未有"，"与官方话语的积极性呈现鲜明不同的是，部分一线干警对于这类技术的话语则呈现出

---

〔1〕 通过对超过303万份一审刑事文书的数据挖掘，王禄生发现在2012年《刑事诉讼法》修正实施后的5年内，虽然"审前羁押、刑事辩护、繁简分流等方面的部分指标已明显好转"，但是涉及根本性问题，如羁押措施的生成机制、刑事辩护中律师参与等还需要进一步的有效提升。王禄生：《论刑事诉讼的象征性立法及其后果——基于303万判决书大数据的自然语义挖掘》，载《清华法学》2018年第6期。

〔2〕 如孙辙所言："最初录入案件都要靠人工，像非常原始的田野调查。三万多案件，要从档案室里把卷宗扒出来，一本一本翻找，将每个案件的25项信息查清，手动输入统一的表格。后来，手工录入变成了对电子卷宗进行技术处理，案件样本量也逐步扩大。"滑璇：《案多人少，法院员额怎么分 江苏法院探索"案件权重指标体系"》，载《南方周末》2017年6月22日，第3版。

〔3〕 如刘宇玥所言："你看到的是第一代赋分标准，我们现在使用的已经进行过调整，比那时候更加科学、准确了。"滑璇：《案多人少，法院员额怎么分 江苏法院探索"案件权重指标体系"》，载《南方周末》2017年6月22日，第3版。

〔4〕 不仅应对大数据应用的效果予以必要的警惕，也要对数据挖掘本身加以反思。多梅尔在对有关违规的算法进行分析时曾指出："对于科研人员而言，所谓识别违规行为，就是将可预测的正常行为进行归类，然后编写一种算法以识别任何违背这些'常规'的行为……很明显，'常规'行为不是一种客观的度量，而是一种社会建构概念，代表的只是人们的偏见。"［美］卢克·多梅尔：《算法时代：新经济的新引擎》，胡小锐、钟毅译，中信出版社2016年版，第135页。

消极的一面，并形成怀疑话语、否定话语和抵触话语三类表达”。[1] 舍恩伯格、库克耶也曾指出：“大数据时代对我们的生活，以及与世界交流的方式都提出了挑战。最惊人的是，社会需要放弃它对因果关系的渴望，而仅需关注相关关系。也就是说只需要知道是什么，而不需要知道为什么。”[2] 这也就是说，大数据等技术具有将改革本应有的价值判断边缘化的问题。故而，显而易见的是：绩效考评制度之所以出现实践效果与改革预设目的的背离，很大的原因就在于将关于人的改革逐渐转移至关于现代技术的改革，在此过程中，具有主体性的法官消失了。

司法改革中整体地、同质地、自上而下地建构理性假设，是导致绩效考评制度复杂化的关键原因，也是导致审判质效提高、法官压力增大现象出现的重要原因。[3] 当前，司法改革的主导者假定地认为通过对绩效考评指标进行研发、对案件进行类型化区分、对案件要素进行权重分配，就可以测算出每个法院的总体审判工作量，同时，根据案件饱和度可以彻底地实现法官评价的合理化及审判资源合理化分配的目的。但是，此假设至少有两个不足：一是如上文所言，绩效考评指标、案件权重、案件饱和度都是无解的命题，但当前的改革却假定认为“通过指标化、形式化和数字化的方式就能将法官的工作态度、积极性、热情等测量清楚”[4]。二是从实践角度看，例如当某个法院的员额法官数超过了测算出来的应分配指标时，应制定何种标准让既有的法官从该法院流出以及怎么流动，这无疑也是未能虑及的棘手问题。改革过程中的同质化假

---

〔1〕 王禄生：《大数据与人工智能司法应用的话语冲突及其理论解读》，载《法学论坛》2018 年第 5 期。

〔2〕［英］维克托·迈尔-舍恩伯格、肯尼思·库克耶：《大数据时代：生活、工作与思维的大变革》，盛杨燕、周涛译，浙江人民出版社 2013 年版，第 9 页。

〔3〕 之所以得出这个判断，原因在于：法院案件受理量的增加固然与案件自然增长有关，但也与立案登记制的实施有关。对于法院“案多人少”的问题，其中一个重要的因素就是诉讼成本太低。苏力就主张：“法院系统应会同相关决策部门以各种措施提高诉讼成本，使司法得以集中有效关注更具规则意义的纠纷解决。”实践中，立案登记制不仅未能起到提高诉讼成本的作用，反而降低了诉讼成本，鼓励了诉讼，再加之对社会资源利用得不够彻底，也导致进入诉讼的案件越来越多。苏力：《审判管理与社会管理——法院如何有效回应“案多人少”?》，载《中国法学》2010 年第 6 期；石春雷：《立案登记制改革：理论基础、运行困境与路径优化》，载《重庆大学学报（社会科学版）》2018 年第 5 期。

〔4〕 张建：《指标最优：法官行动异化的逻辑与反思——以 J 市基层人民法院的司法实践为例》，载《北方法学》2015 年第 5 期。

设则使得不同层级、不同区域的法院、法官之间的差异未能被虑及。有关员额制改革效果的实证就显示，基层人民法院所面对的案件类型及其对法官能力的要求与中级人民法院及以上法院是有所区别的〔1〕，但法官遴选标准与指标分配却未能考虑到这点，“一刀切”的改革方案使得改革后的基层人民法院普遍面临着更为艰巨的“人案矛盾”。绩效考评制度同样存在类似的问题，如对法官调研文章发表的考核等。而改革总体方案的目的、实现路径等在此轮改革中都是由上级法院制定与实施的，下级法院、法官仅仅被视为改革的接受者，殊不知，这种将上级法院优于下级法院、将作为组织的法院优于作为个体的法官的假定，不仅导致法院的地方性及创造性未能获得重视，也导致法官作为改革参与者的亲历性意识荡然无存，最终不能真正地拥抱改革。斯科特在对秩序生成进行研究时就发现：“正式的项目实际上是寄生于非正式的过程，没有这些非正式的过程，正式项目既不能产生，也不能存在。然而正式的项目往往不承认，甚至压抑非正式过程，这就不仅损害了项目目标人群的利益，也最终导致了设计者的失败。”〔2〕 从这个角度看，重视下级法院、重视法官在改革中作用的发挥应成为改革的应有之义。

四、以法官信任为基础建构绩效考评制度

上文的论述在于揭示，借助于大数据等现代方法进行的理性化努力而建构的科学、复杂、精致的考评制度与法官不断增大的案件审判压力之间产生的矛盾，该矛盾的存在说明了绩效考评制度改革并未能真正有效回应司法实践需求。为此，可以从结构（法院）与行动者（法官）、闭合（法院）与开放（社会）的关系视角来加以审视。

员额制改革的目的在于推进法官的职业化、专业化，2018 年《最高人民法院关于进一步全面落实司法责任制的实施意见》也提出，要进一步强化“让审理者裁判，由裁判者负责”的观念和要求，意图真正地构建以审判为中心的司法改革。这一切似乎都在承认法官在案件审理中的中心位置，但是，实

〔1〕 张建、姜金良：《同质与建构：作为反思法官员额制的切入点——基于 J 市基层人民法院案件结构与法官工作量的实证研究》，载《山东社会科学》2016 年第 8 期。

〔2〕 ［美］詹姆斯·C. 斯科特：《国家的视角——那些试图改善人类状况的项目是如何失败的》，王晓毅译，社会科学文献出版社 2004 年版，导言第 6—7 页。

践中的法官却未能真正地进入在案件审理中除了遵从法律而无其他顾虑的状态，直接原因就在于法官需顾及案件审理之外的诸多事项，如审判业绩、裁判效果等，根本原因在于包括绩效考评制度、员额制改革在内的改革措施未能真正地倾听法官尤其是基层人民法院法官的声音，更不用说将他/她们的意见结构到改革中了。其实，这种将法官视为改革/制度规制的对象，而非改革/制度中行动主体的现象并非当前形成的，而是长期以来形成的惯习〔1〕所致。以绩效考评制度来说，其虽然存在从行政管控型向质效评估型的转换〔2〕，但本质上仍然是一种对法官不信任的表现。艾佳慧在对我国近80年（1937—2012）的法官管理制度进行梳理后，发现“在某种程度上，是事前遴选的非职业化直接导致和正当化了事后管理的行政化”〔3〕。所以，有必要对当前司法改革中该种惯习的影响保持必要的警惕，一如克罗齐耶所言：“与战争相比，真实社会的变革更为错综复杂，因为在此变革之中，敌人并不在我们的外部，而正是我们自己。”〔4〕具言之，此轮司法改革能否取得成功，很大程度上取决于能否战胜长久以来在司法实践中形成的惯习所具有的规制性力量，建立一种以法官信任为中心的司法改革蓝图。

对于作为行动者的人在改革、实践中所具有的重要性，克罗齐耶曾指出：“假如想要创造获得成功的时机，人们应该关注的是战略，而非变革。更为重要的是，人们应该注重发展人际关系，而不是去建构诸种有关国家的理论，应

---

〔1〕对于习性及其效果，布迪厄指出：“习性是持久的、可转换的潜在行为倾向系统，是一些有结构的结构，倾向于作为促结构化的结构发挥作用，也就是说作为实践活动和表象的生成和组织原则起作用，而由其生成和组织的实践活动和表象活动能够客观地适应自身的意图，而不用设定有意识的目的和特地掌握达到这些目的所必需的程序，故这些实践和表象活动是客观地得到‘调节’并‘合乎规则’，而不是服从某些规则的结果，也正因为如此，它们是集体地协调一致，却又不是乐队指挥的组织作用的产物。”斯科特也洞见，“惯例往往是在关系系统之内习得的，并由关系系统来维持和更新……意味着惯例并不可能轻易传播到由新的行动者与新的关系所构成的新情景中”。[法] 皮埃尔·布迪厄：《实践感》，蒋梓骅译，译林出版社2012年版，第74—75页；[美] W. 理查德·斯科特：《制度与组织——思想观念与物质利益》（第3版），姚伟、王黎芳译，中国人民大学出版社2010年版，第92页。

〔2〕张建、李瑜青：《法官绩效考评制度的功能与反思》，载《华东理工大学学报（社会科学版）》2016年第5期。

〔3〕艾佳慧：《法官管理的中国范式及其限度（1937—2012）》，载《东南大学学报（哲学社会科学版）》2018年第4期。

〔4〕[法] 米歇尔·克罗齐耶：《法令不能改变社会》，张月译，格致出版社、上海人民出版社2008年版，第49页。

该更多地相信人，而非程序。”〔1〕 伯格和卢克曼也发现：“人类的成长发展，不仅与特定的自然环境相关，也与特定的文化及社会秩序有关，后者是由重要他人(significant others)传输给他的。”〔2〕 苏格拉底在对工匠与技艺的关系进行讨论时则认为：“技艺的从事者若是忠于他们的技艺，就会献身于他们不能忽视的目标。”“事实上，每个工匠从事两种技艺——一种使他获得自己称号的技艺和一种挣工资者的技艺。他以后一种技艺关照自己；以前一种技艺关照别人。”〔3〕 苏格拉底对技艺从事者进行类型区分判断的言下之意在于指出，对于技艺的从事者，我们希望他们是什么他们可能就会是什么。具言之，当将法官视为需要管理、监督的对象时，他/她们可能就会努力地使自己符合监督、管理的要求，法官通过采取策略行动以追求考评指标最优的现象就非常清楚地说明了这点；反之，如若将法官视为司法正义的实现者、实践者，他/她们可能就会以司法正义作为自身的追求目标。〔4〕 遗憾的是，虽然当前的绩效考评制度具有复杂的指标体系、科学的权重计算方案、海量数据支撑的案件饱和度计算模型，但它们仅仅都是将案件进行了要素化、形式化处理，而将案件审理中的人性维度抽离了。

法院的组织结构构成了法官行动的直接外部结构，法官的行动与组织结构既可能相互促进也可能相互锁定。当组织结构与行动诉求能相互支撑时，那么反馈与回应则能相互促进；而当两者相互不信任、有隔阂时，反馈与回应则会相互锁定。所以，还应重视作为组织的法院所应具有的开放性，这样才能促进法院与法官的相互支撑、回应与发展。之所以要重视法院组织结构的开放性，原因还在于“在社会世界中存在的都是各种各样的关系——不是行动者之间

---

〔1〕［法］米歇尔·克罗齐耶：《法令不能改变社会》，张月译，格致出版社、上海人民出版社2008年版，第96页。

〔2〕［美］彼得·伯格、托马斯·卢克曼：《现实的社会建构》，汪涌译，北京大学出版社2009年版，第42页。

〔3〕［美］布鲁姆编：《人应该如何生活——柏拉图〈王制〉释义》，刘晨光译，华夏出版社2015年版，第45、第54页。

〔4〕 桑德尔认为：“腐蚀一件物品或者一种社会惯例也是在贬低它，也就是以一种较低的评价方式而不是适合它的评价方式来对待它。”“如果生活中的一些物品被转化为商品的话，那么它们就会被腐蚀或贬低。”当前的认识就弥漫着这样的假定，认为通过提高法官入职标准再配置以经济待遇的提升，就能解决法官工作态度和动力的问题。［美］迈克尔·桑德尔：《金钱不能买什么：金钱与公正的正面交锋》，邓正来译，中信出版社2012年版，第23页、导言XVIII页。

的互动或个人之间交互主体性的纽带，而是各种马克思所谓的‘独立于个体意识和个人意志’而存在的客观关系”[1]。当前，司法改革实践之所以会陷入腾挪不开而不得不在较为逼仄的结构中予以推进的境地，就在于改革中的封闭性，即法院系统在改革时不重视将外部资源真正结构进司法中。司法作为纠纷解决机制的一种，固然有国家强制作为合法性保证，但无论是案件来源还是裁判结果接受都是嵌入在社会结构中的事实是无法改变的。“司法公正社会认同问题，指的是在特定社会历史条件下，如何认识司法系统与非司法的其他社会系统及社会公众之间的关系，并使两者达到协调、共进状态的问题。”[2]保持法院系统必要的开放性，将社会资源导入司法中，有助于司法改革目的的达成，也有助于社会对司法的认同。

重视作为组织的法院的开放性，就是要经由制度化方式将法院与社会联通起来。毋庸置疑，当前已有人民陪审员制度、多元化纠纷解决、司法公开等诸多联通机制，但实践及相关研究表明，很多联通机制往往都沦为形式化的空转，未能真正地发挥作用[3]，最为根本的原因就在于法院未能真正地拥抱开放性。司法的开放性，既可以表现为在案件审理中将地方性规则涵摄进裁判中[4]，也可以表现为在法院运行中将地方性的法治建设共生力量结构进来[5]。基于

---

〔1〕［法］布尔迪厄、［美］华康德：《反思社会学导引》，李猛、李康译，商务印书馆2015年版，第122页。

〔2〕李瑜青：《司法公正社会认同的价值、内涵和标准》，载《东方法学》2017年第2期。

〔3〕一项关于人民陪审员选任的实证研究发现，“以满足陪审员人数要求为己任的改革是一种形式导向的要求，只要在人数要求、比例及选任方式上符合改革要求，那么改革的目的就算是完成的。如果从实质的角度出发，选择真正符合改革要求的陪审员……就需要花费相当的时间精力”，因此被法院弃而不用。张建：《人民陪审员选任的变革逻辑与实践反思——以J市基层人民法院司法实践为例》，载《西部法学评论》2017年第6期。

〔4〕由于笔者不是从案件裁判的角度讨论司法的开放性，故而后文未对该问题开展细致讨论。相关问题研究可参见谢晖：《从“可以适用习惯”论地方性法规的司法效力》，载《法律科学（西北政法大学学报）》2018年第6期；高其才：《论人民法院对民事习惯法的适用》，载《政法论丛》2018年第5期。

〔5〕将社会共生力量结构到国家之中是我国的传统做法，黄宗智将其概括为第三域。由于现代国家政权的建设，第三域未获得应有的重视，其不断地被制度化而逐渐萎缩。有关法治建设、司法改革的假定也是如此，认为存在国家与社会二分，具言之，纠纷解决的主体与追求权利的个体二分，国家与个体直接面对而没有任何中间力量的存在。为此，黄宗智呼吁道：“中国实际的社会政治变迁从未真的来自对针对国家的社会自主性的持久追求，而是来自国家与社会在第三域中的关系的作用。”黄宗智：《经验与理论：中国社会、经济与法律的实践历史研究》，中国人民大学出版社2007年版，第176页。

此，就会发现必须摒弃那种将上级法院视为全能、优于下级法院的假定，尊重和重视法院的地方性；同时，还有必要建立起相应的制度，以此来规范、结构、评价地方性的法治建设共生力量结构到司法的路径、形式等。

总之，要逐步克服那种仅仅关注体制、制度、机制变革而将法官予以对象化处理的思维方式，转向以法官信任为中心的模式；要逐步克服那种将作为组织的法院抽离出去而仅重视国家单一性力量的思维方式，转向以制度化方式结构社会共生力量的模式。

五、法官绩效考评制度的优化

韦伯发现，"现代社会的所有人都不得不纳入到政治、经济、社会的理性化组织中，成为庞大的官僚机器的一个小螺丝钉，成为社会的秩序人而丧失自由"〔1〕。但我们不能就此简单地接受理性化的宿命，而应有所突破。所以，从绩效考评制度切入对司法改革中"法官对象化、客体化"问题予以检讨并非最终目的，较根本的关切还在于，经由对相关问题的分析、反思及可能性转向的讨论，将法官从被忽略的位置转换到改革的中心，让法官能切实地感受到自己是"法律帝国中的王侯"、获得职业应有的尊荣感，以更好地实现司法公正。因此，在现有的价值共识、制度框架、行动结构等约束性要素下，可以从以下三个维度出发建构有效的操作新机制，具体如下：

第一，重视法官的主体性，审慎地对待绩效考评制度及其功能。设置绩效考评制度的本意在于对审判质效予以评估，以便更好地提升公正司法实现的水准。从这个角度看，作为审判管理手段的绩效考评制度应服务于法官、服务于法官的案件审理。重视法官的主体性，就是要尽可能地减少绩效考评制度对法官案件审理、法官时间精力分配等可能造成的干扰。审慎地对待绩效考评制度及其功能可从两个维度出发：一是基于案件审理合法性要求，在既有的诉讼制度框架内建构相应的评价指标，如法定期限内结案数、法定期限内结案率等，减少可能会干扰法官案件审理的评价指标，如发回重审率、改判率等。二是基于考评因素是否为法官所控进行评价，即评价事项应是在法官能力所及的范围内，如案件审理是否符合法定程序、有无违反法官职业道德要求等，减少、消

---

〔1〕 陈志刚：《韦伯与马克思现代性思想的比较》，载《山东社会科学》2016 年第 8 期。

除对法官不可控事项的考评，如上诉率、调解率等。同时，发挥好司法责任制度在法官管理中的兜底功能，除非出现重大的违背法官职业道德要求或重大错误审判等需要追究司法责任的情形，一般只应将绩效考评结果作为案件审理优化的参考依据。只有这样，法官才能真正地在一个较为宽松的结构中，依照法治精神和法律制度要求，稳妥地推进案件审理工作。

第二，重视法官的主动性，制度化地完善法院与社会的联通机制。当前的司法改革，已初步形成了以审判为中心的共识，初步建立了以法官为核心的审判团队运行方式，但由于包括审判团队在内的诸多机制仍具有较强的行政色彩，法官暂时还未能真正成为审判团队的领头人物，团队内部也未能形成分工合理的协调机制。重视法官的主动性，就是要在现行法律框架下充分授权给法官，在审判团队的组成、运作等方面，如法官助理、书记员的选任、分工、评价等逐步地过渡到以法官的判断为主。在此过程中，打通法院与社会的隔阂，制度化地将社会资源导入并真正地结构到法院的运作中。如法官助理的选任，不必拘泥于是不是法院的在编人员，符合条件的本科生、研究生以及实习律师、社会人士等都可成为法官助理。[1] 此外，形成具有弹性的团队组织模式，打破员额法官编制的限制。如：在案件审判压力大的情况下，法官主导的审判团队可多招纳法官助理；反之，则缩小团队的规模，实现资源的合理化分配与流动，弱化利用绩效考评制度来强化、督促法官提升审判质效的做法。同时，还可以建立当事人、相关律师、社会民众等参与法官评价的制度等。

第三，重视法官的主要性，有序地推进从管理型法院向服务型法院的转变。法院与法官的关系要从监督与被监督、管理与被管理的关系转向服务与被服务的关系。司法权本质上就是判断权，“司法判断是针对真与假、是与非、曲与直等问题，根据特定的证据（事实）与既定的规则（法律），通过一定

---

〔1〕 如在加拿大法院系统内就设置有文书助理岗位，“担任文书助理的人员都是法学院毕业的学生，他们在毕业后正式从业前到法院担任文书助理……文书助理的设置并非仅为法官和法院工作的便利，也是国家培养法律人才的措施之一，体现法院与社会公众之间的良性互动”。美国也有类似规定，如《美利坚合众国法典》第675条就规定：合众国首席大法官和最高法院大法官可任命法律助手和秘书，其工资由法院确定。李亚飞、刘晓勇：《加拿大联邦法院系统人员分类管理制度》，载周泽民主编：《国外法官管理制度观察》，人民法院出版社2012年版；最高人民法院政治部编：《域外法院组织和法官管理法律译编》（上册），人民法院出版社2017年版，第130页。

的程序进行认识"[1]。法官最为核心、根本的任务就是在法治精神、法律制度下，充分地运用好判断权。从这个角度看，会发现包括庭审直播率、文书上网率、电子卷宗随案生成率等在内的诸多针对法官的考评指标，与司法判断权并没有太多的关联性，它们更多的是日常行政化管理所需。鉴于此，一方面可以制度化地督促法官在审判团队中通过合理分工来完成部分指标，另一方面应强化法院在司法运行中的服务保障功能，形成行政事务人员与法官（审判团队）之间的合理化分工。[2] 只有改变法院与法官的相对关系，才能将法官从日常琐碎事务中解放出来，更好地开展案件审理工作，当然这个转变将会是一个相当漫长的过程。

六、结 语

上文的论述基本达至了将绩效考评制度复杂化趋势、后果及生成原因勾勒清楚的目的，更为重要的是还将当前的绩效考评制度改革实际仅仅将法官视为制度、改革的对象而忽略了其本应具有的主体性问题进行了充分的揭示。法官对象化、工具化的后果就是法官不得不采用工具理性手段来满足考核要求，在此过程中，法官将本应具有的价值和司法判断力丢失了，失去了价值追求的司法实践，最终沦为形式化的空转。所以，在当前的时空背景下，司法改革要想取得实实在在的发展，必须摒弃将法官视为监督、考核、管理对象的思维，真正地尊重、相信法官在公正司法实践中本应具有的主体性、主动性和主要性。

---

〔1〕 孙笑侠：《司法权的本质是判断权——司法权与行政权的十大区别》，载《法学》1998年第8期。

〔2〕 从管理型法院走向服务型法院的过程将会相当艰巨，原因在于"我国司法权和司法行政事务管理权配置及运行机制混同"。如法官参与扶贫甚至因扶贫不力而被问责的问题是否妥当、是否会影响案件审理就值得讨论。2017年，广西来宾的一则通报就证明了该点，"兴宾区人民法院审判员潘伟强因开展贫困户精准识别工作履职不力被问责。"需要说明的是，法院作为整体是党和国家政治事业的构成，应承担相应的、具体的政治任务，这并无疑问，关键在于法院应让谁参与扶贫。《来宾市通报6起脱贫攻坚工作履职不力典型案例》，载广西纪检监察网2017年11月29日，https：//www. gxjjw. gov. cn/staticpages/201711 29/gxjjw5a1e1aa8-128795. shtml；徐汉明：《论司法权和司法行政事务管理权的分离》，载《中国法学》2015年第4期。

指标最优：法官行动异化的逻辑与反思

党的十八届四中全会报告指出："公正是法治的生命线。司法公正对社会公正具有重要的引领作用，司法不公对社会公正具有致命破坏作用。"为了促进司法公正的实现，当下中国法院建立了复杂的制度、组织和机制来加以保障，如案件流程管理系统、审判委员会、法官绩效考评制度等。关于上述制度、组织和机制的运行及效果，有两种不同的评论：一种观点认为它们是在不断地促进案件审理质量、效率和效果的提升。〔1〕就绩效考评制度的实施效果来说，法院系统的报告认为："其使得案件质量得到显著提高、信访投诉大幅度下降，由于绩效考评还与司法成本挂钩，使得司法成本也得到了很好控制，同时由于鼓励法官提高自身素质和潜心专研法学理论，使得法官的队伍也更加充满生机和活力。"〔2〕但通过对实践的反思性观察后，产生了另一种观点，即认为在上述保障要素下，法官的策略行动正变得日益正当化，使得上述保障要

本文发表于《北方法学》2015年第5期，人大复印报刊资料《法理学、法史学》2016年第2期全文转载，收入本书时有所修改；获2016年常州市第十四届哲学社会科学优秀成果奖三等奖。

〔1〕以对审委会的讨论为例，苏力就认为：审委会的存在可促使辖区内法律适用的统一，从而能防止司法不公和司法腐败问题，同时普通法官借助于审判委员会还可以此来抵制人情和保护自己。吴英姿也认为审委会有助于法官抵御外部压力、规避风险。苏力：《送法下乡：中国基层司法制度研究》，中国政法大学出版社2000年版，第88—124页；吴英姿：《法官角色与司法行为》，中国大百科全书出版社2008年版，第168—189页。

〔2〕姜堰市人民法院：《创新法官考评体系 着力提升审判效能》，载公丕祥主编《审判管理理论与实务》，法律出版社2010年版，第312页。

素设置在运行过程中出现异化。[1] 上述观点究竟谁是谁非及应该如何加以判断，构成了本部分的核心问题。但需要指出的是，选择简单的直面问题的方法，既无助于深化对问题的认识，也无助于丰富法治理论，更不要说有些制度在现实司法实践中还发生了变革。[2] 为此，笔者的主要意图在于：第一，研究绩效考评制度运行及其与法官策略行动的关系；第二，也是更为关键的，即发现指标最优的中轴原理，并在其基础上阐释一种解释与展望司法实践与变革的分析工具，意图丰富法治理论。

要实现上述意图，单纯从思辨角度出发进行研究肯定是不够的，效果也是可疑的，一如布迪厄所言："理论谬误在于把对实践的理论的看法当作与实践的实践关系，更确切地说，是把人们为解释实践而建构的模型当作实践的根由。"[3] 为了避免将理论的逻辑误解为实践的逻辑而导致误解产生，笔者主要从法官绩效考评制度运行及其效果切入，以法官策略行动如何可能作为研究对象来回答上述问题。

立基于此，本部分主要分析和讨论的问题有：一是，当代司法实践中有没有出现制度异化—法官策略行动的现象？二是，如果有上述现象，导致这一现象产生的原因是什么？三是，这一现象如何得以可能呢？对上述问题加以妥当的回答之后，必须反躬自问的是：从上述问题的讨论中能得出何种具有普遍意义的经验教训呢？

一、不断优化的数字与法官策略行动共存

通过建构全国性的案件质量评估体系以及地方各级人民法院"依样画葫

---

〔1〕 以对法官绩效考评制度的反思为例，蔡彦敏就指出，当下的案件质量评估指标更多地沦为一种法院评先创优的工具，而该制度设计本身的意图被忽视了。艾佳慧认为，由于既有的考评制度没有关注到不同级别法院在案件审理上的分工差异，该制度很大程度上损害了审判独立和程序价值等法治原则。蔡彦敏：《中国民事司法案件管理机制透析》，载《中国法学》2013 年第 1 期；艾佳慧：《中国法院绩效考评制度研究——"同构性"和"双轨制"的逻辑及其问题》，载《法制与社会发展》2008 年第 5 期。

〔2〕 2014 年最高人民法院决定："取消对全国各高级人民法院的考核排名"；"除依照法律规定保留审限内结案率等若干必要的约束性指标外，其他设定的评估指标一律作为统计分析的参考性指标，作为分析审判运行态势的数据参考"；"各高级人民法院要按照最高人民法院的要求，取消本地区不合理的考核指标"。胡新伟：《最高人民法院决定取消对全国各高级人民法院考核排名》，载《人民法院报》2014 年 12 月 27 日，第 1 版。

〔3〕 [法] 皮埃尔・布迪厄：《实践感》，蒋梓骅译，译林出版社 2012 年版，第 115 页。

芦”而型构的法官绩效考评制度，当下法院案件审理的质量、效率和效果都有了很大的提升。以J市基层人民法院2005年至2012年的案件审判情况为例，全院受理的案件总数量2005年为2827件、2006年为3190件、2007年为3632件、2008年为4229件、2009年为4296件、2010年为4503件、2011年为5097件、2012年为6045件。[1] 当然，其中还不包括该院执行局执行的案件。更为重要的是，这还是在J市法院总人数没有增加并且一线法官数量还略有减少的情况下的结果。由数据可见，自2005年至2012年，相对稳定的法官人数处理了一倍有余的案件数量。这意味着，与2005年相比，2012年J市法院的案件审判效率提升了一倍有余，当然法官的工作量也增加了一倍有余。

法官是如何提高审判效率和缓解不断增大的审判压力的呢？通过对J市法院法官的司法实践进行观察之后，却使人产生了疑惑和不解。为了提升案件的审判效果，地方各级人民法院都以案件的调解率作为主要的判断指标，因为“评价人民法院司法工作的成就，不仅要考虑人民法院在司法过程中化解社会矛盾的状况，而且要考虑司法活动赢得的公信和具有的权威状况”[2]。调解不仅能突破法律程序的刚性设置，也能使当事人融进司法过程，进而既有助于纠纷解决，又能弥合因矛盾而产生的社会缝隙。这也意味着，法官需要更加灵活地把握法律、更加尊重当事人、投入更多的时间和精力等。但在实际的司法过程之中，通过降低结果的预期来劝导当事人接受调解、将一个案件拆分成若干个案件、与社会“谋和”协调起诉案件、调解结束之后再立案以及将调解结案案件在内部进行流动等行动策略[3]，在法院中都成为公开的秘密，有法官在对调解进行评价时甚至认为，为了调解结案，法官几乎想尽了一切办法。同样，为了满足绩效考评中民事普通程序100%的人民陪审率的要求，选可靠的人、用放心的人、急匆匆的开庭通知以及判后补签名等行动策略[4]，在法院之中也是

---

[1] 笔者于2011年至2013年长期在J市基层人民法院调研，数据来源于笔者对J市基层人民法院每年的年终总结报告。

[2] 张军主编：《人民法院案件质量评估体系理解与适用》，人民法院出版社2011年版，第191页。

[3] 张建：《调解考核制度的设计与功能悖论》，载李瑜青、张斌主编：《法律社会学评论》（第1辑），华东理工大学出版社2014年版。

[4] 张建：《法官绩效考核制度中人民陪审考核及其悖论——以J市法院的司法实践为例》，载《山东警察学院学报》2014年第4期。

存在的，成为一些法官满足考核要求的重要选择。通过这些观察，能够发现一些法官会使用各种手段、策略来满足考核要求。基于韦伯关于价值理性与工具理性的区分，则可以将法官的行动策略概括为工具理性行动。[1]

需要交代的是，上述无论是关于调解还是关于人民陪审的行动策略的描述，并不能使我们否定当下法官尤其是基层人民法院法官的努力和承受的审判压力。这样的勾勒，毋宁在于指出：一是，当下法院在司法过程中，确实存在大量的策略性行动，法官并非像理论所设想的那样；二是，法院的统计数据建立在法官行动基础之上，这使得我们对法院统计数据的真实程度产生了疑问。基于上述观察，可以这样概括，亦即在当下法院实践中，不断优化的数据是与法官的大量策略行动共存的，在此过程中，法官绩效考评制度所欲达到的目的逐渐地被异化了。

为什么为提升案件审判质量、效率和效果的绩效考评制度在运行过程中出现了异化现象呢？这在制度学派看来是因为，制度的目的与制度下的个人目的相互间不匹配[2]；在社会学看来原因则在于，“人类行动者正是通过他们的行动重新创造了转而约束那些行动的社会实践（和制度）。他们也可以更改和改变其行动”[3]。李友梅从组织社会学角度出发曾指出：“当一些个体或群体以某种方式追求他们自己的那部分目标时，组织整体的正常运行及其生存就会碰到重重的困难。”[4] 这些观点和看法对我们回答上述问题带来的启发是，需要从结构与行动、组织与个体的关系视角来分析和反思绩效考评制度为什么会异化、法官策略行动为何得以可能。当然，不仅学理上的分析促使我们要沿着这一思路思考，在田野调查中，律师的看法也迫使我们必须沿着该思路给出解释，恰如某律师所言：“一些案件得不到执行，是因为法院公开救济的力度太

---

〔1〕 法官的这种工具理性，主要指的是策略行动与完成指标目标相互间的关系；从某种意义上也可以说，遵循法律规范与法治精神审结案件也是一种工具理性，但两者的界分是显而易见的，即前者导向法律之外的目的，后者遵循法治逻辑。从这个角度看，笔者将导向法律之外目的的策略行动视为一种异化行为。

〔2〕 张宇燕：《个人理性与“制度悖论”——对国家兴衰的尝试性探索》，载《经济研究》1993 年第 4 期。

〔3〕 ［美］鲁思·华莱士、［英］艾莉森·沃尔夫：《当代社会学理论：对古典理论的扩展》（第 6 版），刘少杰等译，中国人民大学出版社 2008 年版，第 160 页。

〔4〕 李友梅：《组织社会学与决策分析》，上海大学出版社 2009 年版，第 103 页。

小，且还有一些法院为了应付考核而采用造假的方式，这种做法会影响法院的诚信和公正形象。”

二、行政管理模式重构与法官（院）自主性丧失

在没有建立法官绩效考评制度和形成流程管理的理念之前，法院对案件质量的控制和管理主要是通过行政化的方式来进行的，即通过法律文书的审批和签发制度来加以保证。也就是说，每一个案件在审理结束之后正式对外公布之前，无论是独任审判还是合议庭审判，相应的法律文书都需要经过庭长、主管副院长和院长的签字和同意。经由院长、庭长们对案件质量的控制，法院有效地保证了其所认同的案件审判质量。

在行政化的案件审批制度中，案件审理由一线法官来进行，而判决定论却是由不在庭审现场的庭长、院长们来把关和拍板，逐渐导致“审而不判”“判而不审”现象和问题的出现。该问题的紧要之处在于：案件审理过程中并不存在所谓的客观事实，有的仅仅是法律事实，而法律事实恰恰是裁判的基础和依据；法律事实的形成建立在相应的证据基础之上，而证据有没有法律效力、有多大的可信度以及证据之间能不能形成证据链，都是需要法官在庭审过程中发挥自主性，对双方的举证、质证过程及证据本身进行仔细鉴别的。毫无疑问，在案件审理过程中，庭长、院长们由于并不在庭审现场，更没有出现在审判席上，其对案件事实的把握是建立在相应的文档和法官汇报基础之上的，所以这种决策方式并不符合司法裁判规律。更为紧要的是，由于法官在案件审理中并没有最终决策权，再加上行政化的管理体制对法官的约束，法官对自主性既无兴趣也无可能，使得庭审趋于形式化。

合法性机制是新制度主义非常看重的理论之一，“合法性不仅仅指的是法律制度的作用，而且还包括文化制度、观念制度、社会期待等制度环境对组织行为的影响”。“合法性机制指的是那些诱使或迫使组织采纳具有合法性的组织结构和行为的观念的力量。”〔1〕 司法独立〔2〕和程序正义理论的引进和广为传

〔1〕 周雪光：《组织社会学十讲》，社会科学文献出版社 2003 年版，第 74—75 页。

〔2〕 需要说明的是，笔者所说的司法独立不是西方国家“三权分立”中的司法独立，而是指“人民法院、人民检察院独立行使审判权和检察权，不受行政机关、社会团体和个人的干涉”。

播，使得既有的行政化管理体制进入不得不改的状态。如程序正义理论就指出："法院很难像传统的诉讼那样从严格按照既存的法律作出判决来寻找正当化根据，为此不得不向程序本身寻求正当性的根据。"〔1〕这些理念，在司法改革过程中都逐渐地被内化、吸收和制度化。

1999年，最高人民法院在第一个《人民法院五年改革纲要》中提出："随着社会主义市场经济体制的逐步建立，我国经济体制改革、民主与法制建设和社会主义精神文明建设取得了令人瞩目的成就。同时，由于社会关系变化，利益格局调整，社会矛盾交织，使人民法院审判工作面临前所未有的复杂局面，人民法院的管理体制和审判工作机制，受到了严峻的挑战。"〔2〕在法院案件审判工作受到的挑战中，审判管理则是其中重要的一面，一如该纲要所言："审判工作的行政管理模式，不适应审判工作的特点和规律，严重影响人民法院职能作用的充分发挥。"为了逐渐消除案件审判的行政化管理模式给审判工作带来的弊端，当时最高人民法院提出的改革设想是：第一，强化合议庭和法官职责，审判长和独任审判员要依审判职责签发裁判文书；第二，除提请审判委员会讨论的重大、疑难案件外，其他案件一律由合议庭审理并作出裁判，院长、主管副院长和庭长个人不得改变合议庭结果；第三，为了发挥院长、主管副院长和庭长对案件质量把关的作用，让院长、庭长等参加合议庭。

2005年，最高人民法院发布《人民法院第二个五年改革纲要（2004—2008）》，在其中规划建立法官依法独立判案责任制，以及强化合议庭和独任法官的审判职责，逐渐实现合议庭、独任法官负责制成为改革的重点。同时，在该纲要中，还提出要改革和完善司法审判管理，不仅需要建立健全审判管理组织制度和明确其职责，以提高审判工作的质量和效率，还要"在确保法官依法独立判案的前提下，确立科学的评估标准，完善评估机制"，要"根据法官职业特点和不同审判业务岗位的具体要求，科学设计考评项目，完善考评方

〔1〕［日］谷口安平：《程序的正义与诉讼》（增补本），王亚新、刘荣军译，中国政法大学出版社2002年版，第20—21页。

〔2〕《人民法院五年改革的纲要》，载中国改革信息库1999年10月20日，http://www.reformdata.org/1999/1020/7876.shtml。

法，统一法官绩效考评的标准和程序，并对法官考评结果进行合理利用”。[1]

2009年，最高人民法院发布《人民法院第三个五年改革纲要（2009—2013)》，提出要“加强和完善上级人民法院对下级人民法院的监督指导工作机制，明确上级人民法院对下级人民法院进行司法业务管理、司法人事管理和司法行政管理方面的范围与程序，构建科学的审级关系”。“健全权责明确、相互配合、高效运转的审判管理工作机制。研究制定符合审判工作规律的案件质量评查标准和适用于全国同一级法院的统一的审判流程管理办法。”[2]

对三个五年改革纲要进行比较和分析后会发现：虽然司法独立和程序正义的观念逐渐被法院系统所接纳，并成为法院改革和行动的重要指南，但既有的司法行政化管理理念由于成为司法场域的惯习，并没有立即退出司法改革的舞台。两种不同观念调和下的产物则是最高人民法院于2010年制定并适用于全国的案件质量评估体系，以此作为上级法院对下级法院案件审判质量进行监督的评价标准和工具。在对相应指标进行适当变通和分解的基础上，案件质量评估体系很快就被地方各级人民法院作为评估下级法院的工具。对此，钱锋的评价一语中的：“比较最高法院和各高中级法院出台的文件，最高法院对全国法院只言‘质量评估’，而高中级法院对下级法院又普遍地演变成‘绩效考评’。”[3] 通过案件质量评估体系的建立，上级法院又重新迂回地获得了对下级法院所享有的相应的主导和监督权，如下级法院为了满足发回重审率或改判率的考评要求，对于那些可能上诉的案件就不得不与上级法院进行相应的沟通与协调。

从法院与法官关系角度看，地方各级法院尤其基层人民法院更是有效地将案件质量评估与法官绩效考评制度结合起来，对于这点，通过对J市人民法院的法官绩效考评制度指标的设计予以观察后就能得到印证：

〔1〕《人民法院第二个五年改革纲要（2004—2008)》，载法律图书馆2005年10月26日，http://www.law-lib.com/law/law_view.asp?id=120832。

〔2〕《人民法院第三个五年改革纲要（2009—2013)》，载中华人民共和国最高人民法院公报2009年3月17日，http://gongbao.court.gov.cn/Details/c7652edfebf6ccd764bc8d9c54ca3f.html。

〔3〕钱锋主编：《审判管理的理论与实践》，法律出版社2012年版，第117页。

> 案例1：调研笔记。
>
> 依据《中华人民共和国法官法》、《中华人民共和国法官职业道德基本准则》，江苏省高级人民法院《全省法院审判绩效综合考评办法（试行）》、《全省法院审判质量效率统一指标体系》、《全省法院案件质量评定标准》和T市中级人民法院《T市基层人民法院审判绩效考核评价实施细则》等规定，结合本院审判和执行工作的特点，特制定本办法。

在与W法官的交谈过程中，这点也得到了有效印证：

> 访谈1：W，女，法官，31岁。
>
> 问：我看你们好像每年都有一个目标责任，不知道这个目标是如何确定下来的？
>
> 答：目标责任实际上就是每年年初的时候参照省高院的考核要求以及去年法院各个庭各项指标完成的情况，然后在既往数据的基础上加上个系数，后面再交给各个庭长确认和讨论一下，这样基本上就算定下来了。当然，这种确定方式有没有合理性，这很难说，确实是有一些不合理的地方，但是由于目标责任是每个庭长确认过的，所以基本上每年到年底的时候都是能完成的。

由于案件质量评估体系和地方各级法院的法官绩效考评在指标设置上的同质性，一个新的自上而下的行政化管理机制又开始逐步创造出来。只不过与既往的行政化管理方式相比，新的行政化管理并非对案件审判进行直接的控制，而是通过设置指标和调整指标权重的迂回方式来实现对下级法院的管理和监督等。克罗齐埃曾对科层组织的发展这样解释道："科层组织体系发展的深层原因之一，其实就是消除权力关系和从属关系的愿望，就是不统治人而管理事务的意志。科层组织的理想是这样一个境界：所有参与者都由非人格的规则所联系，而不是由发号施令和人事权势所联系。"〔1〕结合法官绩效考评指标设计依

〔1〕［法］米歇尔·克罗齐埃：《科层现象》，刘汉全译，上海人民出版社2002年版，第121页。

据、过程以及克罗齐埃的洞见，我们会发现，随着自上而下的案件质量评估体系与法官绩效考评制度的设置，法官逐渐成为被监督和约束的对象。王晨甚至将法官与流水线上的工人相比较，如其所言："当前把法官当作工人，把裁判活动作为流水作业，把裁判结果当作产品，从产品出发对法院和法官进行绩效考核的做法，加剧了法院的行政化色彩。"〔1〕在此过程中，法官的主体性、自主性没有得到充分重视，法官只是忙于完成各项指标。

访谈2：Q，庭长，48岁。

问：您对现在的工作有什么样的想法呢？

答：现在的工作主要是一种任务式的工作，是不能称为快乐工作的，主要的原因还在于法官和法院现在没有足够的荣誉感，也没有足够的社会地位。

我想，要提高法院的社会地位，让法官可以快乐地工作，应该做的比如有：第一，减少考核，对法官在案件审理问题上的各种责任应持宽容和理解的态度。第二，就是要控制案件的数量，比如法官每个月审理10到15件案件，这样是能够很好地保证案件的质量的，现在是忙于应付。第三，应该尽量地减少法官在审理案件过程中来自案件之外的压力。

三、指标最优的法院与法官策略行动

恰如上文的分析，随着案件质量评估体系的建立，无论是法院还是法官本身所具有的自主性都逐渐被忽略，各项审判指标的提升、优化成为法院运转和检验法官审判的中轴。〔2〕中轴原理是贝尔提出的概念，其认为社会"每一个方面都有一个不同的中轴原理起支配作用。在现代西方社会里，社会结构的中

〔1〕 王晨编著：《审判管理体制机制创新研究》，知识产权出版社2013年版，第86页。

〔2〕 高翔在对地方法院间竞争进行研究时发现："数目字绩效考评的可量化、直观化使之具有形式上的可比较性，可比较性造就了竞争的可能性……在与同级法院的比较中取得较好的指数及排名成为地方法院的中心工作，地方法院间一度形成指标竞赛之势。"高翔：《中国地方法院竞争的实践与逻辑》，载《法制与社会发展》2015年第1期。

轴原理是经济化……”[1] 中轴原理对研究带来的启示是，在法院发展的不同历史阶段，都有一个起支配作用的要素，当下法院的中轴原理则是指标最优。如J市法院制定的《J市人民法院2012年法官考评办法》第1条就认为，制定该办法的目的在于：进一步完善对法官的考评，规范司法行为，促进司法公正，提高司法效率。此外，还设置了审判管理办公室（以下简称“审管办”）这一专门的机构来负责相应工作的落实与推进，在最新一版的《关于内设机构设置及职能划分的决定》中就明确规定了审管办的职能：

案例2：调研笔记。

审判管理办公室职能：1. 围绕审判质效统一指标体系，开展指标统计、分析、评估、通报工作；对审判质效数据填报、指标统计的真实性、准确性进行监督、检查和填报……7. 对有关影响审判质量效率的共性问题和突出问题进行收集、整理、加工、通报、反馈，提出决策建议，制定规范性文件，并对本院和全市法院落实有关审判决策的情况进行跟踪督促、检查和通报。

从法官绩效考评制度设置目的以及审管办对审判数据真实性负责的职能要求来看，法官的策略性行动应该是要被叫停、被追责的。但恰如上文和既有的其他研究所显示的，法院、审管办并没有及时检查、叫停和批评某些弄虚作假的行为。某业务庭庭长就为我们描述了这样一个局面：

访谈3：G，某业务庭庭长，50岁。

问：上午听WH讲了一个事情，后来说审管办主任也有难处，不知道您是怎么看待这个问题的？

答：审管办所处的地位是比较难也比较尴尬的，院长其实并不是完全不知道下面的一些做法，开会的时候也会批评一下这些做法。但客观上来说，这也是没有办法的。现在法院和院长的事情越来越多了，相比较我刚进法院的时候，20世纪80年代和90年代，法院的案

[1] [美]丹尼尔·贝尔：《后工业社会的来临——对社会预测的一项探索》，高铦、王宏周、魏章玲译，新华出版社1997年版，第12页。

件是很少的，而且行政化干预也不像现在这么多。现在县里面各式各样的会议，比如妇联、派出所等，它们的会议都是需要法院院长或者相关人出席的。所以，现在法院更加像政府机关的一个法律咨询的角色。

法院为什么对法官的策略性行动难以追责，审管办的角色为什么会变得尴尬起来，要是将这些问题置于“法院-外部”的结构性关系中，并结合指标最优的中轴原理，我们就能获得有效的、通透的理解。资源依赖学派指出，资源的交换是组织间关系的核心。普费研究发现，组织生存的关键是获得并保住资源，组织为了生存，必须与控制资源的行动者进行互动，但其也严厉地指出，组织如果过分地依赖于外部行动者的资源，则可能会导致自身自主性的丧失。[1] 显然，对当代中国法治关心的人都知道，中国现有的政治制度安排并没有为法院建立起人、财、物相对独立的保障制度，法院要获得这些资源更多的是依赖于地方党委和政府。早期制度主义学派西尼斯克也发现：“组织并不是一个封闭的系统，它受到所处环境的影响。组织是一个制度化的组织，它必须不断与周围环境发生联系并适应环境的变迁。”[2] 法院要想从地方党委、政府处获得资源，必须善于与地方党委、政府进行互动，并且还要以一种这些组织看得懂、能理解的方式进行。这在本研究看来，通过指标、数字化方式来反映法院为地方党委、政府所作出的贡献则是最为重要的一种互动方式。[3] 在20世纪90年代，为了表明自身的重要性，法院主要是通过结案数量来体现的；进入21世纪之后，反映案件审判质量、效率和效果的指标和数字则成为重要的体现方式。法院要想获得较好、不断优化的数据，必须依赖于自身与法

---

〔1〕［美］W. 理查德·斯格特：《组织理论：理性、自然和开放系统》（第4版），黄洋、李霞、申薇等译，华夏出版社2002年版，第108页。

〔2〕于显洋：《组织社会学》，中国人民大学出版社2001年版，第61页。

〔3〕周黎安提出的“政治锦标赛”概念是值得关注的，如其所言：“上级政府对多个下级政府部门的行政长官设计的一种晋升竞赛，竞赛优胜者将获得晋升，而竞赛标准由上级政府决定，它可以是GDP增长率，也可以是其他可度量的指标。”这里意在说明，政府形成了一种形式化、数字化的评价方式和思维依赖。周黎安：《转型中的地方政府：官员激励与治理》，格致出版社、上海人民出版社2008年版，第87—122页。

官的互惠合作[1]，这也意味着，法官在行动时要顾及法院的利益，即尽量实现法院所设定的数字化目标；更意味着，法院在某些情况下会放松对法官的监督。反之，法院要是严格地对法官的案件审理情况进行监督和检查，最终导致的结果则可能是法院整体数据的下滑，进而影响法院资源的获得。

又由于法官绩效考评制度与案件质量评估体系在指标设置以及指标设计方式上的同质性，地方各级法院逐渐地成为一个利益共同体。其实，不仅某一个法院需要与外部进行资源互动，作为系统的法院同样需要与外部进行资源互动，这导致了上下级法院间"一荣俱荣、一损俱损"局面的出现。更需要注意的是，上级法院为了本地区法院能在全省、全国范围内获得一个较好的排名，进而对法官和下级法院的策略性行动放松监督，甚至上下级法院间会"串联成一心"。下面一个案件的审理情况典型地说明了这个现象。

案例3：调研笔记。

原告LC诉被告CM热电有限公司案件中，被告的法定代理人多次以高额利息回报多次向原告借款，但由于金融危机和经营不善企业破产，故被告的法定代理人涉嫌非法吸收公众存款罪。J市法院立案并在审理时限快要届满之时，裁定驳回原告的诉讼请求。

原告认为法院驳回诉讼请求不妥当并提起上诉，上诉理由：1. 依据《民事诉讼法》第150条第5款规定，本案必须以另一案审理结果为依据，而另一案尚未审结的应当中止诉讼。2. 依据《江苏省高级人民法院关于当前宏观经济形势下依法妥善审理非金融机构借款合同纠纷案件若干问题的意见》第21条规定，人民法院在案件审理过程中发现案件涉嫌集资诈骗或者非法吸收公众存款犯罪的，应当向侦查机关移送案件。侦查机关立案侦查的，应当裁定驳回民事案件的起诉；侦查机关不予立案侦查的，借款合同纠纷案件继续审理。在该案

[1] "互惠"是郑永年在对中国的中央与地方关系展开研究时提出的，在其看来，"互惠的本质是：通过合作而非对抗，每一方都可以收益。因此，互惠引导着中央和各省，在应对对方时，互惠限制了它们各自的行为"。在这里主要用来指法院（组织）与法官（个体）相互间通过通融等合作性策略来实现指标最优的收益。郑永年：《中国的"行为联邦制"：中央—地方关系的变革与动力》，邱道隆译，东方出版社2013年版，第47—61页。

审理中的事实是，法院并没有将案件移送给侦查机关，侦查机关也没有立案侦查。

二审的结果则是维持原裁定。

很明显，依照《民事诉讼法》及相关实体法，J 市法院和 T 中院的裁定更多的是从绩效考评和质量评估制度出发的，而没有完全依据法律的规定。在 J 市法院看来，对于这种较为难办的案件要是中止审理，那么在时间上就可能会没完没了，最终该案会成为一个四项未结案件。[1] 而依照江苏省高级人民法院相关规定，案件审理超过 18 个月，则会派专人予以督查。因此，若该案长期不结，不仅 J 市法院案件审理的质效指标会很难看，甚至整个 T 中院的指标也会受到影响；而要是 T 中院将该案件发回重审或者直接改判，J 市法院和 T 中院的质效指标同样会受到影响。

由此可见，恰恰是由于法院自主性的缺失，其必须面对地方党委和政府以及上级法院的监督，这种结构化状况客观上导致在落实绩效考评制度与指标最优等问题上，法院与法官找到了共同的利益，并形成了行动上的默契。也恰好是在这种通过绩效考评制度形塑的“法院-法官”结构中，法院既是约束法官的主体，又是法官策略行动的保护人。

访谈 4：S，审管办主任，40 岁。

S 主任：提到领导的政绩观问题可以讲一件事，就是刚刚我们院发生的。民一庭有一件案子被 T 中院改判了，要知道一件案子被改判，导致我们院质效指标被扣了 1.7 分，在全省一下子落后了 20 个名次，这个时候领导就比较重视了。后来发现这个案件被改判的原因在于发现了新的证据，但是发现新证据不应该属于发改率统计的内容，是由于 T 中院审管办统计出现了错误，所以我们现在正在积极地申诉。

四、中轴原理与法官策略行动

在绩效考评制度与法官的关系性结构中，法官成为被约束和被监督的对

〔1〕 四项未结案件是指，延长、中止、中断和公告案件。

象，又由于当下的绩效考评制度本质上仍然是一种行政化管理，法官的自主性不断地丧失。这其实仅仅是我们所观察的一个面向，当我们将视角转向“法官-社会（当事人、律师）”的关系性结构之时，则又会发现法官具有很强的自主性，恰好是这种强弱关系的存在，使得法官能够相对自由地使用法律所赋予的审判权力并要求当事人、律师配合其行动。需要指出的是，这并不意味着法官会做出太出格、违反法律的事情，毋宁是说，在法律框架内他们会采取一种使自身利益最大化的策略行动。

当事人之所以会选择到法院提起诉讼，一个重要的原因就是他们相互间的矛盾无法通过自身能力加以解决。但当案件被起诉到法院之后，整个诉讼流程就并非当事人所能决定了。[1] 高其才、周伟平在对法官的调解过程加以研究时发现：“整个处理过程，法官始终以自己为诉讼格局的中心，以自身便利为出发点，以把案件顺利解决为目的，利用信息不对称的优势，以‘阵地战’（庭前调解、庭上调解、庭下调解）和‘游击战’（庭外调解）相结合的方式，与当事人展开一场‘持久战’（反复调解）。”[2] 实际上，不仅在调解问题上当事人要服从法官安排，同样，什么时候开庭、开几次庭等问题也要服从于法官的安排。可以说，在整个诉讼过程中，法官始终占据着司法场域的主动权，于是在现实中就出现了一些法官不停地占用当事人的时间和持久地消耗当事人的精力的现象，当事人感到精疲力尽之时，法官的结案目的也就达到了。对此，恰如G律师所言：

访谈5：G，律师，35岁。

问：在诉讼或案件审理过程中有没有碰到一些特殊的情况呢？

答：这个实际上还是较为常见的，最基本的就是法院对法官审理期限的要求所形成的压力，在案件审理过程中这种压力很快地就会传导给律师和案件当事人。比如调解问题，调解实际上就是不断地劝说

---

〔1〕 刘正强通过对乡村司法实践研究后，将这种现象概括为“甩干”机制，这与笔者的意图是一致的，都旨在指出在现代法律的迷宫中，法律是自上而下地笼罩社会，导致当事人（社会）具有的主动性消失了。刘正强：《“甩干”机制：中国乡村司法的运行逻辑》，载《社会》2014年第5期。

〔2〕 高其才、周伟平：《法官调解的“术”与“观”——以南村法庭为对象》，载《法制与社会发展》2006年第1期。

原告进行让步，但法官和法院没有考虑的是，过分地或者强制性地进行调解，有些时候会引起当事人情绪的变化，这种情绪变化最终会将不满引向法院自身。当然，我想法官之所以这么尽力地进行调解，根本原因还是受调解率设置的影响。法官之所以能够竭力劝导当事人接受调解，主要原因还在于法官所拥有的自由裁量权，法官在调解过程中总是会有意或无意地向当事人透露这一点，这是一种不好的做法。

虽然法官在案件审理过程中有一定的自由裁量权，使其能够在司法场域要求当事人接受其行动上的安排，但由于当事人与法官之间的关系更多的是“一锤子买卖”，这意味着当事人可能并不会完全地接受法官的安排，比如当事人可以利用不接受调解、上诉、上访以及上网揭发等策略行动来维护自己的权益。但律师与法官的关系就不一样了，在田野调查期间，笔者就发现在J市法院法庭上活跃的身影基本上都是当地的律师，这意味着法官与律师更有可能形成一种相对稳定的关系。对于这点，无论是在庭审过程中还是在案件的裁判上，法官的主动性都体现得很明显，比如对于那些不善于配合的律师，法官可能会在庭审过程中对其一些不当行为加以训斥，从而使得律师在当事人面前丢掉面子，当然也可能会对律师表示某种程度的好感。正是通过这种推-拉的手法，使得律师逐渐地识相，并慢慢地琢磨出一套配合法官策略行动的生存智慧。在与Q律师交流应该如何看待法官与律师关系时，其就发出了“大家工作都不容易，应该相互体谅和相互帮助”的感慨。

访谈6：Q，法律工作者，35岁左右。

问：您对法院的工作和调解是怎么看的呢？

答：现在法院的工作总体上还是不错的，我们也经常协助法官进行调解。就我个人来说，还是比较支持法院的调解的。但是就像你说的那样，法院的调解对我们律师工作肯定是有很大的影响的，特别是诉前调解程序，更糟糕的是，这直接影响了当事人对我们律师的看法。我去年有个案件，2月份的时候就已经到法院起诉了，但是一直到9月份才立案，在这之前就一直在走诉前调解程序，根本解决不了什么实质性问题。

还有一个就是经济类的合伙案件，本来也不宜用调解的，欠多少钱就是多少钱，这个也没有什么好赖的，但是法院就是倾向于调解，到最后还是要原告让步，这样案件才能解决掉。

至于你问的情况，就是一边当事人不同意调解，或者接受调解方案对自己的合法权益很不利，另一边法官竭力要求调解，我还没有怎么碰到过，但即使是碰到了，我们一般也是配合法官做工作，同时在配合的过程中，注意保护当事人的利益，尽量地做到权益保护的最大化吧。

可能是因为法院对法官调解工作的重视吧，所以现在我们经常会碰到的情况就是，法官来找律师，请律师帮助他们做工作。

问：是不是有点颠倒的“味道”呢？

答：是有点这种“味道”的，大家工作都不容易，应该相互体谅和相互帮助吧。

在这里可以发现，律师虽然对法院和法官的很多工作未必满意，但碰到法官“请求”律师帮助调解或者撤诉等情况时（他们可能会提出很多理由），最终大都还是会默默地接受法官的“建议”。对于律师在“法官-律师”关系性结构中表现出的弱势，一些律师虽然也表现出自己的义愤，但对可预期的结果却又表现出一种无可奈何的态度。

访谈7：Y，律师，原中学政治教师，45岁。

问：您觉得司法风气现在怎么样？

答：2003年之后司法的风气就开始逐渐变化了，现在司法实践中的一些问题在2003年之前并不是很明显。我想之所以出现这些问题，主要在于两个方面的原因：一是，法官的约束性机制欠缺，现在谁来监督法官、怎么样进行监督以及监督的途径问题实际上都是没有完全解决的。二是，法院内部的自我保护机制较强，法院领导可能会基于法院的各种考核、自身的形象等各种原因，一般对外界的监督比较反感。

法律的一个重要功能就在于规范法官的裁判和程序性行动。在案件审理过程中，当事人（律师）是司法过程的参与者，更是法官行为的监督人，同样，作为组织的法院更应是法官行为的监督者。法院既可以自己发现法官在司法过程中的“任性”，还可以通过当事人的上诉、上访、检举等监督方式来发现法官的不当行为，进而采取适当的措施，对法官提出约束性要求。但恰如上文的分析所显示，法院与法官在指标最优的中轴的引导下日益成为利益共同体，其后果传到法官-当事人（律师）的结构性关系上导致的问题则是，相关的法律对法官来说日益表现出一种软约束的现象和趋势，而当“互惠性渗透到制度的每一处的情况下，合法权利就难具有明确的内涵与外延……法律上的完全安定条件就不复存在了”〔1〕。从外部视角看，其所导致的后果恰如克罗齐埃所言：“如此一来，体制的可预测性就会大幅降低。”〔2〕

五、分析与讨论

经由对法官策略为何需要及如何得以可能进行深描、分析之后，有必要对相关发现进一步讨论、总结与反思。如我们所知，法院希望“通过改革的途径，运用得力的措施，逐步革除司法自身的弊端”〔3〕，以期建立一种与当下政治体制相匹配，并大致能满足社会与市场需要的纠纷解决机制，促进案件审判质量、效率与效果的提升，真正满足司法机关作为公正输出者的本质要求。围绕着这些目标，不同历史阶段法院系统作出了不同的重大抉择，法官绩效考评制度、案件质量评估指标体系等，当然都是司法变革选择的产物。但无论是肇始于20世纪90年代，以精英化、职业化为取向的司法改革，还是21世纪以来重视司法调解、重视司法大众化的发现，抑或通过强化司法管理的指标体系的构造，在运作的过程中都产生了方方面面的问题，最后被下一阶段所抛弃。当然，这并不是说，这些改革没有起到作用，而是我们需要从中汲取经验与教训，并进行学理上的总结与反思。通过对绩效考评制度与法官行动异化逻辑研究之后，在笔者看来，有必要继续深化对以下三个问题的分析与讨论：

---

〔1〕季卫东：《通往法治的道路：社会的多元化与权威体系》，法律出版社2014年版，第20页。

〔2〕［法］米歇尔·克罗齐耶：《法令不能改变社会》，张月译，格致出版社、上海人民出版社2008年版，第8页。

〔3〕最高人民法院课题组：《司法改革方法论的理论与实践》，法律出版社2011年版，第125页。

第一，制度意图与制度构造固然很重要，但使制度得以实现的组织-机制同样紧要。对于包括绩效考评制度在内的诸多司法改革举措，谁都不会怀疑主导者所具有的良好意图，如绩效考评制度旨在促进案件审判质量、效果和效率的提升，但由于忽略了组织-机制的构造以及组织-机制与制度意图之间耦合性的分析，在实现制度意图过程中出现了异化。以审管办这一组织来说，由于审管办工作人员本身与一线法官之间的流动性、法官们相互间的熟悉，他们根本不可能真正客观化地对数据进行统计，更何况审管办本身还是法院的一个内部组织。

第二，法官是司法公正得以实现的输送者，对此如王雷所言："实现司法公正与效率，不仅要有合理的司法体制和完善的司法制度，更要依靠司法者的智慧和积极性来创造正义，严格依法办事。"〔1〕故而，构造何种机制来激励法官依法审理案件就显得格外重要。历史地看，我们从来都没有对法官行动的动力机制与激励机制给予足够的重视。在以绩效考评制度、案件质量评估体系为取向的司法改革中，我们将法官隐秘地视同生产流水线上的工人，以为通过指标化、形式化和数字化的方式就能将法官的工作态度、积极性、热情等测量清楚。殊不知，在司法实践过程中，法官并非仅仅扮演司法判决"自动售货机"的角色就能满足司法公正输送者的属性要求，司法公正的实现不仅需要法官拥有法律知识，还需要法官投入时间、精力和热情，更需要法官具有法律智慧。上述对实践的描述也说明，当制度要求法官工具理性最大化之时，法官的策略行动就随之生成了。同样，将法官视为纯粹为了司法公正的献身者也是不可取的，法官也是具有七情六欲之人、经历着常人的喜怒哀乐，恰如诺思所言："在许多情况下，人们不仅有财富最大化行为，还有利他主义（altruism）以及自我实施的行为，这些不同动机极大地改变了人们实际选择的结果。"〔2〕所以，当下再次进行司法变革之时，有必要根据现实情况进行分析，构造一种符合司法公正要求和能有效激励法官工作的制度机制。

第三，也是最为根本的，即将中轴原理这一概念、分析工具逐渐地开放出

---

〔1〕王雷：《基于司法公正的司法者管理激励》，法律出版社2010年版，第213页。

〔2〕［美］道格拉斯·C. 诺思：《制度、制度变迁与经济绩效》，杭行译，格致出版社、上海三联书店、上海人民出版社2008年版，第27页。

来。每个时代都有每个时代的中轴原理，不同历史阶段的司法改革与实践也有着自身的中轴原理。绩效考评制度、案件质量评估体系的司法实践阶段，指标最优构成了这个时代的中轴原理。中轴原理既是描述性的，更应是反思性的，指标最优作为中轴原理并不意味着其具有价值上的优先性，实践也说明，指标最优不仅导致法官行动出现了异化，也是与法官作为司法公正的输送者的本质格格不入的，对于这点，从当下高居不下的涉诉信访案件中就可以发现端倪。实际上对于这点，法院、法官并非不知道，之所以假装不知道、采用鸵鸟政策，背后的根本要因就在于指标最优中轴原理的存在。如此，给我们带来的启示则是：任何一轮司法改革开启之时，都有必要厘清变革的中轴原理是什么。[1] 同样，中轴原理的引介也为我们分析、评判司法变革与实践提供了一个有效的工具与路径。

六、法官绩效考评制度优化

无论是对当代中国司法实践中异化现象的描述，还是对其内在原因的结构分析，抑或学理上的讨论，实际都指向一个共同的归属——当下法官绩效考评制度应该如何优化。恰如前文分析所揭示的，最高人民法院已发现过度指标化带来的诸弊端，并取消了不适当的排名、比较、通报等机制措施，但我们不能误判并走向另一个极端，即忽略对法官案件审判的评价。[2] 为此，在现有制

---

〔1〕 对于当代应确立何种理念作为司法革新与实践的中轴原理，学者们有不同看法。周赟认为，考虑到司法乃一国政治生活的有机组成部分，似乎就可认为政治化一定是司法的一种实然面向；考虑到司法过程应该兼顾政治价值，则可认为政治化是司法的应然面向。陈金钊认为，“对当代中国来说，现代法治不仅是工具性的，而且也带有目的属性。因而我们需要从工具与目的的双重属性来认识法治”，故应主张一种法治化的司法理念。吴英姿的看法是：“中国司法一直在政治理性与技艺理性之间徘徊，两者其实是可以兼顾，也应同时具备的，两者的有机结合则是司法的公共理性。”这些主张都各有道理，但从理念到理念、从理论到理论的推导方式，忽略了对作为法治根基的社会性质的分析，对观念得以形成凭据反思的缺乏是共有的缺陷。周赟：《政治化：司法的一个面向——从2012“涉日抗议示威”的相关案件说起》，载《法学》2013年第3期；陈金钊：《“重大改革都要于法有据”的意义阐释》，载《甘肃理论学刊》2014年第5期；吴英姿：《司法的公共理性：超越政治理性与技艺理性》，载《中国法学》2013年第3期；［美］彼得·伯格、托马斯·卢克曼：《现实的社会建构》，汪涌译，北京大学出版社2009年版。

〔2〕 即使在法治发达的美国，卡特总统刚刚就职一个月的时候，就签署了11972号总统令：建立美国联邦巡回法官任命委员会，能否获得法官任命的主要依据是他/她们的业绩。［美］亨利·J. 亚伯拉罕：《司法的过程》（第7版），泮伟江、宦盛奎、韩阳译，北京大学出版社2009年版，第21—42页。

度框架与社会空间的基础上，可以从以下三个维度出发尽可能地优化考评制度：

一是坚持法院自主性与法官自我管理。最高人民法院出于对全国案件审判质量评比的考虑，设置的同一性考评指标使得不同地区、不同层级的法院所面临的具体情况被忽略，如面向农村地区的基层法院可能在立案问题上存在波峰波谷的情况，农忙时相对较少、农闲时偏多，而面向城市的基层法院可能在立案问题上相对稳定。所以，当下法院面临的不是要不要考评的问题，而是应建立何种评价方式、设置哪些指标的问题，这些应该由法院根据自身的实际情况来加以设定。同时，由于考评指标是以行政化方式加以设定并被用来规制法官、下级法院的，因此会产生各种抗拒、无法内化，使得被考评者频频采取策略行动。要让法官、下级法院真正地将指标内化为行动动力并自我规训，就有必要让他们参与指标设置、进行自我管理。

二是坚持法院开放性与评价主体多元化。当下的案件质量指标体系、绩效考评制度在设置与运作上都表现出很强的封闭性，这使得法院、法官形成了一种只对上级法院负责、只对所在单位负责的态度和看法，导致它（他）们可能会将很多策略行动形成的负面效果转嫁给律师、当事人等。从价值评价的角度看，这无疑是需要批判的，但其又具有内在的制度设置根源。所以，有必要倡导法院更加开放化，使法院外部的当事人、律师及其他群众等的评判成为整个评价体系的一个环节〔1〕，这样才能有助于舒缓当前由于指标体系构建而不断强化和凝固的行政化趋势，也能驱动法院、法官形成更加重视社会、当事人的态度。

三是坚持指标构建中的形式指标优先，形式与内容相结合。法官绩效考评制度中的一些指标都是从裁判效果的角度出发加以构造的，如上诉率等，但判决形成之后，当事人是否会上诉并非仅取决于法官的裁判，还与当事人的认

〔1〕 让民众作为案件的认定者与让他们成为司法实践效果的评价者，两者是有显著区别的。前者曾在我国大肆流行甚至至今还暗流涌动，这与法治中国要求格格不入，需要加以批判及反思；后者则是普遍性做法，如当代法国为了缓解司法危机，也走起了亲民路线并颠覆了以往司法那种高高在上的冷漠姿态，据说效果很好。因此，需要从前一思路过渡到后一想法。有关法国的改革及效果，参见周建华：《法国民事司法改革论纲》，载《北京理工大学学报（社会科学版）》2013年第6期。

识、态度等要素紧密关联，而这些恰恰是法官无法把握和控制的。对法官进行评价，应该是对法官能力范围内的行为进行评价，对法官是否遵从既有程序规则进行评价，从这个角度看，绩效考评更应该重视形式性的指标，如法官是否按期开庭、是否遵从职业道德等。当然，这并不意味着法官本身的裁判能力等就不需要评价，毋宁是说，在保障法官依法独立审判的前提下，有必要将形式与内容的评价指标有机结合起来，这样不仅能促进法官案件审理水平和质量的提高，更能反映出法官的法律素养和职业道德，有助于“让每个当事人在案件中都能感受到公平正义”目标的实现。

如果说司法是正义的最后一道防线，那么法官就可以被称为实现司法公正的操盘手，建立何种制度来评价与激励操盘手，其中的意义自不待言。以上建议与设想只不过是挂一漏万的粗鄙看法而已，还望大方之家多多点拨。

司法改革作为学术研究的对象，既需要对其内在隐蔽而未显露的中轴原理加以阐明，也需要对支撑与实现中轴原理的制度、组织、机制予以研究，更需要对制度、组织、机制三者间的关系及耦合度予以重视和深入分析。若是从历史的长远角度看来，我们同样是当代司法变革与实践的参与者和践行者，故而还需要真正地投入其中。

法官绩效考评制度的法理基础与变革方向

良法善治是人类社会组织化以来孜孜以求的目标，人类为此设计了各种制度与组织来保障、推动目标的实现，司法是其中的制度与组织安排之一。现代司法作为国家的有机构成，承担着适用法律、解决纠纷、实现公正的功能。关于司法的重要性，党的十八届四中全会报告曾指出："公正是法治的生命线。司法公正对社会公正具有重要引领作用，司法不公对社会公正具有致命破坏作用。"在全面推进依法治国背景下，为推动司法功能更好地实现，法院系统正在进行剧烈而深刻的变革，员额制、审判权运行机制、法官绩效考评制度、司法责任制及人民陪审员制度都是变革的重要组成部分。对其中任何一项改革的价值功能、理论基础、内在逻辑及可能后果进行分析、反思，都有重大的理论价值与实践价值，为此笔者将以法官绩效考评制度（以下简称"绩效考评制度"）为中心展开讨论。

2015 年，《最高人民法院关于全面深化人民法院改革的意见——人民法院第四个五年改革纲要（2014—2018)》提出，要"建立科学合理、客观公正、符合规律的法官业绩评价机制，完善评价标准，将评价结果作为法官等级晋升、择优遴选的重要依据。建立不适任法官的退出机制，完善相关配套措施"。究竟何种法官业绩评价制度-机制才能满足科学合理、客观公正、符合规律的要求呢？这显然是绩效考评制度功能能否发挥好的关键所在。回答这一问题的前提在于，必须对该制度在司法结构与司法改革中的位置、功能等清晰

本文发表于《法学论坛》2018 年第 2 期，《中国社会科学文摘》2018 年第 7 期转载，收入本书时有所修改；获 2019 年度"江苏省社科应用研究精品工程奖"一等奖。

地加以把握。

如何认识并发挥好绩效考评制度的功能就成为贯穿本部分内容的问题意识。为此，需要讨论的问题有四：一是在现代司法中绩效考评制度具有何种正当性？二是如何评判绩效考评制度实施过程中产生的效果？三是在司法改革的结构性要求下，绩效考评制度的重点、难点问题分别为何？四是面对重点及难点问题，如何优化才能使绩效考评制度的目的与效果尽可能地相耦合？

一、法官绩效考评制度的构建基础

法官绩效考评制度是一种利用评价指标对法官的审判业绩进行考核的制度，将审判业绩转化为若干个客观的、可量化的指标，是现代科学管理原理及新公共管理模式〔1〕在司法实践中的具体运用。在此需要回答两个问题：一是，现代司法中为何需要绩效考评制度？二是，绩效考评制度在现代司法中如何可能？

法院作为国家司法权的具体承担者，根据法律规定对案件进行审理是其基本职能，更为紧要的是，案件的审理结果及过程不仅要符合法律规定，还要符合司法公正的基本要求。案件一旦进入法院审判程序，暗含着的承诺就是：法院能够保证符合司法公正的结果和过程。而法院作为纯粹的拟人组织，自身无法从事任何具体的审判活动，法院是法官们的集合，法官既是案件审理的操盘手，也是司法公正实现的输送者。法院目的与功能的实现主要通过两个途径来加以保障：一是内在机制，即法官们通过不断地提升自身的职业伦理、法律素养和审判能力来保证案件审理符合法律、符合司法公正的要求；二是外在机制，即通过各种约束机制的设置，对案件的审判过程与质量进行控制，不断监督和督促案件审判过程、质量符合法律与司法公正的要求。在推动司法公正实现的过程中，两种机制互为补充、相互支撑，但外在的约束机制在不同的时代却发生着变化，即经历了从案件审理质量的过程控制向结果控制的转变。

中国法制建设恢复重建以来，法院建立起层层监督的行政化控制模式，设置了庭长、主管副院长、院长及审判委员会、上级法院、最高人民法院在内的

〔1〕 施鹏鹏、王晨辰：《论司法质量的优化与评估——兼论中国案件质量评估体系的改革》，载《法制与社会发展》2015 年第 1 期。

案件质量控制链条。[1] 行政化的案件质量控制机制有效地保证了案件审理符合法律及司法公正的要求，但该种模式在运作过程中也受到诸多的诟病，如“审者不判、判者不审”、案件请示制度导致上诉审形同虚设等，一如彭何利所言：“这违背了审判规律，也违背了法定程序。在此情况下，当前的改革着力于还权于审判组织。”[2] 因此，从案件审理质量的过程控制转向结果控制，慢慢地就成为一种趋势。将案件审判质量量化为若干个客观化的评估指标，至少从形式上有效地推动了法官尽可能地按照审判质量要求尽心尽职地做好审判工作，这也应是“让审理者裁判，让裁判者负责”的基本意图。紧要之处在于，法院作为绩效考评制度的制定者，则可利用制度的制定权将自身所欲实现的目标转化为各项评估指标，使得自身的目的能够通过隐蔽的方式弥漫于指标体系中来加以实现。“它并不是对法官正在审理案件的干预，而是通过对生效案件的事后监督检查，主动发现先前审判活动中存在的差错，进而通过监督功能向前延伸来防止差错案件的出现，引导法官正确办案。”[3] 绩效考评制度的构建，能够让庭长、主管副院长们逐渐地从一线转向幕后，从直接显性监督者角色转向间接隐性监督者角色。

绩效考评制度在当代司法中之所以可能，与现代社会中科层制的盛行有关。韦伯在对现代性进行研究时，就认为最有效的治理模式是科层制。与家产制和封建制相比[4]，科层制具有客观化、标准化和匿名化的效率取向，能够尽可能地释放工具理性，不断满足现代社会的需要。将科层制运用得最为彻底的则是泰勒所提倡的科学管理原理，即通过将一项工作分解为若干个不同环

---

〔1〕 普通法官的案件审理结果并不能当庭宣布，而是需要庭长审批之后才能正式对外公布；庭长审理的案件则需要主管副院长签发；碰到法官或合议庭吃不准的案件，则需要审判委员会、上级法院乃至最高人民法院对案件的审理结果作出指示。

〔2〕 彭何利：《中国法院的现代转型：模式选择与体系框架》，载《法学》2016 年第 10 期。

〔3〕 张军主编：《人民法院案件质量评估体系理解与适用》，人民法院出版社 2011 年版，第 18—19 页。

〔4〕 韦伯认为科层制具有的特征在于：一是，存在着官职管辖权限的原则，该权限一般由规则，即由法律或行政规章决定。二是，由职务等级制原则与上诉渠道原则确立了一种公认的高级职务监督低级职务的上下级隶属体系。三是，对现代官职的管理是以书面文件、一个下属班子以及各种文员为基础的。四是，官职的管理，至少是所有专业官职的管理，通常都以某个专业化领域的训练为前提。五是，对官职的管理遵循着普遍规则，而规则大体上是稳定的，几乎是详尽无遗的，并且能够被学会。[德] 马克斯·韦伯：《经济与社会》（第二卷 上册），阎克文译，上海世纪出版集团 2010 年版，第 1095—1097 页。

节，进而对每个环节进行量化计算，环节的分解使得工作的承担者能不断地提高生产效率，还使得工作的承担者的工作量和工作效率能够清晰明了。套用泰勒的话就是："也许，现代科学管理中最突出的要素是任务观念"，"在很大程度上，科学管理就是预先制定工作任务计划，并使之落实"。〔1〕显然，现代科学管理模式与当下中国司法管理实践相互间形成了强烈的契合。作为系统的法院既需要满足现代法治话语的要求，即不对具体案件的审理过程加以控制；又需要提高自身的管理效率和能力，即具体案件的质量控制机制与案件量激增之间形成的矛盾。另外，客观化、指标化、匿名化的绩效考评制度，与法官自身的自主性追求、客观性评价需求也形成了默契。行政化的案件质量控制机制意味着法官审理的每个案件都需要管理者签发，法官不得不与管理者不断地打交道，打交道的过程则是花费时间、精力和服从的过程，而基于结果的绩效考评则使得法官获得了一定的自主性。同时，在既往的法官晋升、奖惩过程中，由于缺乏明确的标准和过多主观评价的存在，法官普遍地形成了较高的自我评价、产生了较多的不公平感，而事先预设的指标与事后的客观结果，则能促进法官们在同辈群体之中进行自我评价、自我排序。对此公丕祥就曾指出："在干部选任工作中，将汇总、公布审判绩效作为必经程序，形成以实绩论英雄的良好导向。此外，在法官的表彰奖励、评定等次、遴选等工作中，审判绩效也是主要的考察内容。"〔2〕

绩效考评制度在当代司法中被普遍运用，与司法公正的转向也有内在关联。现代国家建立的过程，也是一个包括审判权在内的权力不断集中的过程。〔3〕法律本身的抽象性、普遍性以及社会流动性增强等因素，要求案件审理者必须以格式化、标准化的方式来处理矛盾纠纷。一如刘正强所言："基层法院在处理案件时会按照形式理性的要求，以洁净化、纯粹化为目标，甩掉道德、习惯等诸多非法律的元素，实现对案件事实的重新建构。"〔4〕但将与案件

---

〔1〕［美］弗雷德里克·泰勒：《科学管理原理》，黄榛译，北京理工大学出版社2012年版，第20页。

〔2〕公丕祥：《当代中国的审判管理——以江苏法院为视域的思考与探索》，法律出版社2012年版，第8—9页。

〔3〕虽然当下世界范围内开始积极提倡多元化纠纷解决机制，但要指出的是，多元化的纠纷解决机制也是国家承认或默许下的多元化纠纷解决机制。

〔4〕刘正强：《"甩干"机制：中国乡村司法的运行逻辑》，载《社会》2014年第5期。

相关的诸多社会事实阻隔在案件裁判过程之外，使得法律与社会的关系在裁判过程中发生了颠倒，形成了以法律来笼罩社会、以法律来裁剪事实的情况，导致的后果就是：裁判结果与当事人结果取向的实质正义观可能会产生冲突。对于现代社会中的案件审理者来说，其注定无法满足当事人对其所投射的实质性的正义期待，案件审理由实质正义期待转向程序正义期待则成为趋势，而“程序要件的精密化使法学能够建立在科学的基础上，并且与实用的操作技术结合起来”〔1〕。这为绩效考评制度的建立和接受奠定了基础。理想意义上的绩效考评制度，应是将案件审理过程中法官自身能够控制并能客观化、量化的程序性要素抽取出来，并将其转化为评价指标，最大限度地与司法公正观发生的转向及评价的可能性相耦合。

二、法官绩效考评制度的认识误区

绩效考评制度作为司法管理的重要构成、对法官案件审判质效予以评价的基准，对司法权的运行产生了非常深刻的影响。在此过程中，绩效考评制度及其指标构成、运作效果成为研究的焦点。既有的研究观点是否存在认识上的误区？如果存在，是何种原因导致的呢？究竟如何辩证地看待绩效考评制度呢？这三个问题，成为讨论本轮司法改革、司法权运行时不容回避的问题。

当前对绩效考评制度的研究形成了三种基本思路：一是，从价值评判的角度对该制度的存在价值、功能及效用开展研究；二是，从指标构成入手，对绩效考评制度开展反思性研究；三是，从制度的运作效果出发，对绩效考评造成的不良后果展开研究。三种研究思路既有差异也有共通之处，差异处不仅体现为明面上研究进路的差异，更体现为背后支撑理论的差异。

第一种研究进路建立在司法审判独立运行的理论基础之上，认为只要存在绩效考评制度，就会对法官行为造成干扰；只要对法官行为造成干扰，就会影响司法审判的独立运行。如李拥军、傅爱竹就认为：“绩效考核制度背后的‘规训逻辑’对司法规律的反动、对法官实质理性的伤害以及形成的逆向奖励和淘汰机制表明该制度是一种不成功的实践，欲建立一支适应现代法治的司法队伍，真正地解决司法腐败和司法不公的问题，必须另辟蹊径，寻找法官管理

〔1〕 季卫东：《法治秩序的建构》，中国政法大学出版社 1999 年版，第 37 页。

的新形式。”[1] 第二种研究进路经由从指标体系设置的合理性角度切入——上诉率的高低与否并不完全取决于法官本身案件审理质量如何；较高的调解率的设置影响了法官审判权的行使；二审发回重审及改判率会推动法官与上级法院进行协调，使得当事人的上诉形同虚设——进而对绩效考评制度作出否定性的评价。艾佳慧就曾指出：“如果法院绩效考评制度的目的是激励法官努力工作，以实现法院廉洁、高效和公正地解决纠纷的话，由于很难设定一套能有效反映法官工作质量的指标体系，再加上法官‘趋利避害’的理性制约，该目标在很大程度上是落空了。”[2] 第三种研究进路认为绩效考评制度是对法官审判质效作出的评价，这使得法官的行为发生了异化；又由于法官在法官-当事人、法官-律师关系中处于优势地位，法官会不断地将制度溢出的不良后果转由当事人、律师承担，最终影响司法公正的实现。笔者曾研究发现，从法官绩效考评制度设置目的以及审判管理办公室对审判数据真实性负责的职能要求来看，法官的策略性行动应该是要被叫停、被追责的，但笔者的研究和既有的其他研究均显示，法院、审判管理办公室并没有及时检查、叫停和批评某些弄虚作假的行为。[3] 上述三种进路的共通之处就在于，对绩效考评制度作出否定性的评价。

不可否认，当前法官绩效考评制度在指标设计、运作效果等方面存在不合理之处，并对司法审理的运行产生了一定的负面影响，但这不能成为否定绩效考评制度的根据，否则就犯了研究层次混淆的错误。[4] 绩效考评制度作为司法管理的重要构成，具有的合理性构筑在司法公正转向、科层制所具有的效率导向的工具理性的基础上。

绩效考评制度需要以特定的形式表现出来，这种形式就体现为各类指标、

---

〔1〕 李拥军、傅爱竹：《“规训”的司法与“被缚”的法官——对法官绩效考核制度困境与误区的深层解读》，载《法律科学（西北政法大学学报）》2014 年第 6 期。

〔2〕 艾佳慧：《中国法院绩效考评制度研究——“同构性”和“双轨制”的逻辑及其问题》，载《法制与社会发展》2008 年第 5 期。

〔3〕 张建：《指标最优：法官行动异化的逻辑与反思——以 J 市基层人民法院的司法实践为例》，载《北方法学》2015 年第 5 期。

〔4〕 巴比将这种现象概括为过度概括，“也就是说，我们在有限观察的基础上，作了过度的概括”，导致的后果之一就是选择性观察，即“可能只注意符合这种形态的事物或现象，而忽略其他不符合的状况”。[美] 艾尔·巴比：《社会研究方法》（第 11 版），邱泽奇译，华夏出版社 2009 年版，第 8—9 页。

指标的权重赋予与计算方式、绩效的结果应用等方面，此时指标体系能否将绩效考评制度本应承担的功能较为完整地呈现出来才是一个真问题。指标体系之所以遭受诟病，说明其未能将绩效考评制度的应然功能有效体现出来，原因在于：绩效考评制度所应承担的功能较为抽象，无论设置何种指标体系都不能将其完整地呈现出来，更不用说，指标体系还是有限理性人构建的产物。更为紧要的是，作为指标体系的构建者在设计指标体系时，有时并未能完全从绩效考评制度、司法管理的应然功能角度出发，而是夹杂着其他的愿望，并将这些与应然功能不符合甚至相冲突的欲求转化为指标。对指标体系本身合理性的反思，应注意上述两个角度的差异：前者由于人的有限理性只能趋于完善，后者则可以经由反思、批判而逐渐加以化解。

绩效考评制度还需要经由一定的路径来加以实现，这涉及制度如何实现的问题。毋庸置疑，只要制度实现的路径、机制与制度目的、功能之间存在抵牾、背离，一定会使制度实施的效果逐渐变差甚至异化。当前，案件审判质效的数据采集往往体现为自上而下的路径，即最高人民法院对全国法院的审判质效进行评估、上级法院对下级法院的审判质效进行评估，这种评估模式至少产生了三个意外后果：一是法院与法官成为利益共同体，由于法院整体审判质效的好坏建立在法官（们）审判绩效的基础上，所以法院对法官在案件审理过程中出现的一些不合理现象可能就会听之任之。二是上级法院与下级法院在面对共同的上级法院时也逐渐地成为利益共同体，维护好下级法院的审判质效就成为必然的选择。三是本来作为法官案件审理结束后对审判情况进行评价的指标，慢慢地成为法官行动的“指挥棒”。三个意外后果导致的共同结果就是：法官主要围绕绩效考评指标而行动，其“仅仅考虑自身利益，而不再是实施法律的角色扮演者”[1]。同时，法院也放松了本应承担的监管职责。

其实，无论是绩效考评指标体系还是绩效考评路径，相对于绩效考评制度来说都是目的与手段的关系，是处于不同层面的研究对象。进言之，指标体系、实现路径在实现绩效考评制度目的、功能中的不足，不能也不应成为否定绩效考评制度的根据。上述问题的出现，不仅是认知对象层次混淆的结果，更

---

〔1〕 张建、李瑜青：《法官绩效考评制度的功能与反思》，载《华东理工大学学报（社会科学版）》2016 年第 5 期。

是研究者们对包括绩效考评制度在内的司法管理与司法审判之间关系的误判所致。

三、司法管理（法官绩效考评制度）的辩证认识

司法权是一种使用规则解决矛盾和化解纠纷的权力，现代与传统相比，变的是作为解决矛盾和化解纠纷的规则，不变的是司法权存在的目的与功能。传统社会中规则主要体现为家规乡约、律令及道德等，现代社会中规则逐渐地变为国家制定法。“随着社会的发展，人们出于各种目的创建的社会组织正在取代社会赖以发展的各种原始社会组织。”〔1〕法院作为现代社会系统中的组织，所承担的司法权可分为司法管理与司法审判。“一个国家的司法体制是由司法管理体制和司法运行体制构成的。司法管理体制主要解决的是司法机关如何设置以及如何配置司法权力；司法运行体制主要涉及到司法机关在运用司法权力解决具体案件的法律程序和法律机制。”〔2〕但是，当前对司法管理与司法审判相互关系的认识却存在诸多的误区：一是将司法管理与司法审判割裂开来，认为两者在司法权运行过程中可以相互分离，结果就是司法审判与司法管理分离得越来越远，不能互为支撑。二是由于作为路径、方法的司法管理在一定时期内未能与司法审判（尤其是某些研究者想象中理想的司法审判）相耦合，结果就是司法管理影响了司法审判运行的实现，进而认为应忽略或取消司法管理。

上述两种观点至少存在三点不足：第一，从法院运行的实际看，就作为我国司法改革参照系的西方发达国家而言，美国、英国、法国及德国等的法院系统，它们的司法权在运行过程中也是时刻注重司法审判与司法管理之间的协调与平衡，更为关键的是，它们还对司法管理自身的边界及程序进行了规范化和法治化处理。〔3〕从这个角度看，仅看到作为参照系的国家所谓的司法独立审

---

〔1〕 李耀锋、吴海艳：《一种开放的社会理论新思维——科尔曼的法人行动理论新探》，载《国外社会科学》2009 年第 6 期。

〔2〕 莫纪宏：《论我国司法管理体制改革的正当性前提及方向》，载《法律科学（西北政法大学学报）》2015 年第 1 期。

〔3〕 最高人民法院政治部编：《域外法院组织和法官管理法律译编》，人民法院出版社 2017 年版。

判之类，未能看到权力运行背后的管理系统，未能洞见司法审判与司法管理的互相支撑、功能互补，实则是一叶障目。第二，从法院组织运行的角度看，任何一个组织都是结构与行动、目的与路径并存的格局。结构是组织的结构，行动是主体在结构中的行动；目的是组织的目的，路径是主体实现组织目的的过程和方式。法院作为系统而存在，实现司法正义是其基本目的，进行案件审理、化解矛盾纠纷则是其基本功能，而目的和功能都需要借助于主体的行动在特定的组织结构中加以实现。法院要是没有审判管理、人事管理等，那么案件审判工作肯定无法有序运作，法官的积极性也无法有效激励。第三，也是更为根本的，“效率是现代司法的一个本质要素，是司法公正的一个基本构成要件和内在价值尺度”[1]。司法管理（绩效考评制度）本质上符合了司法正义中效率的价值要求，相关的研究者恰恰未能洞见到这点。施鹏鹏指出：“对于审判权的公正运行，传统的学术研究更主要立足内部视角，侧重审判权体系内的‘相对自我调整’而忽视审判体系在外力持续推动下的完善与发展，且容易陷入理论的‘循环论证’。”[2]

上述问题的出现与立场先行的研究方法、西方优先的思维习惯紧密相关，包括绩效考评制度在内的司法改革、法治变革的研究，普遍存在的思维方式是将某种预设的价值、立场作为当然的前提。将价值、立场作为前提，作为思维的方式本身并没有错，通过将现实、现状与价值进行比照，还可以发现种种不足，进而经由批判推动现实的不断进步。但紧要的是，价值、立场本身的合理性是否得到反思性批判。未经反思性批判的价值、立场有两种基本表现形式：一是价值、立场是外在、随意选择的结果；二是价值、立场是臆测、想象的结果。投射到绩效考评制度（司法管理）的研究上来说就是：司法权运行中“司法审判绝对优先”的假定本身为何具有正当性呢？显然，既有的研究并未能很好地回答该问题。再就西方优先而言，西方作为当下中国法治（司法）改革的参照系本身并没有问题，因为任何主体都是在我者-他者的关系中存在的。但是，我者-他者的关系存在以我者为中心与以他者为中心两种类型。以我者为中心的类型是根据自身的实际、欲求等来调整自身关于他者的想象，以

〔1〕 刘练军：《司法要论》，中国政法大学出版社2013年版，第141页。
〔2〕 施鹏鹏：《司法管理与审判权的公正运行》，载《法律适用》2016年第6期。

他者为中心的类型则将他者视为当然的前提。中国在发展过程中，由于政治、经济、社会等因素，普遍地形成了一种将他者置于绝对的优先地位的思维习惯[1]，有关司法管理、司法审判内涵及关系的评判，只不过是这种思维习惯惯性的延续而已。

在司法体制改革逐步深化的背景下，对于司法管理（绩效考评制度）未来的定位，套用江必新的话就是："在推进国家治理体系和治理能力现代化的背景下，科学管理尤为重要……事实上，对审判管理不是'要不要'的问题，而是'如何实现科学化'的问题。"[2] 必须从价值先行、西方优先的思维习惯中走出来，真正地、整体地思考中国法治（司法）改革的问题。根据中国实际思考中国法治（司法）改革的问题，绩效考评制度就是其中非常重要的问题、是司法改革中无法视而不见的制度构成。

四、法官绩效考评制度的重点

在全面推进依法治国背景下，绩效考评制度的改革重点究竟在何处呢？重点应是绩效考评制度作为一种司法管理制度、作为司法权运行的保障机制所凸显出来的重要性，是其在司法运行的整体中、结构中所体现出来的重要性。司法管理与司法审判作为司法权的有机构成，两者互为支撑，而员额制改革、审判权运行机制改革等都是为提升审判质效、推动司法公正更好实现的重要改革措施，那么，在绩效考评制度与员额制改革、审判权运行机制改革的关系性结构中，绩效考评制度应能更好地围绕上述改革目的进行变革。

---

〔1〕 他者是主体立场上的他者，他者在我者-他者关系中所处的位置，与我者对自身的判断有着根本性的关联。我者是否会将他者误认为我者自身及未来，关键在于我者对自身的判断。萨义德曾敏锐地指出："东方人的世界之所以能为人所理解、之所以具有自己的特征却并非由于其自身的努力，而是因为有西方一整套有效的操作机制，通过这些操作机制东方才得以为西方所确认……在上述每一种情况下，东方都被某些支配性的框架所控制和表达。"李秀清、周宁等人研究了作为西方他者的中国（法律）形象的变化及逻辑，邓正来则揭示了本应作为中国他者的西方是如何被中国误认为主体自身的逻辑的。［美］爱德华·W. 萨义德：《东方学》，王宇根译，生活·读书·新知三联书店 1999 年版，第 50 页；李秀清：《中法西绎：〈中国丛报〉与十九世纪西方人的中国法律观》，上海三联书店 2015 年版；周宁：《天朝遥远——西方的中国形象研究》，北京大学出版社 2006 年版；邓正来：《中国法学向何处去——建构"中国法律理想图景"时代的论纲》，商务印书馆 2006 年版。

〔2〕 江必新：《国家权力科学管理视阈下的审判管理》，载《法律适用》2017 年第 5 期。

如此，可发现绩效考评制度的重点应为：一是如何发挥好绩效考评制度在员额制改革过程中的正功能，防止其因指标不合理或人为因素，侵蚀员额制改革本身的目的与结果。二是如何处理好审判团队业绩考核与法官个人绩效考核之间的关系。法官绩效考核是针对法官个人的考核，在审判团队运行常态化的情况下，法官个人的绩效不仅是个人努力的结果，而且是团队协作的结果，两者关系平衡不好则会影响审判权运行机制的顺畅进行。三是合议庭是由多个法官组成的，但组成合议庭的法官的付出并不一致，如何处理好承办法官与审判长、合议庭其他法官之间的绩效平衡，也是重点问题。处理不好，则可能会给司法审判带来无谓的内耗，导致审判质效降低，影响司法公正实现。

员额制改革是司法改革的重要举措之一，改革的目的在于经由员额法官的遴选实现法官职业化、专业化的目的，促进司法公正更好地实现。在此背景下，如何将绩效考评制度与员额法官管理相互衔接起来就成为重要问题。按照员额制改革的基本设想，进入员额的法官在收入待遇、工作保障等方面都应有极大的提升，尤其是“非因法定事由、法定程序不得将法官退出员额”的规定，更是为员额法官安心工作奠定了基础。但是，成为员额法官并不意味着一劳永逸，在某些特定情况下员额法官仍然可能会被要求退出，哪些情形下法官可能会被要求退出员额，就成为紧要问题。就审判绩效来说，依照当前的规定，连续两次考核不合格的法官就应被要求退出员额。〔1〕这个规定本身并不与员额制改革的内在假设相冲突，因为有权力就有相应责任〔2〕，关键在于：绩效考评制度中指标能否合理设计、能否合理评估法官业绩。程序公正、指标合理的绩效考评制度，能够将法官导向公正审判，真正地履行法官职责，推动司法公正实现；但是不公正、不合理的考评指标，尤其是将主观化、行政化的诉求转化为考评指标时，必然会对法官行为造成反向激励作用，既阻碍员额制改革目的的实现，更影响司法公正的实现。当前，员额制改革还处于初步落实

〔1〕《江苏省高级人民法院关于独任法官、合议庭办案机制的规定（试行）》第9条规定：“法官非因客观原因连续两年未完成办案任务的，由所在法院逐级上报省法院并提请省法官遴选委员会审议决定后，退出法官员额。”

〔2〕 陶杨、赫欣也认为：“在员额法官的任免上，明晰员额法官的具体考核指标，建立员额法官动态管理和退出机制，避免一次入额终身不变的现象。入额的法官如果无法胜任法官工作，或具有不良诚信记录，应丧失员额。”陶杨、赫欣：《隐忧与出路：关于法官员额制的思考——基于A省B市C区法院员额制改革的实证分析》，载《政治与法律》2017年第1期。

阶段，员额制与其他制度的整体衔接问题还没有凸显出来，所以在对绩效考评制度开展研究时，应注意制度间的衔接问题，防止因考评指标、实现路径的不合理而侵蚀了员额制改革的价值。

随着员额制改革的逐步深入推进，既有的“法官＋书记员”组合模式也被逐渐打破，形成了“法官＋（N）法官助理＋（N）书记员”的审判团队模式，初步具有了结构合理、分工明确、边界清楚的特点〔1〕，法官则是团队的领导者、核心。按照当前法院的分类管理思路，法官、法官助理和书记员都有着与自身相对应的绩效考核与管理规定〔2〕，值得深思的是：在审判团队运作常态化的情况下，对不同法官简单地套用同一绩效考评制度是否科学、合理呢？答案是否定的，原因有二：一是在当前的审判团队中，法官助理、书记员的人数是有所差别的，如“法官＋1个法官助理＋1个书记员”“法官＋2个法官助理＋2个书记员”等，不同的组合模式显然对法官审判绩效的获得有着不同的影响。二是法官助理、书记员的素质参差不齐，有的法官助理本身就是经验丰富的审判员，只因主客观因素未能被遴选为员额法官，而有些法官助理则是毕业不久的大学生；书记员也有类似的情况。进言之，如果审判团队是自由组合之后的结果，那么法官对自己（审判团队）的绩效考核结果则可能更能接受；如果是法院强制安排的结果，法官对不佳的绩效考核结果定然会存在抵触情绪。而只有稳定的审判团队，法院的审判工作才能有序推进。从这个角度看，如何衔接好审判团队考核与法官个人考核之间的关系，也应成为绩效考核制度研究的重点之一。

依照我国的诉讼法规定，案件可以通过简易程序和普通程序来审理，简易

---

〔1〕江苏省高级人民法院在2016年《关于全省法院司法责任制改革工作情况的报告》中就将审判模式变革作为创新的亮点予以推介，如其所言：“积极探索‘法官＋法官助理＋书记员’的新型审判团队组合模式……江阴市法院采用‘法官＋法官助理＋书记员’审判组合模式，以‘1＋1＋1’为基本配置，同时综合考虑案件特点灵活调整，形成了‘1＋N＋N’的组合格局，全院2015年共审、执结案件25410件，同比增加10.66%……2015年全省法院审、执结案件1341019件，同比增长15.09%，审判质量效率得到有效提升。”《关于全省法院司法责任制改革工作情况的报告》，载江苏人大网，https：//www.jsrd.gov.cn/qwfb/cwhgb/d_8355/201605/t20160524_426377.shtml。

〔2〕《J市中级人民法院法官、审判辅助人员、司法行政人员绩效考核及奖金分配实施细则（试行）》第4条规定：“法官、审判辅助人员、司法行政人员的绩效奖金，不与法官等级、行政职级等挂钩，主要依据绩效考核结果发放，向一线办案人员倾斜。”

程序案件由法官独任审判，普通程序案件应组成合议庭审判。从绩效考核角度看，法官独任审判所形成的绩效完全由法官自身承担，而合议庭审理的案件所形成的绩效则需要在合议庭法官之间进行分配，此时如何分配就成为紧要问题。就当前法官的实际分类而言，可分为普通法官、（审判长）法官〔1〕及（庭长、院长）法官。在组成合议庭过程中，要是有（庭长、院长）法官，他们则是合议庭的当然审判长；要是没有（庭长、院长）法官，则必须由（审判长）法官作为合议庭的审判长。〔2〕根据审判业绩分配办法，主审法官必须将案件30%的绩效转给（审判长）法官及（庭长、院长）法官，而普通法官作为合议庭成员时仅能分配案件20%的绩效。〔3〕紧要的是，案件审理工作一般都是由主审法官完成的，这意味着，制度使得（审判长）法官及（庭长、院长）法官能多占据普通法官10%的绩效。当然，还存在另外一些操作性因素而导致的不平衡，如由于不同法官绩效高低有所差别，当绩效低的法官与绩效高的法官均作为承办法官并互为合议庭成员时，就可能会产生绩效高的法官的审判绩效流向绩效低的法官的结果。甚或存在法官利用合议庭成员的身份便利展开策略性行动的现象，如故意不在判决书上签字导致案件承办法官的结案时间大大延长，造成无谓的内耗等。〔4〕所以，如何尽量降低绩效考评制度可能带来的负功能，也应该成为研究的重点之一。

五、法官绩效考评制度的难点

绩效考评制度的难点指的是，该制度在实现自身目的与功能的过程中，可能会产生的难题。任何一种制度都有预设的目的与功能，目的与功能都需经由

---

〔1〕有关审判长为何成为法院新的层级及其来龙去脉的研究，可参见刘忠《规模与内部治理——中国法院编制变迁三十年（1978—2008）》，载《法制与社会发展》2012年第5期。

〔2〕（审判长）法官及（庭长、院长）法官作为合议庭的审判长有其合理之处，一般而言，他们都是业务精湛、审判水准较高的法官，但在当前员额制改革实践中，这一假设能否成立及能否被接受就成为一个问题。

〔3〕《J省法院法官审判业绩评价办法（试行）》第6条第2款规定："合议庭审理的案件，各合议庭成员办理数量（工作量）的分值分别按审判长、主审法官、参审法官占30%、50%、20%比例分摊。主审法官同时担任审判长的，按审判长（主审法官）、参审法官、参审法官占60%、20%、20%的比例分摊。"

〔4〕这一问题是笔者2017年7月在J市中级人民法院开展田野调查时，某员额法官表达出来的担忧。

特定的路径、方法加以实现，如果路径、方法与目的、功能之间产生背离，则会使制度产生异化，出现意外后果。绩效考评制度同样如此。

绩效考评制度目的在实施过程中，可能会碰到的难题有：一是从司法权运行的角度看，如何保证绩效考评制度的运作不会对司法审判造成干扰？二是从指标体系构成看，如何保证指标体系能较为合理、科学地测量出法官的工作量？三是从实现的路径来看，如何避免指标体系成为法官的行动中轴？四是从业绩合理化、均衡化的角度看，在现有的体制中，如何才能让法官处于较为公平的起跑线上？

司法管理作为现代科层制在法院的实践表现，蕴含着科层制的工具理性属性，不知不觉中会以效率作为基本的追求目标。司法审判作为化解矛盾、解决纠纷的机制设置，经由作为操盘手的法官综合运用法律知识、道德素养及审判能力，实现案结事了的目的。从权力运行的角度看，案件审理本质上是法官独立运用自由意志的过程，是价值理性的体现，体现为对司法公正（程序正义）的追求。司法管理构成了司法审判的外在约束机制，对司法审判会形成规制性作用，这势必会对自由意志的运用形成干扰；反之，自由意志的运用也不应是意志的肆意、任性。绩效考评制度是与法官自身利益（物质利益、名誉及社会地位）息息相关的制度安排，必须处理好其对司法审判、法官行为可能造成的影响。又由于绩效考评制度是必不可少的制度安排，其对法官行为构成的约束、造成的影响，也就成为不可避免的后果。如郭松所言："由于绩效考评在本质上属于一种行政管理方式，推行绩效考评会凸显司法组织体内的行政元素。为了避免这种行政元素过于强势，引发行政科层与司法独立之间的冲突，绩效考评的适用必须保持合理的界限。"〔1〕为此，如何进行考评、如何运用考评等问题，就成为绩效考评制度与独立审判之间的平衡石，成为紧要的难题。

绩效考评制度之所以广受诟病，很大的原因就在于设置了较多的评价指标，更为关键的是，其中若干指标的测量对象存在问题，对司法审判及法官行

〔1〕郭松：《绩效考评与司法管理》，载《江苏行政学院学报》2013 年第 4 期。

为造成了干扰。[1] 在设计考评指标时，有三个不得不考虑的要素：一是绩效考评的对象一定在合法、合理的范围内。如：对婚姻家庭案件有没有进行庭前调解进行评价，就是在合法合理的范围内；要是将婚姻家庭案件的调解结案率作为评价对象，就无法找到有效的法律根据。二是考评的对象一定是法官所能控制的因素，将溢出法官控制之外的因素作为测量对象就不合理了。上诉率指标就是比较典型溢出法官控制的指标，案件审结之后能使案件当事人服判息诉，当然应是追求的目标，但是由于案件当事人对自身利益追求及其主观理解的差异性，故而当事人会做出何种选择并不取决于法官。将上诉率作为考评对象，显然不符合客观因素的判准。三是指标体系的科学性、合理性也是绩效考评制度目的实现的关键要素之一。指标体系既需要将法官职责的核心要素予以表达，自身内部也需要具有科学性、合理性，这使得考评指标设计成为一个跨法学、管理学及社会学等学科的难题。

绩效考评的实现路径也是关键的问题，既有的研究都将关注点集中于指标及制度的价值辨析上，而将此问题有意无意地忽略了。绩效考评制度的实现可分为指标体系设计、评价方式及开放程度三个维度：一是自上而下是既有的指标体系设计过程的显著特征，往往体现为最高人民法院设计好考核指标后，地方各级人民法院通过指标分解和层层加码的方式将其落实至绩效考评制度中，结果则是法官对考评指标的拒斥。其实，即使考核指标本身存在合理性，法官也会将其视为外部强加的约束而形成拒斥的心理。二是采用唯数字化的评价方式对绩效考评制度的目的实现形成了干扰。绩效考评制度虽有科学管理的成分在其中，但案件审判与纯粹的计件工作之间有着本质的差异，更何况案件本身的复杂性及各种事务的绩效折算，都使得唯数字化的方式所具有的效果变得可疑。唯数字化还是一种结果导向的评价方式，仅通过结果的数字化计算，不能将审判工作的过程有效体现出来。三是由于绩效考评制度的封闭性，加之上述

〔1〕 比较典型的如案件审判均衡率指标，该指标测量的对象是法官结案在每个月是不是处于比较平衡的状态，目的在于督促法官持续稳定地开展案件审结工作，防止到年底突击结案现象的出现。该指标的设计有一定的合理之处，在较短的时间内密集地完成诸多案件的审结，显然存在仓促行事的嫌疑。但是，设计该指标时有更重要的问题被遗忘了，即案件受理可能存在的忙闲不均，每个月、每个季度不均衡的案件受理量的先行存在，使法官通过控制审判节奏来满足结案的月度均衡导致的效果，与指标预设目的反而南辕北辙了。

两个因素的存在，在对案件审判、法官行为进行评价时，都将当事人及其他案件参与人忽略了，而民众是否接受裁判结果及对司法公正与否的感受等，恰恰是在案件审理、法官行为与当事人、民众的结构性关系中生成的，不是任何预先给定的结果。故而，绩效考评制度目的的实现路径也成为一个难题。

法官开展审判工作的前提是案件的存在，如何确保案件分配的相对公平，也构成绩效考评制度目的能否有效实现的问题之一。案件的分配工作会受到两个因素的影响：一是案件本身的构成，案件数量多少、复杂程度等对法官的工作量有着重要影响。就当前法院案件类型的情况而言，不仅民商事案件、行政案件及刑事案件之间存在比例严重失调问题，不同层级的法院之间也存在案件数量、性质失调的问题。就同一个法院来说，如何保持不同业务庭法官之间案件的均衡，需要进行复杂的动态调整；就法院系统来说，在省级以下法院人财物统一管理改革背景下，如何保证不同层级、不同区域法院的法官在绩效计算上的公平性，也构成了一个难题。二是我国根据知识的属性对各业务庭案件审理范围进行划分，这意味着不同业务庭的法官在法律知识累计、审判能力养成等方面都存在或多或少的差异〔1〕，虽然可以通过案件审判管理系统对法官在审案件的数量进行动态平衡，甚至可根据案件数量、性质进行综合后实现指数的动态平衡，但仍然面临的问题是：法官能否胜任与自身素养、能力累计不完全契合的案件审理需要？在审判质量、时间精力投入要素约束的情况下，极有可能的结果是：要么法官不能像内行法官一样审理好案件，从而影响案件的质效和司法公正实现；要么法官要花费大量的时间、精力像内行法官一样审理好案件，但作为结果的绩效与付出不成正比。从这个角度看，案件分配工作的平衡，仅仅是绩效考评制度难点的表层，关键还在于司法公正属性、庭审方式及法官知识、能力累计的变革。

---

〔1〕 艾佳慧发现法官的频繁流动不利于专业知识的积累，其指出法官之所以乐于接受流动的指令安排，是“趋利避害”的结果。被其忽略的是，其实绝大多数法官并没有流动机会，尤其在员额制改革背景下，法官被类型化、定格化的可能性更大了。但其开放出的重要问题是：法官应该积累何种专业知识？艾佳慧：《司法知识与法官流动——一种基于实证的分析》，载《法制与社会发展》2006 年第 4 期。

六、法官绩效考评制度的优化

法官绩效考评制度在实施过程中所遇到的重点、难点问题，不可能一劳永逸地加以解决，但这并不意味着就没有改进的空间与办法。基于绩效考评制度本身的目的及影响其实现的因素分析，可从以下三个维度出发，尽可能地让绩效考评制度的实施效果与目的相耦合，降低绩效考评制度本身所具有的负外部性：

一是有必要重视整体性视域在绩效考评制度研究中的作用。从整体性视域角度看，会发现绩效考评制度是司法管理结构的一部分、是司法权的一部分。当把绩效考评制度置于司法管理、司法权的结构性关系中理解时，会发现必须重视绩效考评制度在整体结构中的功能、重视绩效考评制度与其他制度之间的耦合性。制度还是目的与行动的集合处，其必须通过一定的行动来加以实现，效果与目的之间是耦合还是背离抑或阻碍，与行动的过程及方式有关。从整体性角度看，这意味着还应重视对制度的目的、行动与效果三者关系的层次性分析。有关绩效考评制度的研究也不例外。

当前有关绩效考评制度的研究，更多的恰恰是片面性研究、静态性分析，从而得出诸多与绩效考评制度、司法管理体制、司法改革优化无甚大益的研究结论。实践〔1〕是整体的、复杂的、紧迫的，只有从整体性视域出发，开展点面结合、动静相融的分析，才能真正意识到问题所在。

二是有必要反思绩效考评制度内含的效率至上的工具理性，尊重法官的主体性。绩效考评制度本身构筑在科层制的基础上，工具理性是其基本的价值属性，蕴含着追求效率的目的。司法审判作为一种判断权，是法官在法律的框架下，根据自身法律素养、道德素养和实践能力，运用自由意志的过程。在此自由意志运用过程中，法官的主体性得到了体现、获得了承认，而对主体性的追求恰恰是现代性以来人类的根本追求。“个体自由和主体性的普遍发达，导致人的自我意识的生成或走向自觉，是现代性的本质规定性之一，是全部现代文

〔1〕 如布迪厄所言：“如果要对实践活动作出解释，只有把产生实践活动的习性赖以形成的社会条件与习性被应用时的社会条件联系起来，也就是说必须通过科学的工作，把习性在实践中并借助实践隐蔽地建立起来的这两种社会世界状态联系起来。”［法］皮埃尔·布迪厄：《实践感》，蒋梓骅译，译林出版社 2012 年版，第 80 页。

化精神的基础和载体，换言之，个体化是理性化的必然内涵。”[1] 绩效考评制度假定法官会存在不认真审案、不及时结案等问题，一定程度上将法官视为法院实现案件审理功能的工具，是一种对主体性进行约束的制度性安排，这无疑会挫伤法官在主体性基础上而获得的职业尊严感。

有必要调整法官绩效考评制度设置的初衷，将尊重法官、重视法官的自主性作为基本的指导理念之一。应意识到，法官作为一个流动性不大、较为封闭的群体，也存在着群体内的信誉评价机制。[2] 当一个法官的案件审判质效总是无法提升，判决书的论证论述总是不能被当事人、律师等接受时，肯定会影响他在群体内的信誉评价。还可以利用其他机制来将信誉评价转化为特定的行动，如审判团队的自由组合，每隔几年让法官、法官助理及书记员重新自由选择组合成新的审判团队，此时信誉较低的法官在审判团队自由组合过程中，肯定无法获得青睐。这样，当法官将实现内在的信誉而不是将应付外在的考核指标作为行动的动力时，无论是审判质效的提升还是司法公正的实现必然会大幅度提升，这也会大大地降低叠床架屋式的司法管理带来的内耗。

三是有必要从多学科出发，构建科学合理的评估指标体系与实现路径。绩效考评制度既是法学问题也是社会学、管理学问题：作为法学问题的绩效考评制度，需要研究制度的内在精神与构成要素，并将其理论化地加以表达，但既有研究将制度的不同层次相混淆、对制度进行抽象的理解，忽略了内涵与要素分析；作为社会学问题的绩效考评制度，需要研究制度的实施效果与反馈机制，但既有的研究多为价值判断式研究，忽略了法官、管理者、当事人及律师等的态度和看法，忽略了制度实施效果的反馈机制研究；作为管理学问题的绩效考评制度，要求将法官管理制度与管理的基本原理结合起来，将制度的内涵

---

〔1〕 衣俊卿：《现代性的维度》，黑龙江大学出版社、中央编译出版社 2011 年版，第 110—111 页。

〔2〕 20 世纪 30 年代，霍桑的实验充分说明，高度信任对群体内的人际关系融洽与生产效率提高有着极大的帮助作用。福山在对行政主导、信任度低的法国工厂管理进行分析时也发现：“工人不在提高技术和产量上下功夫，而是专营如何在工作等级上获得升迁……这意味着工人和管理者要花费大量时间在部门级讨论正式的组织安排，而非在工厂内部协调如何将工人分配到最合适的岗位，并给予适当的报酬。”过分的绩效指标化对法官、法院造成了同样的困扰，当前法官更重视通过多种手段提升质效数据，而非提高案件审判质量，这无疑会造成很大的内耗。［美］弗朗西斯·福山：《信任：社会美德与创造经济繁荣》，郭华译，广西师范大学出版社 2016 年版，第 218 页。

与要素进行操作化处理，形成科学合理的指标体系、实施路径，但既有研究大多数都来自法学学科，忽略了作为绩效考评制度目的实现手段的指标体系、实施路径的科学合理设计，使研究陷入空洞的泥淖之中。

总之，法官作为实现司法正义的操盘手，他（她）们的所思所想、所作所为对司法正义的实现具有重要影响。任何管理制度在设计时，都应重视将引导法官形成职业荣誉感这一内控机制作为基本理念，希冀通过外在体制的、制度的、机制的约束来保证审判质效和司法公正，只能达至体制的、制度的、机制的所认为的好的审判质效和公正司法。当然，任何制度都存在目的与手段、制度与制度间耦合不完全的问题，亦即制度功能的有限性、外部性，为此需要对这种限度、外部性保持必要的意识和容忍，关键在于持续地改进。法官绩效考评制度作为司法管理制度的一种，也不例外。

后记

《法治的实践逻辑》是我入职常州大学以来出版的第四本书，也是对近几年来法治实践研究的一个小结。近年来，我一直在观察和分析当代中国法治建设的实践逻辑以及法治理论研究的学术逻辑，发现当代中国法治建设正在从时间逻辑转向空间逻辑。

在对法治建设的逻辑予以分析时，有时间和空间两个基本的维度，这有点类似于孔德所言的社会动力学和社会静力学二分。列斐伏尔在其《空间的生产》一书中认为："空间代表着社会现实的同时性与共识性秩序，时间则表征着社会的历时性秩序和社会生产的历史过程。"具言之，时间维度更加重视从历史和变化的视角来审视法治的进程，空间的维度更重视特定社会空间内各种关系的再生产，更为关键的是，时间的维度往往会以历时性遮蔽共时性问题。改革开放以来，我国的法治建设一直是在时间维度上展开的，亦即更加重视下一个、外部的法治目标的达成，将中国视为有待诊断的、内部完全同质化的整体。

之所以会形成上述法治建设的实践逻辑，主要受制于三个基本的逻辑假定：一是法治现代化范式的支配，该范式认为历史是线性发展的、单一维度的，发达国家所经历的和正在经历的法治理念、法律制度及法治实践，发展中国家和欠发达国家迟早都会经历，发展中国家和欠发达国家需要做的就是学习和移植发达国家的法治。二是全球化范式的支配，20 世纪 80 年代以来，新自由主义市场经济甚嚣尘上，由此有力地推动了全球经济一体化进程，"地球村"概念深入人心，全球经济一体化带来了法律全球化和全球法律化观念的生成及发展。三是改革开放以来，我国市场经济快速发展且城市化进程加快，当时的现代化理论假定快速的发展能够解决城乡、东中西以及阶层等问题，最终推动公平正义的实现。

30多年的法治建设实践证明，上述三个支配着我国改革开放以来法治建设的逻辑假定并不能真正成立。从历史唯物主义和辩证唯物主义的角度看，一方面，将发达国家的法治理念和法律制度移植到我国，是一种倒果为因的做法，这点邓正来教授在《中国法学向何处去——建构“中国法律理想图景”时代的论纲》一书中已阐述得很透彻。发达国家在发达阶段形成的法治理念和法律制度，是它们发达的生产关系和生产力的折射，而我国却将其作为我们走向发达阶段的前提。另一方面，无论是全球化还是城市化、市场经济发展，法治的地方性问题始终是存在的。法治的地方性是由生产关系和生产方式、历史文化传统等诸多因素决定的，也就是说，全球各个国家注定并不像新自由主义所设想的那样是同质的，国家内部也不是简单同质的，主体并不能简单地被化约成经济理性人。法治建设的空间转向，就是要立足于当代中国发展的实际，以中国为根据，注重处理好法治建设中的共性与殊相，构建中国特色社会主义法治体系和法治理论，推动中国特色社会主义法治学科体系、学术体系、话语体系和教材体系建设。

作为当代中国的法学研究者，我们需要对法治建设的逻辑进行法理研究和学理表达，牢牢把握法治建设的空间转向这个重要判断。空间的生产受制于生产关系，列斐伏尔发现：“空间作为一种产品，并不是指某种特定的‘产品’，一种事物或物体，而是指一组关系，这个概念要求我们拓展对生产与产品概念及其相互关系的理解。”为此，在进行当代中国法治建设的法理研究时，需要处理好两对基本关系：一是，重视作为产品的法治理念、法律制度和法治实践的生产问题，亦即这些产品是如何被生产出来的，生产的支配理念及其过程是什么。这就要求我们走向法治实践，面向法治实践求索法治产品的生产逻辑。二是，重视作为产品的法治理念、法律制度和法治实践相互之间的关系，要分析这些法治产品能否构成一个整体，以及构成整体的内在依据是什么。这就要求我们加以哲理审视，在更高的抽象层面来统筹把握法治产品的生产。

现任湖北大学哲学学院法哲学研究中心主任、我的学术启蒙老师魏敦友教授在为本书作序时，为我的学术研究历程提炼了一个很好的逻辑，即“从主体性中国之思到法治中国的实践逻辑”，由此可见，魏老师是懂我的！但是，还有一个魏老师未能掌握的情况是，自博士毕业来常州大学工作之后，我也花费了很多时间、精力参与常州地区的法治建设，比如主持地方性法规草案的起草工作，主持需要开展大型社会调查的法治评估课题，作为常州市委、市政府法律顾问参与具体法治实务工作，以及作为评委参与各类评审，等等，上述工作都为我更好更深地理解、把握和洞悉我国法治建设的实践逻辑奠定了经验基础。

从我个人发展的经验和学术思考历程看，只有紧紧围绕和根据当代中国法治实践生产的法治知识和法治理论才有生命力、说服力，为此呼吁更多的学界朋友走出书斋、走向实践！当然，走向实践之后我们还应该能够重返法理研究之中，不断提升研究的新境界，不断推动有中国特色的社会主义法治理念、法治体系和法治理论发展和完善！

最后，谨以此书纪念疫情期间不幸逝世，我亲爱的导师李瑜青教授！

2024 年 2 月 29 日于常州